张西平　主编

国际汉语教育史研究

第 5 辑

INTERNATIONAL EDUCATION HISTORY OF
CHINESE LANGUAGE

北京外国语大学"双一流建设项目"
北京外国语大学中华文化国际传播研究院　　资助项目

《国际汉语教育史研究》编委会

主　　办：世界汉语教育史研究学会

主　　编：张西平

副 主 编：李　真

编委会（按音序排列）：

奥村佳代子〔日本〕　　白乐桑〔法国〕　　韩可龙〔德国〕

李无未　　　　　　　　李　真　　　　　　马西尼〔意大利〕

孟柱亿〔韩国〕　　　　内田庆市〔日本〕　施正宇

王铭宇　　　　　　　　盐山正纯〔日本〕　杨慧玲

岳　岚　　　　　　　　张美兰　　　　　　张西平

朱　凤〔日本〕

本期编辑助理：亢元慧　李梦想　王钰珏　董嘉程

目　　录

语法及国别化研究

当代中国汉语教育史访谈专栏

书评与会议综述

补白

17 世纪汉字在欧洲的传播

张西平

（北京语言大学一带一路研究院，北京外国语大学中华文化国际传播研究院）

摘　要：文章着重探讨了在中国语言文字西传历史中，作为中国文化载体的汉字在 17 世纪向欧洲传播的过程。这一过程分成三个阶段：对汉字的描述和初步认识，对汉字的呈现和展示，对汉字的研究。重点集中在梳理汉字在欧洲的出版物中是如何呈现的，为今后的研究打下基础。

关键词：17 世纪；汉字西传；欧洲

在中国文化西传的过程中，汉字是一个重要的方面。西方人的汉语学习和研究首先从认识汉字开始，而后逐步进入对汉语语法的研究。大航海后，[①] 西方人对汉字的认识是在中西文化交流史的大背景下所发生的一种文化相遇。对西人这一认识过程我们应放在中西文化交流史这个大背景下来考虑。东亚汉字文化圈由来已久。葡萄牙人跨越印度洋来到中国澳门；西班牙人跨越太平洋东来后首先到菲律宾，尽管是后来才进入中国，但已经进入汉字文化圈，并开始在菲律宾刻印中文书籍；耶稣会则首先进入日本。我们对西人的汉字认识历史进行考察时应将眼光扩展到整个东亚。"相对封闭而单一的传统研究模式不足以获得对于历史的完整认识与理解。……决不能自囿于国境线以内的有限范围，而应当置于远东、亚洲乃至整个世界的大背景下加以考察并相互印证。"[②]

---

① 在大航海以前，元朝时期来到中国的马可·波罗和方济各会的传教士对中国文字也有过简略的报道。意大利人柏朗·嘉宾到达蒙古大汗的都城哈喇和林，居住 4 个月后启程返欧，著《蒙古史录》介绍契丹（Kathay），第 9 章有一句谓契丹国有一部（指南宋）"自有文字"；1253 年，法国国王圣路易派教士卢白鲁克出使蒙古，其中《纪行书》中也有一章提及中国文字及书写方法："其人写字用毛刷（即毛笔），犹之吾国画工所用之刷也。每一字合数字而成全字。"《马可波罗行纪》第 2 卷第 28 章一笔带过："蛮子省（Manji，指中国南部）流行一种普遍通用的语言，一种统一的书法。但是在不同地区，仍然有自己不同的方言。"参阅张星烺《中西交通史料汇编》（第一册），北京：中华书局，1977 年，第 186—189 页；伯希和《蒙古与教廷》，冯承钧译，北京：中华书局，2008 年；马可波罗《马可波罗行纪》，冯承钧译，上海：上海书店出版社，2001 年。

② 戚印平《远东耶稣会史研究》，北京：中华书局，2007 年，第 8 页。

笔者认为，汉字西传经历了三个阶段：第一个阶段是对汉字的描述和初步认识。最早来到东亚的传教士见到汉字，开始在书信中向欧洲介绍和描述汉字，从而为今后在欧洲呈现汉字字形打下了基础。第二个阶段是对汉字的呈现和展示。在欧洲介绍东方的书籍中开始出现汉字，由简到繁，由少到多，从而使欧洲人在书本上见到真正的汉字，为其后来研究汉字打下了基础。第三个阶段是对汉字的研究。欧洲开始出现较为系统的研究汉字的文章和著作。

本文以 17 世纪汉字西传历史为线索，中心是要历史地再现汉字在 17 世纪欧洲的出版物中是如何呈现的，只有摸清这段历史，才可以为今后的进一步研究打下基础。目前学术界对此也有一定的研究，但大多不系统，疏漏较多，本文试图进行一次系统的梳理。

一、欧洲人早期对汉字的描述

欧洲人对汉字的认识是从对日语的认识开始的，因为耶稣会首先进入日本，自然开始知道了日语，并由此接触到了汉字。最早在信件中向欧洲介绍汉字的应是首先来到东方的耶稣会士沙勿略（S. Franciscus Xaverius，1506—1552）。1548 年他在科钦写给罗马一位耶稣会士的信中，简要地提到了自己从葡萄牙商人那里听到关于日本的僧侣使用汉字、中日之间用汉字进行笔会的情况。同时，他也从果阿神学院院长那里得知了一个皈依了天主教的日本武士所介绍的日本汉字的情况，进一步知道了汉字在东亚的使用类似于拉丁语在欧洲的使用。1549 年沙勿略在科钦写给罗耀拉（Ignaciode Loyola）的信中介绍了他和这位日本武士谈话后所了解的汉字特点：

> （他们的文字）与我们的文字不大相同，是从上往下写的。我曾问保罗（日本武士弥次郎——译者注），为什么不与我们一样，从左往右写？他反问道，（你们）为什么不像我们那样写字呢？人的头在上，脚在下，所以书写时必须从上向下写。关于日本岛和日本人的习惯，送给你的报告书是值得信赖的保罗告诉我的。据保罗说，日本的书籍很难理解。我想这与我们理解拉丁文颇为困难是相同的。[①]

---

① 《沙勿略全书简》，第 353—354 页，转引自戚印平《远东耶稣会史研究》，第 170 页。关于沙勿略和弥次郎的研究参见唐纳德·F. 拉赫《欧洲形成中的亚洲》（第一卷），《发现的世纪》（第二册），周云龙等译，北京：人民出版社，2013 年，第 200—204 页。

1549 年沙勿略进入日本后，对日本的语言和汉字有了直接的感受。在 1552 年 1 月 29 日给罗耀拉的信中，沙勿略再次介绍了日本汉字的特点、日本汉字与中国汉字之间的关系：

> 日本人认识中国文字，汉字在日本的大学中被教授。而且认识汉字的僧侣被作为学者而受到人们的尊敬。……日本坂东有一所很大的大学，大批僧侣为学习各种宗派而去那里。如前所述，这些宗派来自中国，所以那些书籍都是用中国文字写成的。日本的文字与中国文字有很大的差别，所以（日本人必须重新学习）……①
>
> 值得注意的是，中国人与日本人的口头语言有很大不同，所以说话不能相通。认识中国文字的日本人可以理解中国人的书面文字，但不能说。……中国汉字有许多种类，每一个字意为一个事物。所以日本人学习汉字时，在写完中国文字后，还要添补这个词语的意思。②

和沙勿略一样，随后前来日本的耶稣会士们在掌握日本语言上仍存在困难。胡安·费尔南德斯（Juan Fernández）曾是沙勿略的同伴，沙勿略认为他在讲日语和理解日语方面是"我们中最好的"。在学习中，他对日语有了一定的理解，知道了中国文字在日本是有学问的人的书写语言，也知道了日语对汉字进行了适应性的改革，以汉字草书体表示一般性的音节文字，这被称为平假名。在此之后，他找到了对语言问题的解决方案。例如，加戈（Balthasar Gagp，1515—1583）知道了汉字经常传达不只单一的含义。③

沙勿略和他的同事们虽然最终没有能进入中国大陆，但他们在日本通过对日语的学习开始接触到汉字，并对汉字已经有了初步的认识。这表现在：汉字不是拼音文字；汉字书写时是从上向下；汉字是表意文字，一个字代表一个事物；汉字是中国和日本之间的通用语言，书写相同，发音相迥。④

另有一些来到中国附近的国家并会短期进入中国的传教士或者商人，他们也描述了自己所知道的汉字。1548 年一篇写于果阿的手稿《中国报道》（*INFORMAÇÃO DA*

---

① 《沙勿略全书简》，第 555 页，转引自戚印平《远东耶稣会史研究》，第 124—125 页。
② 同上，第 173 页。
③ 唐纳德·F. 拉赫《欧洲形成中的亚洲》（第一卷），《发现的世纪》（第二册），第 219 页。
④ 关于天主教在日本的研究，参阅：John W. Witek, S.J., *Japan & China in Comparison 1543-1644. Rejections on a Significant Theme*；Ignatia Kataoka Rumiko,*The Adaptation of the Christian Liturgy and Sacraments to Japanese Culture during the Christian Era in Japan,* M. Antoni J. Üçerler,S.J.,（edited）*Christianity and cultures：Japan & China in Comparison, 1543-1644,* Institutum historicum Societatis Iesu, 2009。

CHINA，Anónimo ），尽管手稿的作者存在争议，[①] 但手稿中涉及中国教育制度的框架和内容、中国文字的类型、中国的印刷术等，被认为是西方最早描述和认识汉字的重要文献之一。在谈到中国的教育制度时，手稿称："关于您问在中国的土地上有否不仅教读书和写字的学校，有否像我们国家里那样的法律学校、医务学校或其他艺术学校，我的中国情报员说，在中国的许多城市都开办有学校，统治者们在那里学习国家的各种法律。"[②] 谈到中国文字时，手稿称："他们使用的文字是摩尔文，他说他去过暹罗，他把这些人的文字带到那里去，居住在暹罗的摩尔人都会读。"[③] 把中文说成摩尔文字，这显然是分不清中国文化和其他文化的区别。

来过中国的葡萄牙多明我修士加斯帕·达·克路士（Gaspar da Cruz）1569 年出版的《中国志》（*Tracdo em que scecōtam muito por estao as causas da China*）是 16 世纪欧洲人所能看到的关于中国的全面报道和观察。书中介绍和描述了中国的语言和文字特点：

> 中国人的书写没有字母，他们写的都是字，用字组成词，因此他们有大量的字，以一个字表示一件事物，以致只用一个字表示"天"，另一个表示"地"，另一个表示"人"，以此类推。[④]

在谈到汉字在东亚的作用时，他说，汉字在东亚被广泛使用：

> 他们的文字跟中国的一样，语言各异，他们互通文字，但彼此不懂对方的话。

---

① 葡萄牙汉学家洛瑞罗在编辑这篇文献时认为："《中国报道》这篇无名氏作品写于 1548 年，尽管并没有太大的根据，但人们一般认为它的作者是圣方济各·沙勿略神父（Francisco Xavier，1506—1552）。……如果您细心阅读这篇记叙文章便不难发现，作者的整个写作过程都是相当精心的。首先，沙勿略亲手交给他的一位与其有着密切关系的商人绅士的那份原始调查表，可能就是他本人亲自起草的。紧接着，这位商人绅士便一方面利用他本人在远东的生活经历，另一方面又依靠一位中国情报员（肯定也是他的一位贸易伙伴）的帮助，竭力地去为沙勿略教士提出的各种问题寻求答案。他努力的结果，即我们今天所看到的这篇《中国报道》，很可能就是他交给方济各·沙勿略神父的。……著名历史学家热奥格·舒哈梅尔（Georg Schurhammer）认为这篇作品是阿丰索·更蒂尔（Afonso Gentil）撰写的；这是一位有着丰富的东方经历的葡萄牙绅士，他起初在马六甲（Malaca）和马鲁古（Molucas）群岛担任过官职，然后在 1529—1533 年间足迹遍布中国的南海，从事商业贸易活动。"参见澳门文化司署编《十六和十七世纪伊比利亚文学视野里的中国景观》，郑州：大象出版社，2003 年，第 28—29 页。

② 澳门文化司署编《十六和十七世纪伊比利亚文学视野里的中国景观》，第 30 页。

③ 同上，第 34 页。

④ Boxer, *South China in the Sixteenth Century.* Bangkok: Orchid Press, 2004；克路士《中国志》，载博克舍编《十六世纪中国南部行纪》，何高济译，北京：中华书局，2019 年，第 153 页。

不要认为我在骗人，中国因语言有多种，以致很多人彼此不懂对方的话，但却认得对方的文字，日本岛的居民也一样，他们认识中国文字，语言则不同。[1]

因与明军联合剿匪而从菲律宾进入中国的奥古斯丁会修士马丁·德·拉达（Mardin de Rada）在 1575 年访问福建后写下了《记大明的中国事情》（*Relación de las cosas de China que proprianente Se IIama Taybin*），他在书中说：

> 谈到他们的纸，他们说那是用茎的内心制成。它很薄，你不易在上面书写，因为墨要浸透。他们把墨制成小条出售，用水润湿后拿去写字。他们用小毛刷当笔用。就已知的说他们文字是最不开化的和最难的，因为那是字体而不是文字。每个词或每件事物都有不同字体，一个人哪怕识得一万个字，仍不能什么都读懂。所以谁识得最多，谁就是他们当中最聪明的人。
>
> 我们得到各种出版的学术书籍，既有占星学也有天文学的，还有相术、手相术、算学、法律、医学、剑术，各种游戏，以及谈他们神的。……
>
> 各省有不同方言，但都很相似——犹如葡萄牙的方言，瓦伦西亚语（Valencia）和卡斯特勒语（Castile）彼此相似。中国文书有这样一个特点，因所用不是文字而是字体，所以用中国各种方言都能阅读同一份文件，尽管我看到用官话和用福建话写的文件有所不同。不管怎样，用这两种话都能读一种文体和另一种文体。[2]

从以上介绍可以看到，此时无论是东来的传教士还是商人、在日本传教的耶稣会士还是从福建进入中国的多明我会士，他们或者通过日语，或者通过与中国人接触了解中国。他们对汉字和汉语的认识还处在朦胧时期，有了初步的认识，知道了汉字不是拼音文字，知道了汉字在整个东亚是通用文字，有着像欧洲的拉丁语一样的功能。但同时又隔雾看花，对汉字有些很奇怪的评论。[3]认识一种语言就是认识一种文化，欧洲早期对汉字的这些认识和描述正是中西初识的一个自然结果。

---

[1] Boxer, *South China in the Sixteenth Century.* Bangkok: Orchid Press, 2004；克路士《中国志》，载博克舍编《十六世纪中国南部行纪》，何高济译，北京：中华书局，2019 年，第 101 页。

[2] 参阅 Boxer, *South China in the Sixteenth Century*。拉达《记大明的中国事情》，载博克舍编《十六世纪中国南部行纪》，第 240—241 页。

[3] 葡萄牙人费尔南·洛佩斯·德·卡斯塔内达 1553 年在其《葡萄牙人发现和征服印度史》中说："中国人有独特的语言，而发音像德语。无论是男还是女都那么纯洁和神态自若。他们中间有谙熟各种学科的文人，都在出版许多好书的公立学校念过书。这些中国人无论在文科方面还是在机械方面都具有独到的聪明才智，在那里不乏制造各种手工杰作的能工巧匠。"澳门文化司署编《十六和十七世纪伊比利亚文学视野里的中国景观》，第 45 页。

二、汉字在欧洲的书籍中最早的呈现

16世纪欧洲已经看到数量不少的中国古籍，拉达返回欧洲时带了数量可观的汉籍。门多萨在《中华帝国史》第17章列出了这些古籍的类别，范围之广令人吃惊。尽管也有个别的欧洲文化人在罗马看到了这批书籍，但没有能认识书中的汉字，读懂这些书。汉字第一次出现在欧洲的印刷出版物中是在日本传教的耶稣会士巴尔塔萨·加戈（Balthasar Gago，1515—1583）神父1555年9月23日从平户所写的一封信，信中有六个中、日文字的样本。在此之前沙勿略也向欧洲寄去了入教的弥次郎书写的样本，拉赫认为沙勿略这些信"在欧洲16世纪50至60年代的四个耶稣会书信集出版，但缺少字符"①。而加戈神父的这封信在欧洲出版，从而成为"在欧洲获得出版的第一批中文和日文书写样字"②。

摘录自巴尔塔萨·加戈神父1555年9月23日来自平户的一封信中有一些中、日文字的样本。加戈1555年的信，1565年第一次在科英布拉刊印的《信札复本》（*Copia de las Cartas*）中，并在后来的其他几个文集中被刊印。图1、图2出自《来自日本和中国的信札》（埃武拉，1598）。

图1　　　　　　　　　　　　图2

① 唐纳德·F. 拉赫《欧洲形成中的亚洲》（第一卷），《发现的世纪》（第二册），第280页。

② 同①，第220页。这两组字也出现在16世纪其他文集中。进一步的资料见：O. Nachod, *Die ersten Kenntnisse chincsischer Schriftzeichen im Abendlande*, Asia Major. I（1923），235–73。

耶稣会在欧洲出版介绍日本的书籍中会有对日文的介绍，其中会涉及汉字，这样的书籍还有一些。[①]

在欧洲出版的关于中国的第一本书是上面提到的克路士的《中国志》，"在欧洲出版的关于中国的第二本书是贝尔纳尔迪诺·德·埃斯卡兰特（Bernardino de Escalante）的《葡萄牙人到东方各王国及省份远航记及有关中华若国的消息》（*Discurso de la navegacion que los Portugueses hazen à los Reinos y Provincias del Oriente, y de la notica q se tiene de las grandezas del Reino de la China.* 塞维尔，1577）"。拉赫肯定了这本书的价值，认为埃斯卡兰特并非简单抄袭克路士的书，而是他在里斯本时见到了不少从中国和东方返航回来的人，而且他看到了在那里的中国人，这样他参考巴罗斯的书和克路士的书，结合其他材料写成了这本书。如拉赫所说：

埃斯卡兰特的书有时被认为仅仅是对克路士著作的改述，因而不被重视。事实并非如此，对于埃斯卡兰特来说，虽然他承认得益于克路士，但他特别表示了对巴罗斯的感激。总之，埃斯卡兰特总共十六章的著作遵循着巴罗斯的编排结构模式。此外他还指出了克路士和巴罗斯对中国人"在他们学校除了王国的法律外"是否讲授科学的叙述上存在的矛盾。就这个争议点，埃斯卡兰特选择了遵循巴罗斯的说法，不仅如此，克路士仅仅列举中国的十三省，而埃斯卡兰特列出的是十五省，且他的省名音译几乎与巴罗斯所列举的那些名字一致。埃斯卡兰特证实他亲眼见过一个中国人写字，他的书包括了一组三个样字，这几个字被门多萨和制图师路易·乔治·德·巴尔布达（Luis Jorge de Barbuda）复制。埃斯卡兰特也使用了其他资料，比如说他能搞到手的官方报告。埃斯卡兰特的西班牙语著述远非对克路士的单纯改述，他的研究是一个欧洲人综合分析了所有可利用的关于中国的资料，并以叙述形式呈现它们的第一个成果。[②]

本文所关心的是书中出现的三个汉字和他对汉字的介绍。在书中的第十一章《关于中国人的文字及其一般学习》中，他说：

中国人是没有一定数目的字母的，因为他们所写的全是象形［文字］，"天"读成 guant（Vontai），由一个［字形］表示，即［穹］（参阅图 3 ②）。"国王"读成

---

①　Ernest Mason Satow, *The Jesuit Mission Press in Japan 1591–1610*, Privately Preinted 1888.

②　唐纳德·F. 拉赫《欧洲形成中的亚洲》（第一卷），《发现的世纪》（第二册），第 306 页。

hontai，字形（参阅图 3 ①）。地、海及其他事物与名称亦是如此，使用了五千个以上的方块字，十分方便自如地表达了这些事物。我曾请一位中国人写一些字，就看到他写得十分挥洒自如。（他）对我说，他们使用的数字，理解起来毫无困难，他们任何一个数目或加或减，都同我们一样方便。他们写字是自上至下，十分整齐，但左右方向同我们相反。他们印的〔书〕也是采取这个顺序，他们早在欧洲人之前很多年就使用印刷的书了。他们那些讲述历史的书，有两本现仍存在葡萄牙至静王后迦大琳的藏书之中。

　　更能使人惊奇的是：在多数省份，都各自操不同的方言，互相听不懂，犹如巴斯克人同巴伦西亚人语言不通一样，但大家可以通过文字沟通，因为同一个方块字，对所有人来说都表示同一事物，即使各说各的，大家都理解这是同一件东西。如果大家看到表示"城市"的"城"（参阅图 3 ③），这个符号，虽然有人读成 ieombi〔ieomsi 城市〕，有人读成 fu（府），但大家都明白这指的是"城市"。所有其他名称也都是这样。日本人……也是通过文字同他们沟通的，但他们嘴上讲的却互相听不懂。①

　　这里需要讨论的有两个问题：第一，这里公布的汉字是否为欧洲历史上第一次在出版物中公布的汉字，这是一个历史事实问题；第二，他对汉字的论述的特点。

　　一些学者认为埃斯卡兰特这本书是"西方汉字印刷之始"②。葡萄牙著名的澳门历史学家洛瑞罗（Ruin Manuel Loureiro）认为"欧洲最早印刷的汉字，出现在 1570 年耶稣会士在科英布拉出版的书信集中。因此埃斯卡兰特所描述的方块字，已经是第二次了"③。显然，这是两种意见。一些学者认为 1570 年耶稣会书信集中出现的是日语，这样他自然认为埃斯卡兰特所描述的方块字应是"西方汉字印刷之始"。但上面我们所举出的实例说明加戈神父 1555 年 9 月 23 日的信中已经出现了中、日文字的样本，1565 年第一次在科英布拉刊印的《信札复本》中已经在出版物中出现了六个日语字。这六个字自然是日语不是汉语，但由于这六个字是由六个汉字和平假名共同构成，无论在日语中还是在汉语中这六个汉字都称为汉字，只是在日语中发音和汉语完全不同了。从汉字在西方印刷物中的出现来说，第一次出现应该是上面提到的 1565 年在科英布拉刊印的《信札复本》，而不是埃斯卡兰特的这本书，笔者认为，葡萄牙历史学家洛瑞罗的观点是正确的。

---

　　① 澳门文化司署编《十六和十七世纪伊比利亚文学视野里的中国景观》，郑州：大象出版社，2003 年，第 111 页。
　　② 董海樱《16 世纪至 19 世纪初西人汉语研究》，北京：商务印书馆，第 113 页；金国平、吴志良《西方汉字印刷之始：简论西班牙早期汉学的非学术性质》，《世界汉学》2005 年第 3 期。
　　③ 澳门文化司署编《十六和十七世纪伊比利亚文学视野里的中国景观》，第 111 页，注释 1。

我们再看埃斯卡兰特书中的汉字观。埃斯卡兰特在他的书中对以往的汉字知识加以总结，他认为：（1）汉字是书写文字，不是拼音文字；（2）汉字书写的方法是自上而下；（3）中文印刷术早于欧洲；（4）在中国书同文，但不同音；（5）汉字是东亚的通用文字。

他提供的三个字看起来很奇怪，说明欧洲当时无法很好地印刷汉字。

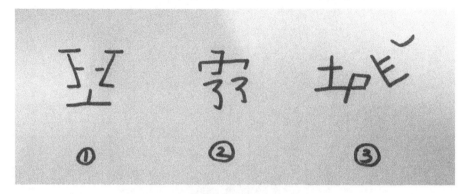

图 3　根据埃斯卡兰特书的三个汉字

第一个字是"国王"，第二个字是"天"，第三个字是"城"。金国平和吴志良认为，guant 可能是"皇"的对音，Vontai 可能是"皇天"的对音。①

1585 年在罗马出版的门多萨的《中华帝国史》中也出现了两个汉字，但这是从埃斯卡兰特书抄录下的，并未提供新的汉字字形。

进入 17 世纪后，在欧洲出版物中首先出现汉字的书籍是金尼阁（Nicolas Trigault, 1577—1629）翻译的利玛窦的《基督教进入中国史》，金尼阁在返回欧洲的旅途中将利玛窦的意大利手稿翻译为拉丁文，并补写了利玛窦去世后的几章。1615 年这本书在欧洲出版后引起了巨大的反响。"除了对汉学家和中国史的研究者而外，金尼阁的书比较不大为人所知，然而它对欧洲的文学和科学，哲学和宗教等生活方面的影响，可能超过任何其他十七世纪的历史著述。它把孔夫子介绍给欧洲，把哥白尼和欧几里得介绍给中国。它开启了一个新世界，显示了一个新的民族……"②《基督教进入中国史》的英文译者在"序言"中认为，这本书在 1615 年拉丁文首版后，先后又出版了 1616 年、1617 年、1623 年和 1648 年四种拉丁文版。同时还有三种法文版，先后刊行于 1616 年、1617 年、1618 年。1617 年出了德文版。1621 年同时出版了西班牙文版和意大利文版。③但笔者发现英文版译者没有注意到 1623 年的拉丁文版的学术意义在于这一版的封面上出现了四个汉字"平

①　金国平、吴志良《西方汉字印刷之始：简论西班牙早期汉学的非学术性质》。
②　利玛窦、金尼阁《利玛窦中国札记》，何高济等译，北京：中华书局，1983 年，1978 年法文版序言。
③　同②。

沙落雁",这是 17 世纪在欧洲出版史上首次出现汉字。

图 4　金尼阁整理的利玛窦书（1623 年拉丁文版）

　　这样我们看到在 17 世纪初的十余年中,欧洲的出版物中只是零星出现了几个汉字,数量很少,却开启了汉字西传的历史。

三、卜弥格与汉字西传

　　如果说 17 世纪初只有几个汉字在欧洲书籍中出现,那么到了 17 世纪下半叶,汉字开始大规模出现,欧洲人真正认识汉字的时代开始了。17 世纪下半叶推动在欧洲出版的书籍中呈现汉字的最重要人物是阿塔纳修斯·基歇尔（Athanasius Kircher,1602—1680）,他是欧洲 17 世纪著名的学者、耶稣会士。1602 年 5 月 2 日,基歇尔出生于德国的富尔达（Fulda）,1618 年 16 岁时加入了耶稣会,以后在德国维尔茨堡（Würzburg）任数学教授和哲学教授。在德国 30 年的战争中,他迁居罗马,在罗马公学教授数学和荷兰语。他兴趣广泛,知识渊博,仅用拉丁文出版的著作就有四十多部。有人说他是"自然科学家、物理学家、天文学家、机械学家、哲学家、建筑学家、数学家、历史学家、地理学家、东方学家、音乐家、作曲家、诗人","有时被称为最后的一个文艺复兴人物"。[1]

　　由于他在耶稣会的罗马公学教书,因此和来华耶稣会士有着多重的关系,当时返回欧洲的来华耶稣会士几乎都和他见过面,如曾德昭（Alvaro Semedo,1585—1658）、卜弥

①　G.j.Rasen Dranz, *Ars dem leben des Jesuite Athanasius leich er 1602-1680*, 1850, Vol 1, p.8.

格、卫匡国、白乃心等。基歇尔是一个兴趣极为广泛的人，他是欧洲埃及学的奠基人之一，他对埃及古代的象形文字很感兴趣，也是最早展开对埃及古文字研究的欧洲学者。这样他对中国的象形文字自然也很感兴趣。他成为 17 世纪在欧洲出版物中呈现汉字最多的学者，对汉字西传起到了重要的作用。

波兰来华耶稣会士卜弥格被南明永历皇帝任命为中国使臣，前往罗马汇报中国情况，以求得到罗马对南明王朝的支持。现在看来这近乎是荒唐的想法，但当时无论是南明王朝还是卜弥格都是很认真地对待这件事的。1650 年 11 月 25 日卜弥格作为南明王朝的使臣，带着两名中国助手返回欧洲。

卜弥格返回罗马后何时与基歇尔见面，目前找不到文献记载，但基歇尔对卜弥格的到来极为感兴趣，特别是他带来的有关中国文字的材料，1652 年，也就是两年后，基歇尔在他的《埃及的俄狄浦斯》里公布了卜弥格的一首歌颂孔子的诗歌、[①] 两篇介绍自己使命的短文，同时也公布了卜弥格带回的一些中文字。

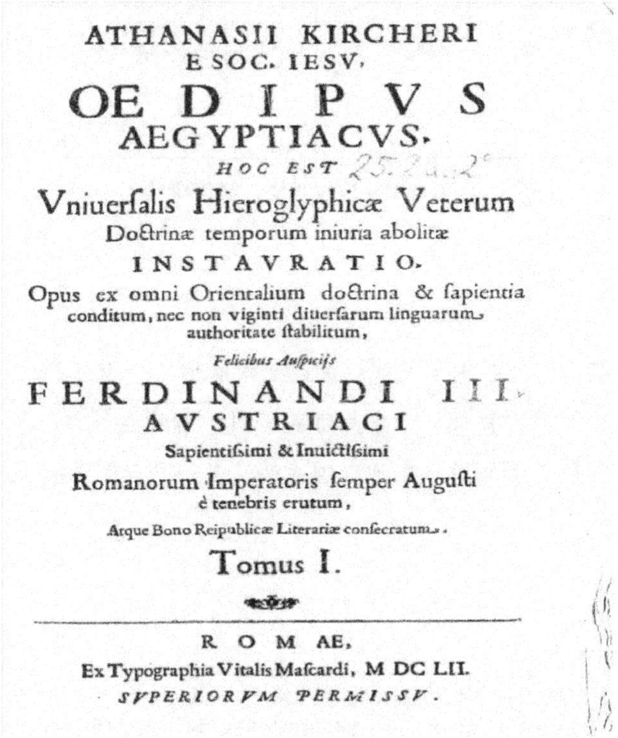

ATHANASII KIRCHERI
E SOC. IESV.

OE D I P V S
AEGYPTIACVS.

HOC EST 25.28.2°

Vniuerſalis Hieroglyphicæ Veterum
Doctrinæ temporum iniuria abolitæ
I N S T A V R A T I O.
Opus ex omni Orientalium doctrina & ſapientia
conditum, nec non viginti diuerſarum linguarum
authoritate ſtabilitum,

Felicibus Auſpicijs

F E R D I N A N D I   I I I.
A V S T R I A C I
Sapientiſſimi & Inuictiſſimi
Romanorum Imperatoris ſemper Auguſti
è tenebris erutum,
Atque Bono Reipublicæ Literariæ conſecratum.

Tomus I.

R O M AE,
Ex Typographia Vitalis Maſcardi, M DC LII.
SVPERIORVM PERMISSV.

图 5　基歇尔《埃及的俄狄浦斯》书影

---

① 笔者查阅了《埃及的俄狄浦斯》一书，只发现了一首卜弥格歌颂孔子的诗歌，但卡伊丹斯基认为收了两首，其中一首的旁边"还有拉丁文翻译"。参见爱德华·卡伊丹斯基《中国的使臣：卜弥格》，张振辉译，郑州：大象出版社，2001 年，第 122 页。

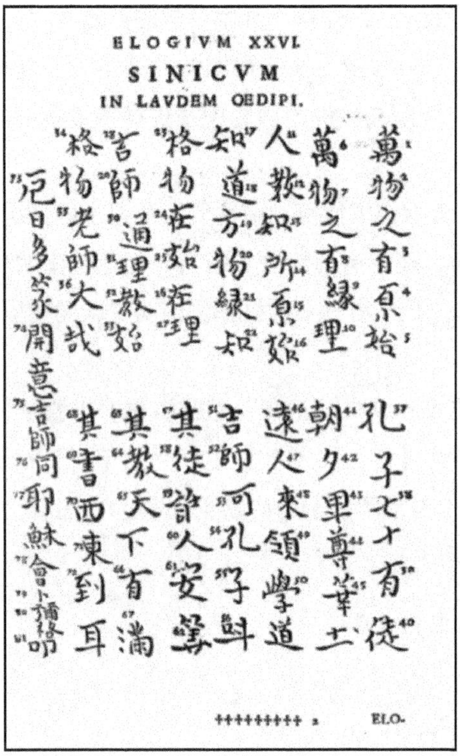
ELOGIVM XXVI.
SINICVM
IN LAVDEM OEDIPI.

萬物之有原始，孔子七十有徒；萬物之有緣理，朝夕卑尊華土。人教知所原始，遠人來領學道。知道方物緣知，吉師可孔子叫。格物在始在理，其徒誰人安籌。吉師通理教始，其教天下有滿。格物老師大哉，其書西東到耳。厄日多篆開意吉師同耶穌會卜彌格叩。

ELO.

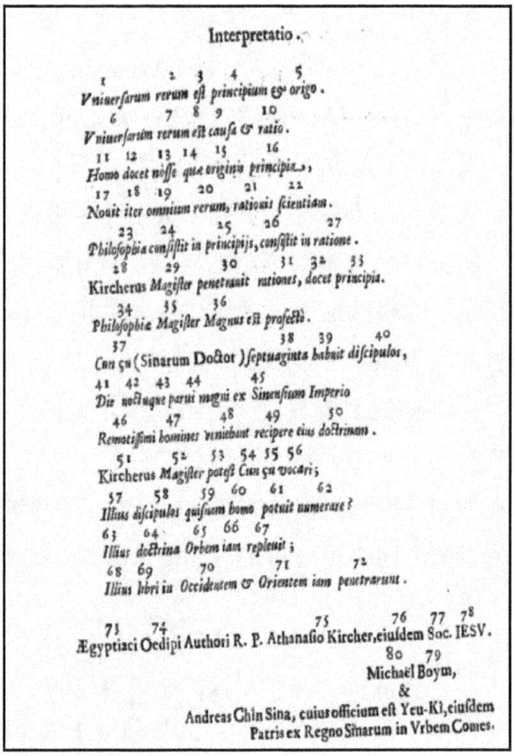
Interpretatio.

Vniuersarum rerum est principium & origo.
Vniuersarum rerum est causa & ratio.
Homo docet nosse quae originis principia,
Nouit iter omnium rerum, rationis scientiam.
Philosophia consistit in principijs, consistit in ratione.
Kircherus Magister penetrauit rationes, docet principia.
Philosophiae Magister Magnus est profectò.
Con çu (Sinarum Doctor) septuaginta habuit discipulos,
Die noctuque parui magni ex Sinensium Imperio
Remotissimi homines veniebant recipere eius doctrinam.
Kircherus Magister potest Cun çu vocari;
Illius discipulos quisnam homo potuit numerare?
Illius doctrina Orbem iam repleuit;
Illius libri in Occidentem & Orientem iam penetrarunt.

Ægyptiaci Oedipi Authori R. P. Athanasio Kircher, eiusdem Soc. IESV.
Michaël Boym,
&
Andreas Chin Sina, cuius officium est Yeu-Ki, eiusdem
Patris ex Regno Sinarum in Vrbem Comes.

图6 汉文、拉丁文对照翻译 ①

歌颂孔子的诗内容如下：

万物之有原始，孔子七十有徒；万物之有缘理，朝夕卑尊华土。人教知所原始，远人来领学道。知道方物缘知，吉师可孔子叫。格物在始在理，其徒谁人安筹。吉师通理教始，其教天下有满。格物老师大哉，其书西东到耳。厄日多篆开意吉师同耶稣会卜弥格叩。②

---

① 这或许是欧洲首个拉汉对照词典，这点在今后的欧洲早期汉语词典研究中专门展开。

② 关于卜弥格的诗，卡伊丹斯基认为，第一首颂诗是用中文写的，它的题目翻译成拉丁文是：Elogium XXV. China. Ferdinando MI Imperatori Semper Augus-to, An. P. Michaele Bovin Soc. lesu occesione Oedipi Aegyptiaci Sinica lingua, erectus Colossus，意思是：第二十五首中国颂诗，献给永远尊敬的费迪南多三世皇帝。耶稣会卜弥格借《埃及的俄狄浦斯》的机会，竖起的一座语言纪念碑。他在这首诗的结尾还说，中国字从上到下竖着写，从右往左读。第二首颂诗比第一首长些。除了中文原文外，卜弥格也把它翻译成了拉丁文，题目是：Elogium XXVI. Sinicum In laudem Oedipi。意思是：第二十六首中国颂诗，赞美俄狄浦斯。卜弥格早在他从罗马赴中国之前就认识基歇尔，他这两首赞颂中国的诗显然是在基歇尔1652年发表《埃及的俄狄浦斯》之前从中国寄给基歇尔的，而不是这一年12月来到威尼斯之后才交给他的。《埃及的俄狄浦斯》中刊载的颂诗很多。除了卜弥格的两首外，其他都是别人写的。

在这首诗同一页有卜弥格的一封信:

Ægiptiaci Oedipi Colossus

Ægiptii Regni monumentorum symbolicos characteres, quos tam ex antiquis, quàm modernis, nec unus homo valuit explicare, Agustissimae voluntatis obsecutus mandato, receptis beneficiis & liberalissimis impensis, Magister Kichcrus felici ausu aggressus, explicuit, explanavitque. FERDINANDO Augustissimi Imperatoris magnum nomen futura saecula infitita depraedicabunt. Aegyptiorum Regum fama in rudium impolitorumque lapidum erit Colossis; Symbolicas figuras homines mille annis quas ignorabant, Romana iam Urbs legit, & intelligit. Augustissimi Imperatoris heroica facta universi Orbis populi aeternum in codicibus conservabunt, suspicient, reverebunturque. Augusta Maiestas virtutibus coelum terris univit, referavit beneficiis salutis opera, & rebus est auxiliatus pulcherrimo incremento; conciliavit polos Mundi robore invicto, composuit quatuor maria, stitit furentium bellorum pulverem; Universo pacem restituit; Centum barbaris dedit leges & praecepta; Pietati Liberalitatem, & Clementiam coniuxit Maiestati. Perpendens ego Societatem IESU sub umbra Augustissimae Maiestatis commorari, & connumerari inter popolos qui sequuntur Caesareum currum. die noctuq; sollicitus cum reverentia incendo odores Coelorum Domino, supplicando medullitus, ut Augustissimae Maiestatis personam una cum Imperii Domo in decem millenos annos conservet longaeuam. Quia vero fruimur Augustissimae Maiestatis plurimis beneficiis, & gaudet terra pacis felicitate; ego tenuissimae formicae instar in animi grati significationem, Aegiptios inter explicatos Colossos, erigo Sinica lingua hoc florentissimum monumentum, praeconium perennis felicitatis.

E Societate IESV

埃及的俄狄浦斯之柱 [①]

　　没有人能够解释埃及王国古迹上的无论是古代的还是现今的象形文字,由至圣的旨意所派遣,并且由于获得了资助,基歇尔神父大胆地尝试解释和厘清这些文字。世世代代都将称颂至高无上的皇帝费迪南多尊名。古埃及皇帝的美名蕴藏于破损的和未经加工的石柱中。那些曾不为人理解的图形符号,在古罗马时代已经能够认读和理解。世界各地的人们要将那些至高无上的皇帝们的英雄事迹永远地保存在文献中,瞻仰它们,崇拜它们。崇高的陛下以美德将天和地结合了起来,进行施恩和拯救,

---

① *Ægiptiacus Oedipus* 是基歇尔最著名的古埃及文字研究著作之一。

帮助不断增加的美好事物；他以不可战胜的力量调和了世界的各极，沟通了四海，止息了愤怒的战争的硝烟，将和平还给了世界；为众多蛮族带来了法规和戒律；将仁爱与崇高结合，让怜悯与宽宏结合。我作为一名耶稣会士，想要留在那些跟随着凯撒战车的人们中间，日夜不息；（我）以不平静的、尊敬的心情为天主燃香，诚心地祈求他保佑至高无上的陛下与帝国万寿无疆。因为我们从陛下那里得到了很多好处，疆土享受着和平的幸福；如同小蚂蚁般的我为了表达我的感激，在这些已经整理好的埃及石柱中间竖起这座光辉的汉语石碑，它传达着永恒幸福的信息。

自耶稣会　卜弥格[①]

因为基歇尔的这本书是献给费迪南多三世皇帝的，卜弥格也附和了他，用中文来表示对费迪南多三世皇帝的敬仰。

厄日多篆开意碑记

厄日多国碑篆字。古今一人无解可者。

圣旨顺意。蒙恩给赐廪伣。吉师幸敢著述也。

福尔提安督皇帝大名。世世称赞不极。厄日

多皇王声顿石在硭。篆字人千年所不通。

罗玛京诏读知意耳。

天子大德。万方万姓生灵存心。钦仰敬沥欤。

朝德合天地。开货生成。物资美利，统极武肃

四海。止沸定尘。六合还平。百蛮取则道。仁

以作施赐谷来威。臣念

耶稣会久沾。

圣化。节系辇毂臣民。朝夕虔恭焚香

天主祈恳。

圣穷[②]并国家万万岁寿。既享

天朝恩。乐土太平之福。臣毕蚁蝼报效

之诚。厄日多篆中建莘玉文丰碑。颂元吉矣。

耶稣会卜弥格尔

---

① 此处由北京外国语大学欧语学院拉丁语专业教师李慧女士帮助翻译，在此表示感谢。

② "穷"在这里不通，应是错字，应为"躬"。

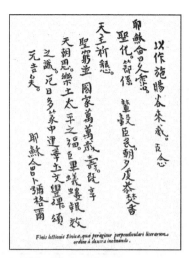

图 7　卜弥格用中文表示对费迪南多三世皇帝的敬仰

这两份文献，歌颂孔子的诗歌 100 字，歌颂费迪南多三世皇帝的短文 212 字，一共 312 字。这是欧洲出版史上首次公布如此多的汉字。因此，基歇尔的《埃及的俄狄浦斯》一书在汉字西传历史上是一个重要的转折点。

卜弥格在欧洲公开出版的唯一一本书是《中国植物志》。这是卜弥格的重要汉学著作。"这是欧洲发表的第一部关于远东和东南亚大自然的著作。……是欧洲将近一百年来人们所知道的关于中国动植物仅有的一份资料。"[1] 有学者甚至认为卜弥格使用"植物志"这一概念比瑞典植物学家林奈（Linné）还要早。

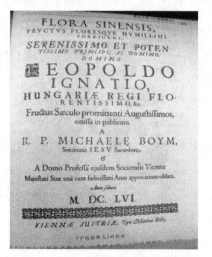

图 8　卜弥格《中国植物志》封面

---

① 爱德华·卡伊丹斯基《中国的使臣：卜弥格》，第 203 页。

本文所研究的汉字西传，以往的《中国植物志》研究者都忽视了这一点，即这本书在汉字西传历史上的作用。我们首先看一下这本书的图和字。

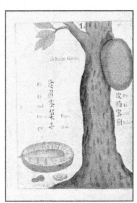

图9　卜弥格《中国植物志》图片

从这四幅图我们可以看到卜弥格的《中国植物志》在汉字西传上的学术意义：（1）这是在欧洲出版的第一本图文并茂的汉字书，从汉语学习的角度就是一本看图识字的教材；（2）这是在欧洲正式出版的第一本汉字拼音辞典，每幅图都有汉字，每个汉字都有拼音，将全书的汉字和拼音汇集起来，就是一部简要的汉字拼音辞典。① 因此，《中国植物志》在汉字西传史上具有重要的学术价值，在双语辞典史上同样具有重要的学术价值，只是至今学术界从未从语言学和汉字西传的角度对其加以专题研究。

卜弥格是一个多产作家，他有些作品虽然完成了，但一直没有出版，例如《中国地图册》。这个地图册在西方汉学历史上具有重要价值，它是继罗明坚所绘地图后传教士绘制的第二幅中国分省地图。因本文重点在研究汉字西传，这里仅仅介绍地图中的汉字。每幅地图都有用中文标注的地名、物产和绘图。

但这个地图册并未公开出版，深藏在梵蒂冈图书馆中，学术界至今尚未对该地图展开深入研究，更未有人从汉字西传角度展开研究。②

继卜弥格的《中国植物志》之后，在欧洲正式出版物上呈现汉字的就是卫匡国1659年出版的《中国上古史》（Mattino Martinio, *Sinicae historiae decas prima res a gentis origine ad Christum natum in extrema Asia, sive Magno Sinarum Imperio gestas complexa*. Amstelaedami: Apud Joannem Blaev, 1659）。

---

① 笔者将对全书的汉字数量进行统计，并根据每页提供的资料将全书的汉字和拼音汇总，那时，这本书的汉字拼音辞典的功能可以更明显地体现出来。

② 因本文篇幅所限，无法逐一展示地图，日后，笔者将统计出卜弥格《中国地图册》的全部汉字。

图 10　卫匡国《中国上古史》中的汉字

1660 年在安特卫普出版了德国历史学家斯皮哲理（Theophili Spitzelii）的《中国文献注释》（*De re Literaria Sinensium Commentaries, in qua Scriptur æ Partier ac Philosophiæ Sinicæ Specimina Exhibentur, et euro Aliarum Gentium, Præsertim Ægyptiorum*，*Græcorum, et Indorum Reliquorum Literis qtque Placitis Conferuntur*, Lugd. Batavorum: Ex Officina Petri Hackii, 1660），书中出现了五个汉字。

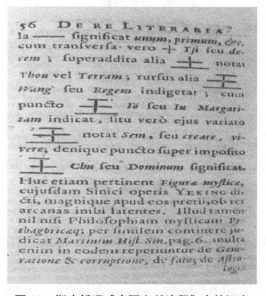

图 11　斯皮哲理《中国文献注释》中的汉字

在 17 世纪汉字西传中影响最大，并对西方汉学发展产生重大影响的是基歇尔的《中国图说》(*China monumentis qua sacris profanes, nec non variis naturae & artis spectaculis, aliarumque rerum memorabilium argumentis illustrata*)，全书名可以翻译为"中国：通过其神圣的、异教的碑刻、自然事物、技艺及其他方面来说明"。该书 1667 年出版了第一版，1670 年出版了第二版，以后以多种语言再版。由于基歇尔在书中汇集了他所见到的多名来华耶稣会士返回罗马后送给他的各类材料，并且在书中刊出了多幅关于中国的绘画，因此，这本书在西方极受欢迎，成为欧洲人认识中国知识链条上重要的一环。孟德卫说这本书是"17 世纪 60 年代后期和 70 年代，在欧洲人形成'中国'这个概念过程中最有影响力的著作之一"①。关于这本书笔者曾作过初步的介绍。②

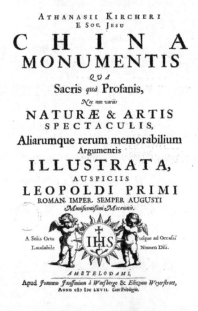

图 12　基歇尔《中国图说》封面

这里仅从基歇尔在《中国图说》中对中国语言文字的翻译和介绍作一初步探索，在这方面，基歇尔有如下重要的贡献：

第一，他首次在《中国图说》中公布了《大秦景教流行中国碑》的中文全文，并对汉字与罗马字母读音进行对照，从而大大推动了欧洲的汉语学习与研究。

在卜弥格到达罗马之前，虽然卫匡国已经将碑文的拓本带到了罗马，但在出版物中从未公布过碑文的中文全文。正是在卜弥格到罗马后，他将手写的大秦景教碑的碑文给

___

① 孟德卫《奇异的国度：耶稣会适应政策及汉学的起源》，陈怡译，郑州：大象出版社，2010 年，第 131 页。
② 张西平《欧洲早期汉学史：中西文化交流与西方汉学的兴起》，北京：中华书局，2010 年，第十六章。

了基歇尔，基歇尔在《中国图说》中全文发表。[①] 这是当时在欧洲第一次发表这样长的中文文献，所以，法国汉学家雷慕沙（Jean Pierre Abel Rémusat）说，基歇尔所公布的碑文全文"迄今为止，是为欧洲刊行的最长汉文文字，非深通汉文者不足以辩之"[②]。这些中文文字对当时欧洲对中文的了解和认识产生了长期的影响。

对大秦景教碑碑文的注音和释义是《中国图说》中另一个让当时欧洲人关注的方面，这个工作完全是卜弥格和他的助手陈安德做的。基歇尔在书中也说得很清楚：

> 最后到来的是卜弥格神父，他把这个纪念碑最准确的说明带给我，他纠正了我中文手稿中的所有的错误。在我面前，他对碑文又进行了新的、详细而且精确的直译，这得益于他的同伴中国人陈安德（Andre Don Sin）[③] 的帮助，陈安德精通他本国的语言。他也在下面的"读者前言"中对整个事情留下一个报道，这个报道恰当地叙述了事件经过和发生的值得注意的每个细节。获得了卜弥格的允许，我认为在这里应把它包括进去，作为永久性的、内容丰富的证明。[④]

卜弥格的做法是将碑文的中文全文从左到右一共分为 29 行，每一行从上到下按字的顺序标出序号，每行中有 45—60 个汉字。碑文共有 1 561 个汉字。这样碑文中的汉字就全部都有了具体的位置（行数）和具体的编号（在每行中从上至下的编号）。在完成这些分行和编号以后，卜弥格用三种方法对景教碑文进行了研究。这个问题涉及语音和辞典问题，与本文主题关系不大，不展开，笔者将另撰文研究。

第二，《中国图说》对中国文字的介绍。[⑤]

基歇尔的中国语言观仍是 17 世纪的基督教语言观，在这方面他未有任何创造，他在谈到中国的文字时说：

① 笔者认为这份《大秦景教流行中国碑》的抄写本是卜弥格带到罗马的中国助手陈安德所作。
② 《西域南海史地考证译丛》（第三卷），冯承钧译，北京：商务印书馆，1999 年，第 159 页。
③ 费赖之说，卜弥格前往罗马时"天寿遣其左右二人随行，一人名罗若瑟，一名陈安德"。冯承钧先生认为："罗若瑟原作 JOSEPHKO，陈安德原作 ANDRESIN, KIN, 兹从伯希和考证之名改正，而假定其汉名为罗为沈。"参阅费赖之《在华耶稣会士列传及书目》（上册），北京：中华书局，1995 年，第 275 页。此处有误，伯希和认为："此信札题卜弥格名，并题华人陈安德与另一华人玛窦（Mathieu）之名。安德吾人识其为弥格之伴侣，玛窦有人误识其为弥格之另一同伴罗若瑟。惟若瑟因病未果成行，此玛窦应另属一人。"伯希和认为，在这封信署名时只有卜弥格一个人名，陈安德和玛窦是基歇尔在出版时加上去的人名，他认为 1653 年时陈安德不在罗马。因此，这个碑文不是陈安德所写，而是玛窦（Mathieu）所写，此人不是别人，正是白乃心返回欧洲时所带的中国人。参阅伯希和《卜弥格补正》，载《西域南海史地考证丛》（第三卷），第 203 页。笔者认为，伯希和这个结论值得商榷，因为在卜弥格这封信中已经明确指出，碑文的中文是他的助手陈安德所写。
④ Paula Findlen (edited), *Athanasius Kircher the last Man who knew Every*, Routledge, 2004, p.6.
⑤ 参阅张西平等《西方人早期汉语学习史调查》，北京：中国大百科全书出版社，2003 年。

　　我曾说过，在洪水泛滥约三百年后，当时诺亚的后代统治着陆地，把他们的帝国扩展到整个版图。中国文字的第一个发明者是皇帝伏羲，我毫不怀疑伏羲是从诺亚的后代那里学到的。在我的《俄狄浦斯》（Oedipus）第一卷中，我讲到殷商人（Cham）是怎样从埃及到波斯，以及后来怎样在巴克特利亚（Bactria）开发殖民地的。我们知道他和佐罗阿斯（Zoroaster），巴克特利亚人的国王经历相同。巴克特利亚是波斯人最远的王国，同莫卧儿或印度帝国接壤，它的位置使得它有机会进行殖民，而中国是世界上最后一个被殖民者占领的地方。与此同时，汉字的基础由殷商人（Cham）的祖先和 Mercury Trismegistos（Nasraimus 之子）奠定了。虽然他们学得不完全，但他们把它们带到了中国。古老的中国文字是最有力的证明，因为它们完全模仿象形文字。第一，中国人根据世界上的事物造字。史书是这样说的，字的形体也充分证明这一看法，同埃及人一样，他们由兽类、鸟类、爬行类、鱼类、草类、树木、绳、线、方位等图画构成文字，而后演变成更简洁的文字系统，并一直用到现在。汉字的数量到如今是如此之多，以至每个有学问的人至少要认识八万个字。事实上，一个人知道的字越多，他就被认为更有学问。其实认识一万个字就足以应付日常谈话了。而且，汉字不像其他国家的语言那样按字母排列，它们也不是用字母和音节来拼写的。一个字代表一个音节或发音，每一个字都有它自己的音和意义。因而，人们想表达多少概念，就有多少字。如有人想把《卡莱皮纽姆》（Calepinum）译成他们的语言，书中有多少字，翻译时就要使用同样多的中国字。中国字没有词性变化和动词变化，这些都隐含在它们的字中了。因此，如果一个人想具有中等知识的话，他必须要有很强的记忆力。中国博学的人的确花费了很多时间，勤学苦学而成的，因而他们被选拔到帝国政府机关的最高层中。

　　这里他的语言观是很清楚的。

　　"第一个在欧洲介绍中国书写文字的就是基歇尔。"[①]在《中国图说》中他介绍了中国的 16 种古代文字，分别是：伏羲氏龙书（Fòhi xi lùm xù）、穗书神农作（Chum xu xim Nûm Ço）、凤书少昊作（Fum Xù xan hoam Ço）、蝌蚪颛顼作（Li teù chuen kim Ço）、庆

---

　　① 孟德卫《中西文化交流史：1500—1800》英文版，1983 年，第 5 页。在欧洲出版物中出现汉字有一个很漫长的历史，欧洲人对汉字的认识和理解也有一个很漫长的历史，欧洲人对汉字的认识已经并不仅仅是一个文字学或语言学的问题，这里包含着文化间相遇后的文化理解和自身文化的变迁与外部文化的关系问题。这方面中外学者也都有一些研究，参阅孟德卫《奇异的国度：耶稣会适应政策及汉学的起源》第六章；姚小平《西方语言学史》，北京：外语教学与研究出版社，2011 年，第五章、第六章；卫匡国《中国文法》，上海：华东师范大学出版社，2012 年；董海樱《16 世纪至 19 世纪初西人汉语研究》，第三章；计翔翔《十七世纪中期汉学著作研究：以曾德昭〈大中国志〉和安文思的〈中国新志〉为中心》，上海：上海古籍出版社，2002 年。

云黄帝篆（Kim yun hoam ty chuen）、仓颉鸟迹字（Choam ham miào cye chi）、尧因龟出作（Yao yn quey Ço）、史为鸟雀篆（Su guey nia cyò chuen）、蔡邕飞帛字（Cha yè fi mien Ço）、作氏笏记文（Ço xi' ho ki ven）、子韦星宿篆（Çu guey sym so chuen）、符篆秦文之（Fu chuen tay venchi）、游造至剪刀（Yeu Çau chi eyen tao）、安乐知思幽明心为（Ngan lochi su yeu min sym quei）、暖江锦鳞聚（Ngum kiam mien lien cyeù）、金错两制也。[1]

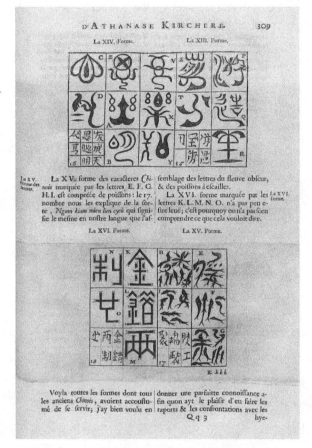

图 13 《中国图说》中的中国古代文字摘录

　　基歇尔对中国文字的介绍，在今天看起来十分浅薄，但在当时的欧洲确是前所未有的关于中国文字和语言的知识。实际上正是基歇尔在《中国图说》中所介绍的这些关于中国语言和文字的知识，特别是他和卜弥格所介绍的大秦景教碑碑文的中文，对以后的欧洲本土汉学的产生有着根本性的影响，18 世纪无论是在门采尔那里，在巴耶尔那里，抑或在以后的法国汉学家雷慕沙那里，《中国图说》中所介绍的中国语言和文字的材料都

---

①　这些文字主要来自中国的《万宝全书》。

成为他们走向汉学研究之路的基础。①

明代的《万宝全书》是《中国图说》文字图的来源：

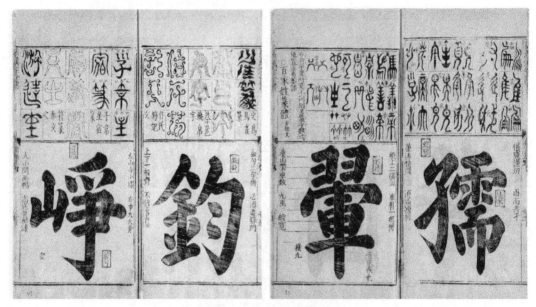

图 14　《万宝全书》摘录

四、《无罪获胜》与汉字西传

何大化（Antoine de Gouvep，1592—1677）的《无罪获胜》（*Innocentia Victrix Siue Sententia Comitiorum Imperii Sinici Pro Innocentia Christianae Religionis*）是一份耶稣会士在清初"历狱"的斗争中获得胜利后所作的一份文件。清初"历狱"是中西文化交流史的大事件,这方面研究很多,② 这里主要从汉字西传的角度展开研究。③ 这份文献有 12 种：康熙八年五月初五日利类思、安文思、南怀仁奏控杨光先并请昭雪汤若望呈文；礼部等衙

---

①　阿塔纳修斯·基歇尔《中国图说》,张西平、杨慧玲等译,郑州：大象出版社,2009 年；参阅 Paula Findlen(edited), *Athanasius Kircher the last Man who knew Every*, 张西平《欧洲早期汉学史：中西文化交流与西方汉学的兴起》；董海樱《16 世纪至 19 世纪初西人汉语研究》；John Webb, *An Historical Essay, Endeavouring a Probability that the Language of the Empire of China is the Primitive Imguage Spoken Through the Whole World Before the Confusion of Babel.* London, 1669。

②　李天纲《中国礼仪之争：历史·文献和意义》,上海：上海古籍出版社,1998 年；吴伯娅《康雍乾三帝与西学东渐》,北京：宗教文化出版社,2003 年。

③　国内学术界首次研究此文献的是罗常培先生,其《耶稣会士在音韵学上的贡献》就是专门研究此文献的音韵问题的,罗先生这篇文章原准备发表在北京大学《国学季刊》上,后他发现了问题就将稿件撤出,只油印供内部用,注明"请勿外传",因此,这份文献极为难寻。此文献藏在欧洲多个图书馆,罗常培先生所用的是藏在大英博物馆（The British Museum, 20 MY, 98）由向达先生复制回来的。1999 年葡萄牙里斯本重新出版了这份文献,在复印原文献的同时,对文中的拉丁文进行了重新转写整理。

门为详查利类思等呈控各由题本；康熙八年七月二十六日上谕议政王贝勒大臣九卿科道会同再详议具奏；议政王大臣等复议月日昭雪汤若望、许缵曾、李祖白等，并请将杨光先处斩、妻子流徙宁古塔题本；上谕免杨光先死，并免其妻子流徙，天主教除南怀仁等照常奉行外，仍禁立堂；康熙帝赐祭汤若望文；康熙九年十一月二十日利类思、安文思、南怀仁等奏请赦免栗安当等二十余人题本；康熙九年十一月二十八日上谕礼部将利类思等所奏之本确议具奏；礼部会议恐栗安当等各处归本堂日久复立堂传教，因拟将利类思等具题之处毋庸再议题本；礼部议羁留广东之栗安当等二十余人内有十余人通晓历法，可俱取来京城与南怀仁等一同居住题本；康熙九年十二月二十一日上谕，准羁留广东之栗安当等二十余人内通晓历法者来京与南怀仁等同居，其不晓历法者各归本堂，但仍禁止直隶各省一应人等入教；康熙十年正月十八日兵部行咨各省总督抚院查明栗安当等二十五人内有通晓历法者几名即行起送来京，其不治历法者即令各归本堂文。这 12 种文献共有 2 696 个汉字，666 个不同的汉字，447 个不同的汉语语音。[①] 罗常培和陈辉主要从语音学的角度对这份文献的学术价值进行探讨，我们主要从汉字西传的角度对这份文献的学术价值进行分析。

首先，这份文献是继《中国图说》后在欧洲出版的汉字最多的出版物，《中国图说》公布了大秦景教流行中国碑的 1 561 个汉字，这里公布了 2 696 个汉字，从汉字西传历史来看，这是 17 世纪欧洲出版物中汉字最多的一份文献。

其次，《无罪获胜》的汉字字体也很有特色，12 种文献中字体并不完全一致，其中用楷书书写的有 8 篇，用草书书写的有 2 篇，用篆书书写的有 1 篇，用行书书写的有 1 篇，这样中文书写的四种主要字体都有了。而且在内容和文体的选配上传教士们也很用心，凡是公文等用楷体，如"诉状""题请""奏疏"；而礼部大臣的议事记录用草体；康熙御祭汤若望的墓志则用篆书。这样通过字体的不同，告诉了西方读者中文书写的基本字体是"隶、篆、真、草"四种。

相对于基歇尔在《中国图说》中公布的 16 种中文文体，《无罪获胜》则显得更为真实，基歇尔的有猎奇的感觉，而《无罪获胜》则是用于国内传教士的汉语学习，这样在汉字字体的表现上更为平实。[②]

---

① 参阅罗常培《耶稣会士在音韵学上的贡献》；陈辉《〈无罪获胜〉语言学探微》，《浙江大学学报》（人文社会科学版），2009 年第 1 期。

② 陈辉《〈无罪获胜〉语言学探微》。

图 15　《无罪获胜》书影及内容摘录

小　结

　　根据上面的研究，我们从历史的角度梳理了 17 世纪汉字在欧洲传播的历史、17 世纪汉字在欧洲呈现的每一个环节。这样我们知道欧洲人对汉字的认识经历了从最初的描述性认识到实际的呈现性认识。在这个过程中卜弥格和基歇尔的《中国图说》、何大化的《无罪获胜》使 17 世纪汉字在欧洲的传播达到了高潮，从而为 18 世纪欧洲早期汉学的发展打下了基础。对 17 世纪的欧洲人来说，汉字在他们面前的呈现不仅是一个文字的符号，也是一种文化的符号，由于汉字的传入，欧洲在讨论汉字的过程中其文字观念和语言观念都发生了较大的变化。这点笔者将另撰文详加阐述。

江沙维《汉字文法》的语言特点及相关问题

内田庆市

（日本关西大学东亚文化研究科）

摘　要：一般认为，从威妥玛的《语言自迩集》开始，西方人对于北京官话的学习和研究开始占据主导地位，但对北京官话的关注要早于此。江沙维及其《汉字文法》较早地注意到了北京官话。文章探讨了与《汉字文法》相关的多个问题：首先，结合太田辰夫的理论和《汉字文法》的用词、句式特征，认为《汉字文法》具有典型的北京话或北方话的特点；之后探讨了《汉字文法》刊本和手稿本的差异，并初步推测了稿本的成书；最后讨论了《汉字文法》的影响。

关键词：北京官话；南京官话；《语言问答》

前　言

江沙维的汉语研究在汉语研究史上是很重要的。近代汉语史上北京官话占据主要地位是从威妥玛的《语言自迩集》（1867）开始的，之前的西洋人的汉语教学和研究是以南京官话或者南方话为主的，在近代日本的汉语教育史上也有同样的倾向。但是江沙维是个例外，不知为什么已经很重视北京官话。

我想在这篇文章里谈谈江沙维《汉字文法》（1829）的语言特点、成书过程和后来的影响，比如《语言问答》等的相关问题。

一、江沙维及其著作

（一）江沙维生平

关于江沙维的生平，Couling 在 1917 年的记载如下：

Joachim Alphonse Goncalves（1780–1844）

Lazarist missionary and Sinologue.

He was born in Portugal in 1780, and reached Macao on June 28,1814.Here he spent the rest of his life teaching in the College of St. Joseph, and studying daily both Mandarin and Cantonese. His works have had only a limited use, through being written either in Portuguese or in Latin. According to Callery, they were "rich in materials but entirely destitute of theoretic explanations". His Latin works are of small value; the other place him among the most eminent sinologues. He died on October 3, 1844.（1814 年 6 月 28 日来到澳门。在这里度过了他的余生，在圣若瑟修院教书，每天学习普通话和粤语。他的作品只有有限的用途，因为不是用葡萄牙语就是用拉丁语写的。据加略利说，这些作品 "材料丰富，但完全没有理论解释"。他的拉丁文作品价值不大；其他作品则使他成为最杰出的汉学家。）(Couling, *Encyclopedia Sinica*, 1917: 208)

江沙维来到澳门的时间有的说 1813 年：

60. JOAQUIM-ALFONSO GONÇALVES

公 *KONG Prêtre.*

Né à Tojal, petit bourg de la province de Tras-os-Montes (Portugal), le 23 mars 1781 ; reçu au séminaire de Rilhafoles (Lisbonne) le 17 mai 1799 ; il y fit les vœux le 18 mai 1801. Arrivé à Macao 澳门 le 28 juin 1813. Destiné à Pekin 北京, il tenta vainement d'y parvenir. Toute sa vie de missionnaire se passa comme professeur au séminaire Saint-Joseph à Macao . Il s'adonna particulièrement à la sinologie, dans laquelle il devint très compétent. Décédé à Macao le 3 octobre 1841. Depuis octobre 1872, sa sépulture se trouve dans l' église Saint-Joseph.（1813 年 6 月 28 日抵达澳门。他注定要去北京，但他试图到达那里，却没有成功。他的整个传教生涯都是在澳门的圣若瑟神学院担任教师。他特别致力于汉学研究，在这方面他变得非常精通。他于 1841 年 10 月 3 日在澳门去世。）(LES LAZARISTES EN CHINE 1697–1935，J. VAN DEN BRANDT, 1936)

（二）江沙维的著作

1.*Grammatical Latina*（《辣丁字文》）(1828)

2.*Arte China*（《汉字文法》）(1829)

3.*Dicctinario Portuguez-China*（《洋汉合字汇》）(1831)

4.*Dicctionario China-Portuguez*（《汉洋合字汇》）(1833)

5.*Vocabularium Latino-Sinicum*（《辣丁中国话本》）(1836)

6.*Lexicon manuale Latino-Sinicum*（《辣丁中华合字典》）(1839)

7.*Lexicon magnum Latino-Sinicum*（《辣丁中华合字典》）(1841)（未见）

二、江沙维的《汉字文法》

《汉字文法 *Arte China constante de alphabeto grammatica*》（Macao，1829），共 502 页，全文葡汉对照。内容如下：

Prologo（序）

Capitulo I Alphabeto China（汉字笔画表，汉字和葡式标音）

　　葡式标音 Ex. sha=xa, shen=xen, shang=xam, ga=ca, gao=cau, gua=coa

　　（参照 Wieger《汉语汉字入门》1895, pp.1499–1510）

Capitulo II Frases vulgares e sublimes（散语，包括口语或俗话和文言）

Capitulo III Grammar（文法）= 短句集

Capitulo IV Syntaxe（文法）= 按照词类列举例句，包括口语和文言

Ex. Nominativo antes do Verbo（主格 + 动词）

　　他是他的亲戚。吾系其之亲。

　　他不在家。其未在家中。

O adjectivo antes do substan（实词之前的形容词）

　　恶人不得平安。恶者难获康宁。

　　凡有病的人吃的少。凡人有病所食甚少矣。

Capitulo V Dialogos（问答）全四十六

Capitulo VI Proverbios（俗语）= 成语，惯用语

Capitulo VII Historia, e fibula（历史，寓言）

Capitulo VII Composicoes Chinas（作文，古文）

Appendice（附录）

Indice（索引）

（一）江沙维采用的汉语

19 世纪早期的来华传教士如马礼逊、卫三畏等都以广东话为主，只有江沙维和罗伯聘是例外，后来高田时雄之所以宣称"北京官话的胜利"[1] 是因为威妥玛这样说过：

The best is perhaps Gonçalves's *Arte China*, but it is written in Portugues, a tongue few Englishmen under age have cared to cultivate. If the writer's health and strength be spared him it

---

① 高田时雄《北京官话的胜利》，见《西洋近代文明与中华世界：京都大学人文科学研究所 70 周年纪念研讨会论集》，京都：京都大学学术出版会，2001 年。

is his purpose one day to produce a Student's Manual somewhat in the style of the *Arte*.（最好的大概要数江沙维的《汉字文法》。但因为这本书是用葡萄牙语写的，所以几乎没有英国孩子愿意去学。笔者希望在自己身体及体力允许的情况下，有一天能写出一本与《汉字文法》风格相同的学生手册。）（Hsin Ching Ln，1859）

威妥玛还提到过 19 世纪 40 年代能使用北京话的罗伯聘：

The only Sinologue of standing who spoke the Peking mandarin was Mr. Robert Thom.（只有一个罗伯聘得到会说北京官话的名声。）（《语言自迩集》序）

但是江沙维也很早就以北京官话作为标准，最典型的例证是书中出现的"你纳"。

我认为第二人称代词尊称"您"的起源有两种，一个是"儜"（"你能""你儜"）的系统，一个是"你纳"的系统。"儜"是"正音"课本（《正音撮要》《正音咀华》）等常见的，"你纳"是《庸言知旨》《清文指要》等满汉合璧课本之类和《语言自迩集》里出现的。我推测"你纳"是旗人语或北京话独特的形式。[①]这个"你纳"最早可见的例子是在江沙维的著作里，而且有很多，例如：

> 平地起风波我没有看见你纳来理会（100 页）
>
> 你纳来的巧（103 页）
>
> 你纳贵处（121 页）
>
> 还要烦你纳给我细细的讲个地方的生意（121 页）
>
> 托赖你纳的情分我想看一看（121 页）
>
> 他是你纳的好朋友（216 页）
>
> 你纳几岁（223 页）
>
> 你纳乏了么（225 页）
>
> 我狠想你纳（237 页）
>
> 你纳容易使快子（246 页）
>
> 请你纳上去给老爷磕头（252 页）
>
> 你纳贵国、你纳是汉人是旗人（254 页）

这个现象是江沙维倾向于北京话的一个表现。

太田辰夫说过："北方话用'你纳''您'，南京官话也可以说'您'，但是不说'你纳'。

---

① 内田庆市《近代东西语言文化接触的研究》，大阪：关西大学出版部，2001 年。

北方话说'你老'，但是北京话不说'你老'。"①

《汉字文法》用"你纳"，也用"你老"，就是两者并用，例子如下：

> 中人说就是你老人家肯了，就是你老的盛情了。（39）②
>
> 你老这样好心很少有。（39）

在我看来"你老"和"你纳"还是有些关系的。

（二）《汉字文法》的语言特点＝北京话或北方话

太田辰夫（《中国语学新辞典》，1969 年，187 页）提出北京话的七个语法特点：（1）第一人称代词有"咱们"（inclusive）和"我们"（exclusive）的区别；（2）用"呢"，不用"哩"；（3）用禁止副词"别"；（4）用程度副词"很"作为状语；（5）用"来着"；（6）用介词"给"；（7）"多了"放在形容词后面表示"得多"（"好多了"＝"好得多"）。

《汉字文法》满足除（3）和（7）以外的北京话的特征，例子如下：

"咱们"
> 咱们要上那里去。（10）
>
> 咱们歇一歇罢。（10）
>
> 咱们都一块儿走罢。（14）

"呢"
> 见过他几次呢。（8）
>
> 几本呢。（24）

"狠"
> 你狠知礼。（1）
>
> 我狠欢喜你（1）
>
> 我心里狠过不去你纳。（1）
>
> 天气狠好。（10）
>
> ＊这个酒热的狠。（22）

"来着"

---

① 太田辰夫《北京话的语法特点》，见《中国语文论集》，东京：汲古书院，1995 年。
② 括号内数字表示"第 39 章"，后同。

后来在隔壁儿街房家里耍钱来着。(20)

　　＊那一日事情狠忙。不得空儿来。(16)

"给"

　　给我作这个。(1)

　　我给你切果子。(21)

　　给老爷磕头。(25)

　　给我看。(26)

不满足北京话特点的例子如下：

不用"别"而用"不要"

　　不要这么些个样子。(1)

　　不要这么快走。(4)

　　不要动手。(4)

"多了"

　　＊我喝多了酒就爱说话。(22)

　　以"别"为例,《汉字文法》里都用"不要",但是我觉得"别"和"不要"不一定是地方的区别,而是新旧的区别。所以,一般认为北京话或北方话的课本《官话指南》《正音撮要》等也使用"不要"。

　　除了太田辰夫指出的这七个特点以外,区别北京话(或北方话)和南京官话(或南方话)的鉴定语还有"名词+儿"、"谁"(问职业等＝"哪个")、"你纳"(这是已经在上面说过的)、"您"(这个还没出现)、"这么"、"那么"、"这么着"、"那么着"(＝"这样""那样")、"这些个"、"什么的"、"多么"、"多咱"、"似的(是的)"等,江沙维的著作里基本上都有,例如：

"儿"化

　　法儿(3)

　　一点儿(4)

　　等一会儿。(4)

　　我们一块儿走罢。(4)

　　空儿(28)

　　信儿（29）

"些个"

　　好些个（2）

　　留下这么些个礼貌。（1）

　　不要这么些个样子。（1）

　　他也走过好些个地方。（28）

"这么"

　　不要这么快走。（4）

"谁"

　　他们里头谁好。（2）

　　他们里头那一个好。（2）

"多咱"

　　你多咱听见这个。（5）

　　连镜子也有，多咱要照面能勾。（27）

　　多咱不打猎又不打鱼作什么。（32）

　　还有"使得"这样的词汇也是在满汉合璧之类的课本里常见的，可以作为北京话的鉴定语。"没有的"之类也是北京话的词汇：

"使得"

　　我不服，使得。（2）

　　你给我作一件袍子。使得。作什么的。（34）

　　如今喝葡萄酒红的白的都使得。（37）

"没有的"

　　一日没有的吃，没有的穿。（42）

　　"汗他儿"="汗塌儿"也是方言（北京话），按照《汉语大词典》，意思是贴身穿的中式小褂，就是汗衫。《汉字文法》也有这样的例子：

　　叫人给我一件洗的汗塌儿／汗衫。（19）

在正反疑问里"V+O+不 V"的格式也一般看成是北方话，如：

请问能勾知道这个不能勾。（5）

这样看来，《汉字文法》基本上可以说是用北京话或北方话来写成的。
当然有一些比较旧的说法，如下举几点：

（a）没有介词"跟"，只有"同"。

你叫我同谁说话。（24）

伙计同我来我要赁一间房子。（27）

不可同人争斗。（41）

我立刻同他拼命打起架来了。（41）

"跟"还是动词。

我情愿跟你。（＝动词）（27）

他跟主子去买东西。（45）（还没有完全虚化）

（b）"问"＝"跟""同"的意思（太田辰夫说这个"问"不是北京话）。

每人家问他要加一利钱。（45）

人问我借一升米不给他。（手稿本 46）＝人望我借一升米不给他。（41）

人问他要。（手稿本 50）＝人望他要。（46）

问／同买办要。（18）

（c）假设连词"若""若使"。

我说若你要算给我，我横竖不叫你吃亏。（39）

若生意好，可以赚个对本。（40）

若他们在我跟前先没有什么意思，不管他们。（38）

若使街上没有那些草房子，这一次的火才不这样利害。（37）

若使不收管走在人家地里，打死无论。（39）

（d）"如……一样"。

这样行如作贼打劫的一样。（38）

自然一个人发忿怒如猛兽一样。（41）

（e）"旧年＝去年""下年＝明年"。

　　因为旧年是荒年。（10）

　　旧年十一月动身。（25）

　　我要这一件衣服为下年／过年。（34）

（f）比较的"于"。

　　这个于那个没有分别。（3）

　　中国于西洋风俗不同。中国风俗于西洋的不同。（3）

（g）其他。

　　便益＝便宜

　　太过贵，还是便益的告诉你说罢。（27）

表示时间：

　　几下钟。差不多一下钟。打了三刻。打三下一刻。刚刚儿两下钟。（12）

　　我七下二刻起来了。（15）

　　快子（22）＝筷子

　　有三层。（27）＝说明房子平面的结构。

　　如今短肉汤。（22）短＝少

　　面头，奶子，奶油，奶饼（21）西洋的食物

三、关于《问答》章

《汉字文法》的第五章《问答》是该书最重要的部分。我们从这里可以看到上面已经说过的它的语言特征，而且应该注意到对后来的汉语学习或汉语研究的影响，特别是跟《语言自迩集》的关系。

（一）新发现的手稿本

2005 年由关西大学中文系的井上泰山教授发现了《汉字文法》的手稿本。但井上先生当时不知道这是《汉字文法》的手稿本。我意识到了这一点，就向葡萄牙国家图书馆申请作数字化。内容包括刊本的第三章和第四章的一部分、刊本第五章《问答》全

五十一节和刊本的第六章的《俗语》的一部分。

跟刊本比较起来,除了有文字(文章)的异同以外,不同之处还有:(1)刊本里有同义词或可以替换的词之间的竖线,手稿本没有;(2)手稿本里的《答客问》从一到三十一的中途有标音等。

手稿本和刊本的《问答》章的章节的异同如下:

Dialogos= 全 51 章(〔 〕内是刊本的章节)

答客问之一 求〔1 求谢〕,答客问之二 谢恩〔1 求谢〕,三 说是〔2 说是〕,四 商量〔3 商量〕,五 来往举动等事〔4 走〕,六 说话行为〔5 说话〕,七 听见〔6 听见〕,八 懂得〔7 懂得〕,九 认得、记得〔8 认得、记得〕,十 年纪、性命、死候〔9 年纪〕,十一(天气狠好)〔10 旷〕,十二 天气〔11 天气〕,十三 时候〔12 时辰〕,十四 四时〔13 四时〕,十五 你这样快往那里去〔14 上学〕,十六 在学房〔15 在薛房〕,十七 问好〔16 问好〕,十八 睡觉〔17 睡觉〕,十九 起来〔18 起来〕,二十 穿衣裳〔19 穿衣裳〕,二十一 早上拜望朋友〔20 早上拜望〕,二十二 吃点心〔21 吃点心〕,二十三 吃饭〔22 吃早饭〕,二十四 喝茶〔23 喝茶〕,二十五 说中国话〔24 说中国话〕,二十六 西洋人拜中国人〔25 西洋人拜望中国人〕,二十七 买书〔26 买书〕,二十八 赁房子〔27 赁房子〕,二十九 打听一个人〔28 打听一个人〕,三十 新闻〔29 新闻〕,三十一 写书子〔30 写书子〕,三十二 换东西〔31 换东西〕,三十三 打猎、打鱼〔32 打猎、打鱼〕,三十四 上船〔无〕,三十五 下店〔无〕,三十六 行路〔33 行路〕,三十七 裁缝〔34 裁缝〕,三十八 鞋匠〔35 鞋匠〕,三十九 病人〔36 病人〕,四十 看两个妇人辩嘴〔无〕,四十一 同知军民府来会番差〔37 同知军民府来会番差〕,四十二 管工程〔38 管工程〕,四十三 农夫〔39 农夫〕,四十四 作买买〔40 作买买〕,四十五 打架〔41 打架〕,四十六 当家〔42 当家〕,四十七 道理〔无〕,四十八 光棍〔43 光棍〕,四十九 教〔44 教〕,五十 买办〔45 买办〕,五十一 堂官、承差〔46 堂官、承差、走堂〕

现在笔者还没弄清楚这个手稿本是什么时候写成的,但是有一个很有意思的小小的线索。手稿本的“问答二十五 西洋人拜望中国人”的章节有如下的对话:

请问老爷贵庚。

今年三十二岁。

老爷离贵 / 本国有几年。

　　有四年。

　　老爷那一年起了身。

　　我是嘉庆十年起的身。

　　老爷是过海路来的，是旱路来的。

　　是飘洋来的到贵国。

　　有几年到了中国。

　　我到了有二年。

　　同老爷有几位来的。

　　有五个人。

　　五位都到中国来了么。

　　除了一个在路上死了，别的都到了。（172 页）

　　这里的记述不能判断真假，但是编者应该有相似的社会背景。从上面的对话内容，我们可以推测编者从本国出发是 1805 年（嘉庆十年），花了两年的时间来到中国，在中国已经两年了。现在 32 岁（出发时 28 岁，来华时 30 岁）。

　　《汉字文法》的刊本是 1829 年出版的。有意思的是，刊本的这个地方改成嘉庆十六年（1811 年）了。有六年的差异。我估计这六年是一个线索，手稿本就是刊本出版的六年前（1823 年）左右写成的。只是考虑对话的记述，暂时拟定来华以后两年（1816 年）到 1823 年之间。

　　上边说过这个手稿本有标音，这对于了解当时的语音很有用。比方说，"给"的标音还是"chi"，句末的"了"也是"leau"，表持续的"着"和可能补语的"着"都是念"chau"，如，"还睡着么""昨日晚上睡不着"等。

　　表示"儿"化的字（标音是"olr"）有两种，一个是"儿"，另外一个用"耳"，如下：

　　桃耳（12）

　　一会耳（28）

　　几样耳（28）

　　不得空耳（29）

　　有什么信耳（30）

　　有人说四川那一块耳有外国兵进来打仗（30）

　　兔耳，雀耳，鸟耳（33）

　　一点耳（38）

我还没有仔细对手稿本和刊本进行对照，只是翻看也可以发现下面的区别，以后要继续进行调查研究。

手稿本用"问"，刊本用"望"。

人问我借一升米不给他。（手稿本 46）→人望我借一升米不给他。（41）

人问他要。（手稿本 50）→人望他要。（46）

"小矮声"（手稿本 6）小矮声说。→小声／低声说。（刊本 5）

（二）《语言问答》和《语言自迩集》

我以前指出过，《汉字文法》第五章的《问答》后来收录在《语言问答》中。

《语言问答》（罗马国立中央图书馆、比利时鲁汶大学图书馆等收藏）是由《语言问答》（52 页）和《续散语十八章》（35 页）两个部分构成的，后半部分的《续散语十八章》打了格线。发行日期、编者不详。后来复旦大学宋桔教授也发现了复旦大学图书馆收藏的没有后半部分的版本。

重要的是《语言问答》的前半部分选用了江沙维的《汉字文法》的第五章《问答》。其不同之处只是汉字的修改（如"裡"改为"裏"、"么"改为"麼"、"都"改为"多"等）、删除了一部分（如 15 章）、出现两个以上的同义词时取其中一个等。

什么—甚麼　怎么—怎麼　能勾—能个　礼—禮　对—對　过—過　听—聽

这一件事情—这个事情　等一會兒—等一會尔　歡喜—喜歡　説謊—撒謊

别的都死了—别的多死了

他再不能高聲説—他不能再大聲説

你懂得清他的話么—你懂得清他的説話麼

全听不见的再不能勾聾了—全不聽見的，再不能聾了

信我的話（Creia-me）—我信你話

我最感兴趣的是为什么《问答》章和《续散语十八章》是一同出版的，究竟是谁编的《语言问答》？

宋桔最近指出《慈母堂经书价目》（1898）里有"语言问答 八十文"的记载，这可见《语言问答》是土山湾早期的木刻本，所以收藏在罗马国立中央图书馆、比利时鲁汶大学图书馆，或者复旦大学图书馆这样的跟天主教有关的机构。

跟《语言问答》类似的文献另外有《问答十章》，这也是从《语言自迩集》的一个章

节抽出来做一单行本的，我看到的一本是钟少华老师收藏的，另一本是宋桔在上海图书馆（徐家汇）发现的。

这些大概是当时为了学习北京官话的欧洲人作为课本来发行的。日本人编的《官话指南》也在中国国内起了同样的作用。

小　结

我们上文已经说过，江沙维学的汉语是以北京话或北方话为主的，这在当时是很特殊的情况，因为当时的大部分西洋传教士学的汉语是南方话，如马礼逊、卫三畏等都是以广东话为主的。西洋人正式认为北京话是汉语的标准话是从威妥玛开始的。其实比威妥玛还早 50 年，江沙维已经站在这样的立场上。这正是威妥玛赞扬江沙维《汉字文法》的原因。江沙维来华的目的本来是要到钦天监工作，所以他抵达澳门以后，立刻开始学习北京官话，尽管他并未达到目的，而是一直留在澳门。

论顾赛芬和戴遂良所教"官话"的性质[*]

傅林　孔亚萌

（河北大学文学院）

摘　要：顾赛芬与戴遂良是耶稣会晚期传教士汉学家的代表。他们先后把在直隶河间府习得的"官话"编成教材，用来教授欧洲学习者。通过分析其教材的音系、词汇、语法特征以及发音人来源，可以对其"官话"的性质作出判断：顾赛芬"官话"是一种基于地方传统读书音的语文表达系统；戴遂良"官话"是一种作为地方口语并集的河间府方言，不是一个单纯的共时系统，也不是现代普通话那样的上层通语，而是一个以献县县城话语言要素为中心的、吸收邻近地区词汇语法特征的综合体。顾赛芬"官话"和戴遂良"官话"实际上是"河间府汉语"在不同应用场景下的变体。从顾赛芬到戴遂良，体现了汉学家群体的汉语教学观念从语文传统向注重实际口语的历史转变。

关键词：顾赛芬；戴遂良；官话性质

顾赛芬和戴遂良是耶稣会晚期传教士汉学家的代表，他们于19世纪后期先后来华，在天主教直隶东南教区（献县）工作，并把在直隶河间府习得的"官话"编成教材供西方人学习。顾赛芬和戴遂良均声明自己所教为汉语"官话"。本文通过分析他们所撰写教材中的音系、词汇和语法特征，判断其所教"官话"的性质及同一性。

一、顾赛芬系列教材所教"官话"的性质

（一）顾赛芬生平及汉语教学著作述要 ^①

顾赛芬（Séraphin Couvreur，1835—1919）是法籍传教士汉学家，于1853年加入耶

---

　　* 本文是教育部人文社科青年基金项目"语言接触对京津冀汉语方言历史演变的影响研究"（项目编号：17YJC740019）的成果之一。

　　a　参考 Cordier Henri, "Séraphin Couvreur, S. J., 顾赛芬, Kou Saî-fen," *T'oung Pao*, 19.3/4 (1918–1919): 253–254. 部分文献信息整理自河北大学图书馆藏顾赛芬著作。

稣会，1870 年来华，在天主教直隶东南代牧区 ① 神学院工作，一直到去世。

顾赛芬的汉学著作主要分成两大类：一类是中国古代典籍如《诗经》《书经》《春秋左传》的翻译，另一类是供欧洲人学习汉语的教材和词典。本文研究后一类，为叙述方便，统称其为"顾赛芬系列教材"，对其记录的汉语官话音系，概称为"顾赛芬音系"。

顾赛芬系列教材分为两大类，一类是词典，一类是会话教材。下面分别进行介绍。

1. 词典。

（1）《汉拉词典》。拉丁文全名 *Dictionarium sinicum & latinum ex radicum ordine dispositum, selectis variorum scriptorum sententiis firmatum ac illustratum*，1892 年由天主教传教团在河间府（献县）出版，并于 1907 年再版。

（2）《汉法词典》。法文名 *Dictionnaire chinois-français*，1890 年由天主教会在河间府（献县）出版，后又于 1904 年、1930 年再版。这部词典实际上是字典，字的用例大多出自先秦典籍，如《论语》《周礼》等。汉字注音延续了《汉拉词典》的体系。

（3）《法汉常谈》。法文全名 *Dictionnaire français-chinois contenant les expressions les plus usitées de la langue mandarine*，义为"包括官话最常用语句的法汉词典"，内页以"法汉常谈"为中文书名。这是一部以法语词语为目，列举相应的汉语官话口语表达形式的词典。虽然偏重于口语，但该词典的汉字注音仍延续了《汉法词典》的读书音系统。

（4）《法文注释中国古文大辞典》。法文全名 *Dictionnaire classique de la langue chinoise: suivant l'ordre alphabétique de la prononciation*，直译为"古典汉语词典：以音序排列"。1904 年由天主教会在河间府（献县）出版，后多次再版。1966 年 Book World Company 版的扉页旁注中文名为"法文注释中国古文大辞典"。该工具书的汉字注音体系仍延续《汉拉词典》。

（5）《小汉法词典》。法文名 *Petit dictionnaire chinois-français*，1903 年出版，1923 年再版。这部词典是 1890 年出版的《汉法词典》的节选，按部首排列。

2. 会话教材。

（1）《北方官话会话指南》。法文全名 *Langue mandarine du Nord. Guide de la conversation français-anglais-chinois, contenant un vocabulaire et des dialogues familiers*，义为"法英汉北方官话会话指南，包括日常词语和对话"。1886 年由天主教会在河间府（献县）出版。

（2）《官话会话指南》。法文全名 *Langue mandarine. Guide de la conversation français-anglais-chinois, contenant un vocabulaire et des dialogues familiers*，义为"法英汉官话会话指南，包括日常词语和对话"，仅比 1886 年《北方官话会话指南》少了"北方"，实际为

---

① "直隶东南代牧区"的主体部分后来称直隶东南教区、沧州教区等，主教座堂设在献县。

该书的修订版，于 1890 年由天主教会在河间府（献县）出版。有研究者仿照《法汉常谈》的译名，将该书译作《官话常谈指南》。[①]

通过分析以上汉语教材的拼音系统、汉字注音、词汇和语法特征，我们可以对顾赛芬所认知的"官话"的性质进行探析，从而对清末京畿地区作为通语的官话面貌有更多的认识。

（二）顾赛芬所教"官话"的音系特征

顾赛芬系列汉语教材都附有音节表和音值说明，且相互一致，这说明他对其所掌握的汉语的语音性质的认识有一贯性。《汉法词典》对字音的标注较为详细，且较多地标注了异读情况，对于认识语音演变的细节有帮助，我们以《汉法词典》为主要的观察对象来解析音系特征。[②]《官话会话指南》将其标音与《语言自迩集》进行了对照，例词例句中的不少字还标注了白读音，我们在讨论顾赛芬教材音系的性质时也参考其内容进行讨论。

1. 声母。

顾赛芬音系的声母有 25 个，包括零声母。下面依次列出每个声母的顾赛芬拼音、我们推断出的实际音值、例字（零声母只列 Ø 符号和例字）：

p[p] 帮辫步拔	p'[pʰ] 炮盆平扑	m[m] 门免磨木	f[f] 飞反凤服	w[w] 卧讹王围
ts[ts] 造酒祖聚	ts'[tsʰ] 槽秋粗娶		s[s] 嫂小素徐	
t[t] 多道定毒	t'[tʰ] 炭甜徒踢	n [n] 脑奴暖诺		l[l] 来里驴禄
tch[tʂ] 中照壮窄	tch'[tʂʰ] 陈床船尺		ch[ʂ] 山师水拾	j[ʐ] 让若软日
k[tɕ] 见九具决	k'[tɕʰ] 钳丘曲缺	gn[ɲ] 鸟涅女念	h[ɕ] 孝兴许血	
k[k] 甘歌跪国	k'[kʰ] 看刻亏哭	ng[ŋ] 安我熬额	h[x] 汗河荒黑	
Ø 儿衣五鱼容				

声母系统的主要特征是：

（1）尖团分立。中古精组在洪音和细音前均为 [ts] 组，与见组细音的 [tɕ] 组不混。

（2）有 ng[ŋ] 声母。该声母所辖字为中古影疑母一等开口字。

除此之外，顾赛芬将 w[w] 作为独立的声母，不归入零声母，将 gn[ɲ]（只拼齐撮两呼）和 n [n]（只拼开合两呼）分立，作为两个声母。这两种处理所针对的具体音值差异在当

---

①　罗贝《法国传教士顾赛芬〈官话常谈指南〉研究》，上海师范大学硕士学位论文，2017 年，第 9 页。

②　杨春宇《社会语言学视点下的清代汉语与其他言语的对音研究——以日本近世唐音资料·满语资料·罗马字资料为中心》，大连：辽宁师范大学出版社，2003 年，第 327—402 页。此书较早对顾赛芬音系进行了研究，但其字音来源是《法汉常谈》和《官话会话指南》，数量有限，不如《汉法词典》全面。

代普通话中也存在，并不是系统性的音系差别，因此我们不看作主要的音系特征。

在出版时间更早的《语言自迩集》中，特征（1）已经明确地不再存在，特征（2）中的 [ŋ] 声母所辖字，威妥玛认为存在 [ŋ] 和零声母的社会变异，而 [ŋ] 是式微的变体，所以将零声母作为标准形式。[①] 当代北京城区方言中，[ŋ] 声母则已完全无存，北京郊区和邻近的河北省方言则仍有遗存。顾赛芬在声母上采取保守的标音，目的很清楚，一是要照顾当时仍然尖团分立、有 ng 声母的大部分北方方言；二是要延续本土词典和汉学界的传统做法。[②]

2. 韵母。

顾赛芬音系的韵母共有 40 个，[③] 下面依次列出顾赛芬拼音、我们推断出的实际音值、例字：

eu[ɿ,ʅ] 知尺次思日　　i[i] 机计衣力习　　ou[u] 姑书五秃　　iu[y] 举女鱼绿
a[a] 马大茶八洼　　ia[ia] 加夏牙甲　　oa[ua] 瓜抓花刷
e/ee[④][e] 车摺德黑百　ie[ie] 茄邪歇节　　oue[⑤][ue] 捆获或惑　iue[ye] 靴月血雪
o[o] 歌我落渴窝　　io[io] 学鹊略角　　ouo[uo] 多果活薄
eul[ər] 儿耳二
ai[ɛ] 开柴外麦　　iai[iɛ] 鞋解涯矮　　oai[⑥][uɛ] 怪怀揣帅
ei[ei] 飞美雷内围　　　　　　　　　oei[uei] 灰随水对
ao[ɑu] 包桃找告　　iao[iɑu] 交条表要
eou[ou] 偷浮肘茂　　iou[iou] 秋牛有救
an/en[an] 山三晚安　ien[ian] 贬千间烟　oan/oen[uan] 端船管乱　iuen[yan] 选捐权院
enn[ən] 真盆忍问　　in[in] 新林品印　　oenn/uenn[uən] 春屯滚　iun[yn] 熏群筍论
ang[ɑŋ] 伤房掌王　　iang[iɑŋ] 香两酿羊　oang[uɑŋ] 光床谎壮
eng[əŋ] 孟层升冷　　ing[iŋ] 兵情定影　　oung[uŋ] 风梦红翁　ioung[yŋ] 穷兄容勇

从系统角度看，顾赛芬音系韵母的主要特征在次高元音作韵基的韵母即 e[e]、ie[ie]、

————————

[①] 参考张卫东《威妥玛氏〈语言自迩集〉所记的北京音系》，《北京大学学报》（哲学社会科学版）1998 年第 4 期，第 137、141 页。

[②] Séraphin Couvreur, *Langue mandarine. Guide de la conversation Français-Anglais-Chinois, contenant un vocabulaire et des dialogues familiers*（《官话会话指南》）. Ho Kien Fou: Mission catholique, 1892, p.VIII.

[③] 山口要（《19 世纪汉语官话音系研究》，日本熊本学园大学大学院博士学位论文，2013 年，第 94 页）和赵建卓（《顾赛芬〈官话常谈指南〉语音研究》，河北师范大学硕士学位论文，2021 年，第 24—25 页）都将顾赛芬音系的入声字的韵母拟出喉塞尾[ʔ]，这样一来韵母数量就会增加。我们认为入声在顾赛芬音系中只是人为的短调，是在非入声韵母上进行的音长缩减，并不具有现代仍保留入声的方言中常见的由喉塞尾所标示的稳定的固有的发声特征，因此不应为其拟出喉塞尾。

[④] 韵母 e 和 ee 在《汉法词典》中分别对应入声和非入声韵母，但在 1892 年版《官话会话指南》及之后的系列教材中，入声和非入声均使用 e。这说明顾赛芬音系中二者其实并无对立，因此这里处理为同一韵母，并用 e 来代表。

[⑤] 在 1884 年版《法汉常谈》中该韵母写作 oe，在之后的系列教材中均写作 oue，这一不同不代表音值差异。

[⑥] 在 1904 年版《法文注释中国古文大辞典》及之后的系列教材中，以 [u] 为介音的韵母均将介音写作 ou 而非 o。

oue[ue]、iue[ye] 和 o[o]、io[io]、ouo[uo] 两组韵母所辖字音的分布上。下面分别归纳这两组韵母所辖的中古字音类别：

e[e] 所辖字为中古假摄三等章组日母（遮者蔗摺蛇赊社惹）、咸山摄开口三等知系入声（哲辙撤摄涉舌设热）、深臻曾摄开口三等庄组入声（侧测涩瑟虱色啬）、曾摄开口一等、梗摄开口二等入声（北百白拍伯柏迫魄墨麦脉德得特忒肋勒贼则塞窄泽摘责拆册策，格革隔刻客克黑赫核）。其中，曾摄开口一等、梗摄开口二等入声的见系字（格革隔刻客克黑赫核），韵母都有 o[o] 的又读。

o[o] 所辖字为中古果摄开口一等泥来母和见系（挪罗锣河鹅蛾我何荷贺）、果摄合口一等影疑母（窝卧）、咸山摄开口一等入声见系（割渴喝合磕盒）、宕摄开口一等除帮系之外的入声和三等知系入声（诺昨作凿落烙鹤鄂，酌着勺若弱）。

ie[ie] 所辖字为中古果摄假摄开口三等除章组（茄姐写谢爷也夜野爹）、咸山摄开口三四等除知系（别憋撇叠碟贴铁节捏茶聂猎裂接切劫结杰怯协蝎歇业叶噎）。

io[io] 所辖字为中古宕摄开口三等除知系入声（略掠削嚼雀鹊脚却谑约药钥跃疟）、江开二见系入声（觉角学岳乐）。

oue[ue] 所辖字为中古梗摄合口二等入声麦韵（掴馘获）、曾摄合口一等入声（或惑，国）。其中，"国"还有韵母为 ouo[uo] 的又读。

ouo[uo] 所辖字为中古果摄合口一等（波婆魔朵妥骡裸坐梭果过科课）、果摄开口一等端组精组（多拖左搓）、山摄合口一等（拨泼末夺掇脱糯捋括阔）、山摄合口三等章组（拙说）、宕摄开口一等帮系入声和端组精组入声（剥薄莫摸托错索）、宕摄合口一等入声和三等非组入声（铎郭缚）、江摄开口二等知组庄组入声（桌捉戳朔）。

iue[ye] 所辖字为中古果摄合口三等（瘸靴）、山摄合口三四等入声（劣雪绝决缺血穴哕越月）、臻摄合口三等入声部分字（掘倔）。

我们可以把这一特征与其他反映北京话或官话音系的文献记载进行比较。

在这几个韵母的整体格局上，顾赛芬音系与明末《重订司马温公等韵图经》（下称《等韵图经》）及相应韵书《合并字学集韵》中的文读音音系最为一致（见表 1）：

表 1　顾赛芬音系与《等韵图经》《合并字学集韵》音系中元音韵母格局的对比 [①]

《汉法词典》				《等韵图经》《合并字学集韵》			
e[e]	ie[ie]	oue[ue]	iue[ye]	*ɛ	*iɛ	*uɛ	*yɛ
o[o]	io[io]	ouo[uo]		*o	*io	*uo	

---

① 资料来源：《汉法词典》的拟音引自前文；《等韵图经》的拟音引自郭力《重订司马温公等韵图经研究》，载郭力《古汉语研究论稿》，北京：北京语言大学出版社，2003 年，第 1—109 页。

顾赛芬音系韵母与《等韵图经》《合并字学集韵》的韵母在辖字上略有差异，大多在中古入声字的归派上：

中古曾摄开口一等帮组入声和梗摄开口二等帮组入声字"北""百伯柏迫"等，在《汉法词典》中归 e[e] 韵母，在《合并字学集韵》中归 *uɛ 韵母。

中古果摄开口一等泥来母字（挪罗）、宕摄开口一等精组入声字（昨凿），在《汉法词典》中归 o[o] 韵母，在《合并字学集韵》中归 *uo 韵母。

中古山摄合口三等章组入声字（拙说）在《汉法词典》中归 ouo[uo] 韵母，在《合并字学集韵》中归 *uɛ 韵母。

这些差异很小，基本可以判定《汉法词典》音系与《等韵图经》是一致的。《等韵图经》《合并字学集韵》之后反映北京话音系特征的汉文文献，以《李氏音鉴》（1810）、《语言自迩集》（1867）为例，这两类韵母发生了系统性的变化（见表 2）：

表 2　《李氏音鉴》和《语言自迩集》的中元音韵母格局 [1]

《李氏音鉴》				《语言自迩集》			
*ɛ	*iɛ		*yɛ	ê[ə]	ieh[iɛ]		üeh[yɛ]
*ə		*uo	*yo	o[o]	io[io]	uo[uo]	üo[yo]

变化主要是：（1）《等韵图经》的 *uɛ 韵母并入 *uo 韵母。（2）《等韵图经》的 *io 韵母在《李氏音鉴》中并入 *yo 韵母。（3）《等韵图经》的 *ɛ 韵母的音值，在《李氏音鉴》和《语言自迩集》中舌位都向后移动。

《汉法词典》的韵母还有一些其他的特征：

（1）韵母 ai[ɛ]、iai[iɛ]、oai[uɛ] 的韵基部分的音值是 [ɛ]。这一显示复元音单化的特征在现代北京话中并未发生，反倒是和顾赛芬工作所在的清朝直隶河间府的方言一致。

（2）中古阳声韵帮系字中的曾摄开口一等、梗摄开口二等和通摄合口一三等这三类字，《汉法词典》的注音是曾梗摄为 eng[əŋ] 韵母，通摄为 oung[uŋ] 韵母。例字如：eng[əŋ]，崩朋鹏（曾摄）迸烹棚怦彭膨澎萌孟猛虻盲（梗摄）；oung[uŋ]，蓬篷风疯丰峰逢冯缝蜂锋凤讽奉俸蒙梦朦懵（通摄）。这一特征比同时代稍早的《语言自迩集》要保守得多，《语言自迩集》这三类字都是 eng[əŋ] 韵母。这一特征甚至比元代《中原音韵》还保守，在《中原音韵》中，曾梗摄的字大部分都有庚青韵（相当于 eng[əŋ]）和东锺韵（相

---

①　资料来源：《李氏音鉴》的拟音引自耿振生《音韵通讲》，石家庄：河北教育出版社，2001 年，第 400 页；《语言自迩集》的拟音引自张卫东《威妥玛氏〈语言自迩集〉所记的北京音系》，第 138 页。

当于 oung[uŋ]）的异读，通摄字则均为 oung[uŋ]。[1]

这样，我们可以对顾赛芬音系的韵母格局作出判断：虽然顾赛芬系列教材比《语言自迩集》在时间上更靠后，但其特征反倒和时间要早得多的反映明末北京音系的《等韵图经》一致。这种守旧特征并不意味着顾赛芬音系仅是中国古代韵书中常见的那种人工复古的抽象之物，因为它是一个有具体音值的、实际存在的体系。

3. 声调。

顾赛芬音系的声调有 5 个，分别是：上平，对应中古清平；下平，对应中古浊平；上声，对应中古清上、次浊上；去声，对应中古去声、全浊上声；入声，对应中古入声。

最突出的问题是入声。中古入声字在《汉法词典》中均标注为入声。这比明末《等韵图经》的系统还要保守。但是这里的"入声"又不是纯粹虚设的，因为它有自己的调值。顾赛芬在《官话会话指南》的语音部分对 5 个调类的调型进行了描述：上平：平调，没有任何变化；下平：升降调，短而生硬；上声：升调；去声：降调；入声：短降调，像带着遗憾口吻说"oui（是的）"。虽然只有调型的描述而缺乏调值高低的信息，但这一描述仍是非常有价值的。

首先，入声的调值"短降调"，与清末民国北方读书人对口语中已经不存在的入声在读书时处理方式是一致的。正如白涤洲所述："入声在现代北音中是一种什么情形？这是首先应当解决的问题。据我所知道，大抵读书音都念作去声，甚至于还故意念得短一点，企图能合于所谓入声。"[2] 顾赛芬音系的"入声"，应与此相同，只是一种读为短降调的读书音。

其次，其他四声的调值，与顾赛芬生活所在地直隶河间府献县的当代方言一致，而不是与《语言自迩集》和当代北京话一致。表 3 表明调值之间的比较：

表 3　顾赛芬音系与各类音系的调值比较 [3]

调类	顾赛芬	威妥玛	当代北京	当代献县
阴平（上平）	平调	平调（Dead.）	55	33
阳平（下平）	升降调（短而生硬）	升调（Killed？）	35	53（553/453）
上声	升调	降升调（No！）	214	213（113）
去声	降调	降调（Yes.）	51	31

① 详见张卫东《论〈中原音韵〉东锺庚青之"两韵并收"》，载《语言学论丛》（第 48 辑），北京：商务印书馆，2013 年，第 239—241、249—251 页；傅林《河北献县方言一百二十年来的语音演变》，《河北师范大学学报》（哲学社会科学版）2017 年第 1 期，第 99—100 页。

② 白涤洲《北音入声演变考》，《女师大学术季刊》1931 年第 2 卷第 2 期，第 14 页。

③ 资料来源：第二列来源于前文；第三列来源于张卫东《威妥玛氏〈语言自迩集〉所记的北京音系》，第 140 页；第四列来源于北京大学中国语言文学系，语言学教研室《汉语方音字汇》（第二版重排本），北京：语文出版社，2003 年，第 7—8 页；第五列来源于傅林《沧州献县方言研究》，北京：中华书局，2020 年，第 10—11 页。

威妥玛通过设计一组英文对话"Dead. Killed? No! Yes."来形象地描述北京话阴平、阳平、上声和去声的调值，这和当代北京话是很一致的。顾赛芬在《官话会话指南》的音值说明中复制了这一做法，但他又专门直接描述了其所授"官话"的相应调值：平、升降（短而生硬）、升、降。这一调值体系显然和威妥玛音系及当代北京话不一致，而和当代献县话比较一致。根据傅林描述，献县话的阴平为中平调，阳平记为 53，但实际调值为前部平或略升的升降调，上声记为 213，但下降段变化幅度不明显，实际调值为 113，去声为中降调。[①] 另外，献县话的阳平的时长较短，后段下降迅速，如果顾赛芬所述阳平调与此相同，那么这应该是其听感描述"短而生硬"的来源。

因此，顾赛芬音系的调类实际上是一个由口语中的"阴平、阳平、上声、去声"加上传统的"入声"构成的复合系统。传统入声的调值采用的是人为的短降调，口语四声的调值则是采用的河间府（献县）本地方言的调值。

综上所述，我们可以判定顾赛芬音系是一种读书音系统，但同时也应用于言说交际。在字的语音归类上，它和明末《等韵图经》是一致的，但从具体音值来看，又能看出河间府方言的特征。这生动地反映出读书音的具体存在状态：一个地方的读书人通过文化教习学到了权威方言的字音归类方式，但因为缺乏现当代传媒环境中对权威方言具体音值的直接感知条件，读书人实际上是使用本地方言的音值去给每个类别赋值。对于入声这样方言中也不存在的类别，则采用人工模拟短调的方式。

读书音来源于权威方言，但在非权威方言地区，读书音通常会比权威方言本身的发展滞后。当作为权威方言的北京话已经发生了《李氏音鉴》《语言自迩集》那样的变化后，河间府的读书音仍然停留在更早的阶段，这应该是顾赛芬音系仍然保持明末《等韵图经》时状态的原因。

保守的读书音的适用场景是古文阅读、读书人之间的交际，实际使用范围很小，因此顾赛芬尝试在会话教材的字音中加入部分白读音。表 4 表明顾赛芬会话教材中的字音文白异读现象，其中白读音非常清楚地显示了其基础方言是河间府（献县）一带的方言。

表 4　顾赛芬《官话会话指南》中的文白异读[②]

中古音韵地位	读书音	口语音	例字
山摄开口三等日母入声	e[e]	ouo[uo]	热
臻摄开口三等入声重纽第一类	i[i]	ei[ei]	笔密
止摄开口三等重纽第一类			

---

① 傅林《沧州献县方言研究》，第 11 页。
② 资料来源："读书音"和"口语音"的音值来自笔者拟音，见前文；"例字"来自《官话会话指南》。

续表

中古音韵地位	读书音	口语音	例字
臻摄合口三等並母入声	ou[u]	ouo[uo]	佛
曾摄开口一等入声	e[e]	ei[ei]	北贼
梗摄开口二等入声（帮组知系）	e[e]	ai[ɛ]	白百伯帛拍摘窄
曾摄开口三等庄组入声			仄
梗摄开口二等见系入声	o[o]	ie[ie]	客隔额
宕摄开口一等入声三等章组入声	o[o]	ao[ɑu]	薄勺
江摄开口二等入声			雹
宕摄开口三等精组入声	io[io]	iao[iɑu]	雀
通摄合口三等屋韵入声（知系来母）	ou[u]	eou[ou]	叔熟肉轴粥
		iou[iou]	六碌
通摄合口三等烛韵入声	ou[u]	iu[y]	绿足俗
通摄合口三等屋韵入声（精组）			蓿

　　这些白读音的数量比较少，还不足以归纳完整的体系，这和顾赛芬音系本质上是读书音有关。如果用来学习与普通人用汉语交谈，顾赛芬音系的缺陷就很明显了。也许正是为了改进这种实用性不足的作法，顾赛芬的后辈戴遂良才另起炉灶，完全从地方方言口语出发建立新的汉语学习体系。

（三）顾赛芬所教"官话"的词汇和语法特征

　　顾赛芬在《官话会话指南》中列举的词汇和例句，是用于口语会话的。因此我们以该书作为顾赛芬所教"官话"词汇和语法特征的观察对象。总体上看，《官话会话指南》的词汇和语法与《语言自迩集》所记北京话和现代汉语普通话基本一致，但仅凭这一点，并不能推断顾赛芬教材在词汇语法特征上是以当时的北京话为基础的，因为北京话和顾赛芬生活的河间府献县等地的方言在词汇语法上差别很小，或至少没有音系特征的差别那样明显。

　　《官话会话指南》的"字汇"部分收录了常用词汇和短语，并分出"天地万物、地球、时候、数目、身体、衣服"等 36 个类别，其中部分词汇属于方言词。我们以"身体"词汇为例，将顾赛芬所记词汇与北京话、献县话进行比较（见表 5）。

表 5　《官话会话指南》与北京话、献县话词语对比 [1]

《官话会话指南》	北京话	献县话	普通话
额髅盖	页勒盖儿、额角	额了盖	额头
眼之毛	眼之毛	眼枝＝毛	睫毛
鼻子眼儿	鼻子眼儿	鼻子眼儿	鼻孔
嘴巴子	下颏	嘴巴子	下巴
髈子	肩膀子	肩膀儿、膀子	肩膀
胳肢窝	胳肢窝	胳肢窝	腋窝
大拇手指头	大拇哥	大拇手指头	大拇指
髁髅髆	胳棱瓣儿、胳楞瓣儿	胳了拜	膝盖
踝子骨	踝子骨	踝骨、踝子骨	脚踝、踝骨
尿脬	尿脬、尿泡	尿脬	膀胱
纵纵纹	皱皱纹	纵纵纹	皱纹

可以看出，《官话会话指南》和北京话、献县话非常接近，而和献县话更为接近。

《官话会话指南》中有少量语法特征不见于北京话，但能在当代献县话中发现遗迹，如顾赛芬记录的"数量短语＋来的＋量词＋名词"用法，如：

三十来的里地。

这一句意在北京话和普通话中当为"三十来里的地"。当代献县话中则仍存在《官话会话指南》的用法，如：

这一袋子也就百十来的斤儿。
沙土拉了三十来的车。

这些现象表明，顾赛芬教材所教的"官话"，在词汇和语法上仍然可能是以河间府方言为基础的，但因为河间府方言本身和北京话及其他邻近的北方方言差别较小，而不容易确定方言特征在其中的具体比例。

---

　① 资料来源：第一列来自《官话会话指南》，第 35—36 页。第二列来自许宝华、宫田一郎《汉语方言大词典》（修订本），北京：中华书局，2020 年。其中"页勒盖儿"来自陈刚《北京方言词典》，北京：商务印书馆，1985 年，第 309 页；"尿脬、尿泡"来自陈刚、宋孝才《现代北京口语词典》，北京：语文出版社，1997 年，第 351 页。第三列来自傅林《沧州献县方言研究》，第 109—111 页。其中"踝子骨、尿脬、纵纵纹"来自笔者田野调查。第四列为笔者说明。

二、戴遂良系列教材所教 "官话" 的性质

（一）戴遂良生平及汉语著作述要 [①]

戴遂良（Léon Wieger，1856—1933）是法籍传教士汉学家，1881 年加入耶稣会，1887 年来华，在直隶东南教区（献县）工作。

戴遂良著作甚丰，其中汉语教材占相当大的比例，我们称之为 "戴遂良系列教材"。系列教材的初始版本是 1892 年在献县出版的《官话入门》，全名为 "官话入门 Koanhoajoumenn. Cours pratique de chinois parlé à l'usage des missionnaires du Tcheuli S.E. Sons et tons usuel du Houekienfou."，意为 "官话入门，供直隶东南代牧区传教士使用的汉语实用教程，语音和声调为河间府日常使用"，此书的内容分为四部分：（1）简明语法；（2）对话；（3）词汇；（4）故事读本。系列教材后来的版本实际上都可以看作是对这一初始版本的扩充。

此后，戴遂良策划并出版了一整套教材，共 12 卷，总名为 "汉语入门 Rudiments de parler et de style chinois. Dialecte du 河间府"，法语部分意为 "汉语汉文入门，河间府方言"。整套教材分口语和文言两个部分，第 1—6 卷为口语部分，第 7—11 卷为文言部分，第 12 卷为字典，陆续出版。本文主要关注系列教材的口语部分，对戴遂良记录的汉语官话音系，概称为 "戴遂良音系"。下面对戴遂良系列教材的口语部分和词典进行介绍。

系列教材的第 1 卷是 1895—1896 年出版的《汉语入门》，全名为 "汉语入门 Rudiments de parler chinois. Dialecte du 河间府"，法语部分意为 "汉语口语读本，河间府方言"，此卷在 1899 年和 1912 年再版，内容都有所调整。1912 年版的书名是 "Chinois parler, Manuel，官话 Koan-hoa du Nord, non-pekinois."，意为 "汉语口语手册，北方官话，非北京话"。该版内容是：（1）发音。（2）语法和遣词造句。包括对名词、动词、形容词，介词、副词、连词，比较级和最高级，疑问句等的介绍。每个语法点都附有一定数量的例句用于理解和练习。

系列教材的第 2 卷和第 3 卷为供神职人员使用的天主教教义和仪式手册。第 2 卷为《要理问答》，全名为 "Rudiments de parler chinois 汉语入门. Dialecte du 河间府, 2e volum, Catéchèses"，1887 年出版，后于 1905 年、1909 年再版。第 3 卷为《布道要义》，全名为 "汉语入门 Rudiments de parler chinois. Dialecte du 河间府, 3e volum, Sermons de

---

① 本部分参考了以下论著：刘亚男《戴遂良与河间府方言文献〈汉语入门〉》，《文化遗产》2017 年第 2 期，第 122 页；姬艳芳《戴遂良及其汉学研究》，《澳门理工学报》2021 年第 1 期，第 90—91、93—95 页；卢梦雅《近代河北方言的文字化尝试——晚清方言民俗教材〈汉语入门〉底本考论》，《民俗研究》2021 年第 1 期，第 144—145 页。此外，部分文献的信息整理自河北大学馆藏戴遂良著作。

mission"，1887 年出版，后又以多种形式再版。

第 4 卷为《道德与民间风俗》，全名为"汉语入门 Rudiments de parler chinois. Dialecte du 河间府，4e volum, Moral et Usages populaires"，1894 年出版，1905 年再版。本卷内容一类是分儒释道三家阐述中国的道德观念，以当时流行的《圣谕广训》《传家宝》等通俗读物为底本，用河间府方言进行改写、演绎；另一类是以当地人口吻对本地风俗包括婚嫁、丧葬、节庆等进行介绍。

第 5 卷和第 6 卷为《民间故事》，全名为"汉语入门 Rudiments de parler chinois. Dialecte du 河间府，Narration vulgaires"，第 5 卷 1893 年出版，第 6 卷 1895 年出版。1903 年出版合卷，名为"Rudiments 5 et 6, Narrations populaires"。内容主要以《笑林广记》《聊斋志异》及"三言""二拍"等书中选取的部分故事为底本，用河间府方言重新叙述成的文本，有的明显带有北方说书艺人的口吻。

第 12 卷为字典，全名为"Parler et style chinois. Rudiments par le P. Léon Wieger S.J. Douzièmevolum. Caracteres."，1900 年出版，后多次再版。字典注音采用的是河间府方言的音值。

（二）戴遂良教材的编写目标与其原始发音人的来源

近年来，戴遂良系列教材已经成为汉语教学史和方言史研究的热点，学界一般都默认其所教汉语为"河间府方言"或更具体化为"献县方言"。戴遂良多次说明其记录的是"河间府方言，非北京话"，并且认为这种方言是能够通行于北方地区的（"从沈阳到黄河"），这显然是要明确表明他所记录的语言区别于威妥玛所记录的北京话。戴遂良还提到其记录的语言"从头至尾都是地道的中国人的语言，毫无引用'先生们'的文字"，这则是要说明他记录的语言区别于顾赛芬所记录的读书音。这些做法都说明戴遂良本人对前人所编汉语教材的性质有明确的认知，而且在行动上有意另起炉灶，编出符合他所认为的更有实用价值的官话教材。

戴遂良来华后，绝大部分时间都在献县城关的教区总堂工作和生活，他也是在这里完成了语言学习。与其日常交流并因此帮助其建立起汉语语感的人，大都是附近的居民，这从系列教材的例句就可以看出来，这些例句采自日常对话，提到献县及所辖乡村的时候最多，例如：

> 张家庄离献县有三里地。（118） 我只当他是河间的，敢情他是献县的。（143）府上在哪里？寒舍在献县。（181） 献县属河间府管。（192） 我在尹屯路过。（350）我走到了臧家桥就碰见他了。（526） 我追到了刘富庄才追上他了。（528） 属河间

府管的州县，数着献县地面儿大。（572）　韦家庄数着李家财主了。（572）　献县城里关外的，都有店。（950）①

由此可以确认，戴遂良的发音人以献县本地人，尤其是献县县城人为主体。

但是，通过对例句的分析，我们发现戴遂良的发音人具有一定异质性。首先是教育程度的差异。戴遂良的交谈者虽然都是本地人，但是教育程度不同，其中有很多属于会讲文言或通语的知识阶层，他们明白"字儿话""文话"和方言口语的差别，比如：

这一句却是说得了，文话可是。（892）　赵太虽然常说字儿话，其实他更没念过书。（888）

"字儿话""文话"是书面语的意思，应该包括了通语和文言的一些特征，这是系列教材异质性的来源之一。

其次是地域差异。虽然戴遂良教材庞大数量的例句和长篇叙述的发音人以县城及附近的居民为主体，但从句意和文本信息判断，又有献县域内其他远郊乡镇、所属的河间府各县及邻近的保定府、天津府等地的居民，甚至还有带有特定话语风格的说书艺人。这些发音人可能会将部分外地方言的字音、词汇或句式带入教材中。我们可以通过辨析戴遂良系列教材的各种语言特征来进行总体判断。

（三）戴遂良所教"官话"的音系特征

佐藤昭和傅林都对戴遂良教材的音系特征进行了讨论。②这里以傅林的研究为基础，结合戴遂良教材第 1 卷 1912 年版《汉语口语手册》的音值讨论和第 12 卷《汉字》的字音，简述其音系特征。限于篇幅，本文对傅林研究中已经讨论过的音值构拟方法和原则不再展开叙述。

1. 声母。

戴遂良音系的声母有 22 个，包括零声母。下面依次列出戴遂良拼音、我们推断出的具体音值（零声母只列 Ø 符号）、例字：

---

① 例句后括号内的数字为系列教材第 1 卷 1912 年版《汉语口语手册》的页码，下同。

② 佐藤昭《清末河间府献县方言的音韵特色》，载《横滨国立大学人文纪要第二类语学・文学》第三十二辑别册，1985 年，第 3—18 页；傅林《河北献县方言一百二十年来的语音演变》，第 93—107 页；傅林《献县方言百年演变史》，保定：河北大学出版社，2021 年，第 13—66 页。

p[p] 布步别　　　　P'[pʰ] 怕盘撒　　　m[m] 门眉摸　　　f[f] 飞肥福

t[t] 到道滴　　　　t'[tʰ] 太同脱　　　n[n] 南安矮　　　　　　　　　l[l] 兰连劣

ts/tz[ts] 早祖姐　　ts'[tsʰ] 仓齐擦　　　　　　　　　　s[s] 三心雪

tch[tʃ] 招知捉　　　tch'[tʃʰ] 唱崇出　　　　　　　　　ch[ʃ] 水声刷　　j[ʒ] 人绕入

k[tɕ] 见件卷　　　k'[tɕʰ] 轻权屈　　　　　　　　　s[ɕ] 虚咸歇

k[k] 高竿格　　　k'[kʰ] 棵葵扩　　　　　　　　　　h[x] 虎恨活

Ø 二要五雨

声母系统的主要特征是：

（1）尖团分立。与中古音相比，见组细音已经腭化为 tɕ 组声母，而精组细音未与洪音分化，仍为 ts 组声母。

（2）中古影疑母一等字今为 n 声母。这一特征在当代献县话中依然存在。

（3）中古知庄章组声母今为 tch[tʃ] 组。从音值来看，戴遂良认为该类音与法语音值相同，如其对该组擦音的描述是：

CH 读同法语 chat、chemin、chou 中的 ch，例如"沙"（cha）。

《献县志》[①] 将该音记为舌尖后清擦音 [ʂ]，但是从当代献县方言的发音来看，该类声母实际发音为舌的前部（舌尖和舌叶）与上齿龈后部接触，听感上与 [ʃ] 接近，这与典型的舌尖后音如北京话的 [ʂ] 不同。当代献县话中，[ʂ][ʃ] 本身没有音位对立，可以将该类音记为 [ʂ]，但从审音的角度说，当代献县话的发音与戴遂良的记音更为一致。

2. 韵母。

戴遂良音系的韵母有 44 个。下面分别依次列出戴遂良拼音、我们推断的实际音值、例字：

eu[ɿ, ʅ] 知词吃丝诗　i[i] 梯第脊　　　　ou[u] 古五福　　　iu[iy] 曲女居
　　　　　　　　　　　　　　　　　　　　　　　　　　　u[y] 鱼驴须

a[a] 马爸拔答　　　ia[ea] 加匣辖　　　oa[oa] 花瓦袜
　　　　　　　　　ea[əa] 俩

ee[iɛ] 车舍　　　　ie[iə] 姐野撒　　　　　　　　　　ue[yə] 雪瘸

eue[ɯə] 哥河乐

①　献县地方志编纂委员会《献县志》，北京：中国和平出版社，1995 年，第 586 页。本文引用的该书方言部分的作者为陈淑静。

o[o] 麼馍 　　　　　　　　　　　　　ouo[uo] 骡坐锅多
　　　　　　　　　　　　　　　　　　oue[ue] 或惑

eull[ɭ] 儿二
ai[ɛ] 买埋拍 　　　　　　　　　　　oai[oɛ] 怪快
ei[əi] 黑墨雷 　　　　　　　　　　　oei[oəi] 水围追
au[ɒ] 桃包招 　　　iao[iɒ] 交小学
　　　　　　　　　eao[əɒ] 撩了
ou[ou] 狗 　　　　iou[iou] 究羞
an[ɛ̃] 三山善 　　　ien[iɛ̃] 咸眼连 　　　oan[oɛ̃] 官关船 　　　uan[yɛ̃] 权员悬
enn[ɛn] 恩分申 　　inn[in] 林斤贫 　　　ounn[un] 顺昏村屯 　　unn[yn] 孙旬云论闰
ang[ã] 堂方棒 　　　iang[iã] 江向娘 　　　oang[oã] 庄光王
　　　　　　　　　eang[əã] 亮良
eng[ɛŋ] 崩僧庚 　　ing[iŋ] 精轻兵 　　　ong[oŋ] 松东风孟 　　ioung[iuŋ] 穷雍
　　　　　　　　　　　　　　　　　　oung[uŋ] 弓龙

与北京话相比，韵母最主要的特征是北京话中的复元音韵基的韵母单化，鼻尾韵母鼻音脱落同时主要元音鼻化。这一特征与当代献县话的特征相吻合，表 6 为戴遂良音系和当代献县话韵母中对应北京话的复元音韵基韵母和鼻尾韵母的音值的对比：

表 6　北京话复元音韵基韵母和鼻尾韵在戴遂良音系与当代献县话中的音值[①]

戴遂良拼音和音值		当代献县话	例字
ai	[ɛ]	[ɛ]	买埋拍
oai	[oɛ]	[uɛ]	怪快
ao	[ɒ]	[ɔ]	桃包招
eao	[əɒ]	[iɔ]	撩了
iao	[iɒ]	[iɔ]	交小学
an	[ɛ̃]	[æ]	三山善
ien	[iɛ̃]	[iæ]	咸眼连
oan	[oɛ̃]	[uæ]	官关船
uan	[yɛ̃]	[yæ]	权员悬
ang	[a]	[a]	堂方棒
eang	[əa]	[ia]	亮良
iang	[ia]	[ia]	江向娘
oang	[oa]	[ua]	庄光王

---

① 资料来源：傅林《献县方言百年演变史》，第 29 页。

3. 声调。

戴遂良音系的声调调类有 4 个。《汉语口语手册》中对调类和调值进行了描述，表 7
将戴遂良的描述与当代献县话进行对比：

表 7　《汉语口语手册》的声调描述与当代献县话声调[①]

调类	《汉语口语手册》	当代献县话
阴平	不升不降	33
阳平	尖锐，高，短促	53（553/453）
上声	升调	213（113）
去声	下降，简短	31

戴遂良音系中已经没有顾赛芬音系中的人工复古的"入声"，这本身就是其以口语为
教学目标的直接反映。从其对阴平、阳平、上声、去声的调值描述，尤其是与北京话差
别较大的阳平调值来看，其语音基础可以明确地认定为河间府的方言。

总体上看，戴遂良教材的音系是一个较为同质的系统，其基础是当时的直隶河间府
方言，从发音人来看则可具体为戴遂良所生活的献县当地的方言。与顾赛芬音系相比，
戴遂良音系大幅度地脱离了读书音的束缚，反映了日常口语的语音特征。

（四）戴遂良所教"官话"的词汇和语法特征

1. 词汇。

与顾赛芬教材相比，戴遂良教材的口语词汇量、语法例句、长篇叙述等都要丰富得多，
这使得其方言基础能够显示得更清楚。通过与当代方言的比较，可以看出戴遂良教材的词
汇确实是以河间府方言为基础的。我们以时间词为例，将戴遂良所记献县话词语与当代献
县话词语进行比较，其中当代献县话区分"口语色彩"和"书面色彩"两类（见表 8）：

表 8　戴遂良所记献县话词语与当代献县话词语对比[②]

普通话	戴遂良所记献县话词语	当代献县话词语	
		口语色彩	书面色彩
今天	今天；今儿个；今日	今儿了个；今儿个	今天
昨天	昨天；昨儿个；昨日；昨日个；夜来	夜来个；夜来	昨天
明天	明天；明儿个；赶明儿	明儿个；明子	明天

---

① 资料来源：第二列来源于《汉语口语手册》，第 13 页；第三列来源于傅林《沧州献县方言研究》，第 11 页。
② 资料来源：傅林《献县方言百年演变史》，第 86 页。

续表

普通话	戴遂良所记献县话词语	当代献县话词语	
		口语色彩	书面色彩
后天	后天；赶后儿；过了明儿	过了明儿	后儿天
前天	前日；前儿个；前晌儿	前日；前日个	前天
大前天	大前日	大前日个；大前日	大前天
中午	晌午；正晌午	晌午	中午
刚过中午	晌午错；晌午歪	晌午错	—

戴遂良的发音人在教育程度上的多样性，反映在词汇的色彩种类上。例如，表示"今天"的词既有明显口语型的"今儿个"，又有明显书面语型的"今日"。

除去书面语色彩较强的词，戴遂良所记词语中一些和普通话有别的特征性词语，如"夜来""晌午""晌午错"等，在当代献县话中仍然常用，这说明戴遂良所记词语与当代献县话有很大的一致性。

戴遂良的发音人在地域上的多样性在词汇中也有反映，如表"劳累"义的词语，既有"累"，又有"使得慌"；表"有空闲"义的词既有"闲、有点空儿"，又有"闲在"。这两例中的后一种词形都不见于当代献县方言，而常见于当代河北省中南部的保定、邢台等地方言。

2. 语法特征。

戴遂良系列教材在语法上与北京话和普通话是基本一致的，其原因是河间府方言与北京话本来就差异极小。戴遂良教材在语法上与北京话不同的地方，大多都能在当代献县话中找到相同的形式。傅林（2021）对此进行了较为详细的归纳，本文不赘。这当然再次印证了戴遂良教材确实是以河间府当时的实际口语为基础的。

不过，我们仍能观察到一些反映其发音人在地域上的多样性的现象，例如表示程度的副词"多"和"多么"的用法。在普通话中，"多"可作为疑问副词，用在形容词前询问具体的量，如"多大？""多远？"。并因此可以指称任何量，如"天多高地多厚"，还可以表示量很高，用于感叹句，如"多好啊！"。一般认为"多么"与"多"用法基本一致，但主要用于上述指称任何量和量很高的情况。① 从戴遂良教材的例句来看，其"多么"也可以用作疑问副词。当代献县话和普通话一致，"多么"一般不用于疑问句，不说"多么好？""多么远？"等。"多么"用于疑问句的用法，今多见于保定市的方言。

再看后缀"－们"的组合限制。汉语普通话中，一般指人的词才可以加"们"，但是

---

① 吕叔湘主编《现代汉语八百词》，北京：商务印书馆，1999 年，第 186—187 页。

戴遂良教材中有所不同，先看下面的例子，例子后的括号中注出与当代献县话和邻近方言的差异。

> 我们、你们、他们、咱们（同当代献县）
> 孩子们、妯娌们、贼们、光棍嘎子们、管事儿的们、年轻的们（同当代献县）
> 事儿们、话们、东西们、虫子们（同邻近的高阳、蠡县一带，不同于当代献县）

后缀"–们"用于非人名词之后，这一特征见于邻近的高阳、蠡县一带的方言，而不同于当代献县话。

综上所述，我们可以对戴遂良所教的"官话"作一个总的性质判断：其音系是以当时献县县城的口语音为基础的同质系统（系统存在以文白异读为形式的历时层次累积，与当代方言一致），词汇和语法则是以献县县城口语为主体，大量吸收了县域内的各种变体，少量吸收了邻近的保定等地的方言成分形成的异质系统。因此，戴遂良"官话"不是一个单纯的共时系统，也不是现代普通话那样的上层通语，而是一个以献县县城话语言要素为中心的、吸收了邻近交往地区词汇语法特征的综合体。在当代人心理中，以献县人为例，"本地方言"的内涵和外延实际上与此类似，即"本地方言"是以社会交往中心（往往是县城之类行政中心）为圆心、以某一交往密切程度值为半径的圆划出的范围。用这个范围来定义的"本地方言"必然是异质的，而且外缘是不清晰的。戴遂良"官话"和当代人心理上的"本地方言"，都不等同于当代语言学意义上的同质的"献县话"。

结　语

顾赛芬和戴遂良两位传教士汉学家先后在同一教区工作，编写了两类不同的汉语教材，但都以当地的语言为基础，这为我们观察清末民初时期华北地区汉语者口中的"汉语"的真实状态提供了绝好的材料。

顾赛芬所教"官话"的性质，是基于河间府地方传统读书音的语文表达系统，而戴遂良所教"官话"是作为地方口语并集的河间府方言。二者虽然看上去差别明显，但实际上是同一"官话"的不同侧面。如果我们用"河间府汉语"来指称这种"官话"的话，顾赛芬"官话"实际上是"河间府汉语"应用于念书和读书人之间对话场景的变体，其音系格局来源于早期的权威方言，但音值来源于本地方言，词汇和语法则是在本地方言基础上吸收书面语和权威方言要素的综合体。顾赛芬官话体现了古代通语的真实状态——它和当代媒体环境培育下的普通话的状态是不同的，当代普通话的音系特征和音值与其标准音来源地是完全一致的。

戴遂良"官话"则是"河间府汉语"在日常生活场景中的变体，应用于读书之外的各种场景，如一般人之间的日常对话、故事讲述等。戴遂良"官话"更接近当代语言学意义上的"方言"，但比同质意义上的"方言"具备更多的异质因素。

从顾赛芬教材到戴遂良教材的转变，显然和中国近代社会逐渐从注重文言和古典教育向重视白话教育转变的大趋势有关，也和汉学界从关注中国古代文明向关注当代中国人文特征的研究风尚转变有关，是汉语和中国社会演变的一个缩影。

商务印书馆 2021 年度语言学出版基金评审结果揭晓

2022 年 4 月 22 日，商务印书馆举行 2021 年度语言学出版基金评议会。经评议委员会专家评议并投票，冯赫《处所词"所/许"及其结构式历时演变研究》、寇鑫《汉语定语小句与中心语名词的选择限制研究》、吴秀菊《湘西苗语名词性短语的类型学研究》入选基金资助项目。

商务印书馆 2002 年设立语言学出版基金，用于资助国内语言学学术著作的出版。每年评选一次，今年为第 20 届。凡获基金资助的著作，均列入商务印书馆"中国语言学文库"出版。商务印书馆语言学出版基金提倡扎实、严谨、科学和创新的学风，鼓励学术争鸣，尤其重视发现人才、培养人才，特别是培养年轻人。聘请国内著名语言学家戴庆厦、黄昌宁、江蓝生、蒋绍愚、李宇明、刘丹青、鲁国尧、陆俭明、裘锡圭、沈家煊、王洪君、王宁、邢福义担任基金常任评议委员，同时，根据参评书稿的实际，每年聘请若干位专家担任非常任评议委员。为适应新形势，推动我国语言教育事业的发展，基金在原有语言学评议组的基础上，自 2006 年起还增设了语言教育评议组，评选和资助出版对外汉语教学（国际中文教育）、母语教学、外语教学和少数民族语言教学领域的优秀著作。

戴遂良《汉语入门》方言写作的多重历史背景[*]

卢梦雅

（山东大学外国语学院）

摘　要：1905年，法国耶稣会士戴遂良在河北献县教区出版的《汉语入门》被法兰西学院授予"儒莲奖"，其主要特色是使用河北方言翻译了清末民间流传的劝诫作品，并加入当地的民间话语和习俗，是近代河北方言文字化的最早实践。这一改写策略兼顾了基督教会的方言布道传统、法国实用汉学的兴起和西方人类学界的民族志需求，成为传教士汉学史上的标志性著作。

关键词：《汉语入门》；戴遂良；法国汉学；天主教汉语文献

一、《汉语入门》的方言特色

法国耶稣会士戴遂良（Léon Wieger，1856—1933）在河北献县教区出版的汉语教材《汉语入门》于1905年被法兰西学院授予"儒莲奖"。这部教材以河北方言写作为特征，是《汉语汉文入门》[①]系列教程的口语部分，具体包括：

第1卷《河间府介绍》和《河间府方言》，为语法和词汇部分；

第2、3卷《要理问答》和《布道要义》，为天主教义[②]；

第4卷《民间道德与习俗》，为民间文化读本；

第5、6卷（合一册）《民间叙事》，为教材的中长篇读本。

---

* 本文为国家社科基金重大项目"海外藏中国民俗文献与文物资料整理、研究暨数据库建设"（项目编号：16ZDA163）成果之一。

a　《汉语汉文入门》（*Rudiments de parler et de style chinois*）分为六卷方言口语教程《汉语入门》（*Rudiments de parler chinois*）和六卷文言文教程《汉文入门》（*Rudiments de style chinois*）（后六卷包括《哲学文献集》《历史文献集》《汉字研究》等），于1892年至1908年陆续出版。

②　此二卷"没有采取'喋喋不休'的方言讲述，取消了很多地方性表达，行文简洁"，据 Henri Bernard, "Bibliographie méthodique des œuvres du père Léon Wieger", *T'oung Pao*, Second Series, 3/4 (1927): 335, 故本研究不涉及此二卷。

　　其中，第 4、5、6 卷是教材的课文主体，使用中文、罗马注音和法文对照形式，为第 1 卷提供了大部分词汇和例句，实为整部教材的语料主体，使得《汉语入门》成为一部自成体系的河北方言教程。课文排版的具体形制为：竖排繁体有句读，每页课文下面有两行注释：第一行为罗马注音，对应着上面竖列文字中带儿化音的汉字；第二行为词语解释，如"对子""为人"等可能对汉语学习者造成阅读障碍的词。作者在法文译文中保留了这些惯用语的注音（Toéi-ze，wei jênn）而非法文翻译。第 4 卷分为"道德"和"习俗"，"道德"部分包括"儒家观点"11 篇，道家、佛家观点各 1 篇，民间普遍观点 6 篇；"风俗"部分辑录了 4 篇河北当地的民间对话和风俗；第 5、6 卷改编了 63 个通俗白话作品。此三卷教材的课文自短而长，自易而难，构成该教材不同级别的方言阅读材料。

　　以第 1 卷为例，作者按照西方语法体系讲解了河北方言的发音、词法和句法，在讲解过程中给出很多地道的例句，如"他夜来出去串亲的了""你懒到多嗻才拉倒呢""放着好的你不要，偏要不好的，岂有此理呢""我劝你你不听，高低（儿）把个事（儿）办坏了"等[1]；每项语法讲解又对应了多篇长短不一的交际用语，均为作者在河北当地搜集到的百姓生活语料，构成主体部分"用语"。在课文中，戴遂良按照当地人的发音写下了大量未有固定写法的口头词汇，如：髁髅膊儿（膝盖）、遛遛打打（溜溜达达）、潦倒梆子（不成器）、遛打（溜达）、后晌（下午）、皮不察清（不清楚）、黑下（夜里）、哪成望（哪想到）、眵历岉（眼屎）、迭的（顾得上）、鼓到（捣鼓）等，因为"将这种生动活泼的语言用文字写下来，要比平淡沉闷的官话更加实用"[2]。

　　然而，如果真像戴遂良宣称的那样，"只是把笔杆交给我喜爱并且与之生活的人们手中，是他们讲述和描绘了这些既朴素又生动的故事"[3]，未免言过其实。由于没有提及选材出处，方言改写较为彻底，读者难以全窥其底本。根据课文内容进行逆向考证，笔者认为《汉语入门》的方言课文是对清廷训诫衍写的河北化和劝善通俗文学的河北方言翻译，并加入了当地的民间话语和民俗内容进行改写。

　　雍正将康熙帝颁布的《圣祖仁皇帝圣谕十六条》作万字《圣谕广训》加以推衍解释，以扩大"圣教"的影响，化育万民。为了方便清政府在民间宣讲，各地官绅又推行了多种通俗注本，包括《广训衍》《佚名广训直解》等。对比教材第 4 卷第 1 篇的部分内容，可以明显看出一些课文实为对《广训直解》的河北方言化：

---

　　① 　Léon Wieger, *Chinois parlé manuel, Koan-hua du du Nord, non-pékinois*, Ho Kien fu: Imprimerie de Hien-hien, 1912, pp. 63, 132, 142, 152.

　　② 　Léon Wieger, *Rudiments 1. Dialecte de Ho-Kien-Fou*, Ho Kien fu: Imprimerie de la mission catholique, 1895, p. 3.

　　③ 　Léon Wieger, *Rudiments. 5 et 6. Narrations vulgaires*, Ho Kien fu: Imprimerie de la mission catholique, troisième édition, 1903, p. 3.

　　《广训直解》：……古人说得好："吃得亏，是好汉。"又说道："他仇我不仇，冤家即了休。"只因我不肯吃亏，一时间争长竞短，我和他厮吵，他和我胡闹，闹闹吵吵，他仇我、我仇他，或者弄出人命，或者激出别样的事来，那时节要开交不得开交，倒吃了大亏，所谓"因小失大"。①

　　《汉语入门》：哎，你忘了古人说的么："吃亏的常在"，又这么说："冤仇可解不可结。"嗐，全是你不肯吃亏。一不痛快，就想着和人斗气。赶闹起事（儿）来，想着拉倒，也就不中用了，到吃了个老大的亏，才完了。若从前你让他一点（儿），他看你宽洪大量的，他各人也许后悔他的不是。若是还欺负你，人说他欺负老实人，那不算好汉子。你看，你包这一点（儿）小屈，不用觉着心里难受。别人倒看着你好，也不说你是软弱，全愿意交往你：你没有钱，人周济你；你有了事，人帮助你。这不是吃了点（儿）小亏（儿），倒占了大便宜了么？②

　　第4卷关于儒家、道家、佛家和民间观点的课文基本上取材于《传家宝集》《太上感应篇》和《玉历至宝钞传》；第5卷的短篇课文基本取自《传家宝集》（包括《传家宝初集·笑得好》《传家宝二集·笑得好二集》《时习事》）以及《笑府》《笑林广记》中的笑话，中篇课文取自《聊斋志异》和《今古奇观》；第6卷针对汉语程度较好的学生所编写的长篇课文，全部取材自《今古奇观》。试对比异文：

　　《汉语入门》：汉朝年间有六七岁的一个小孩子，姓陆，名字叫绩，上九江拜望他父亲的一个朋友。那个人姓袁。是个大官。留下他住着，摆了席，请了他。陆绩看见那席上有桔子，就拿了两个，偷着藏的袖子里了。赶临走的时候，他不小心，一作揖，把那俩桔子就掉下来了。那官就笑着说："嗨，这陆公子，当着客，在酒席上，还藏下桔子了么。"陆绩就跪下，说："我不死藏了喂的我吃。我家里有个老母亲，她有病，常想着吃桔子。我吃的时候就想起来了。我就藏下了俩。"③

　　《传家宝》：陆绩年六岁，于九江见袁术，术出果待之。绩怀桔二枚，归时拜辞，桔堕地，术曰："陆郎作宾客而怀桔乎？"绩跪答曰："吾母性之所爱，欲袖归以奉母。"④

---

①　周振鹤《〈圣谕广训〉集解与研究》，上海：上海书店出版社，2006年，第210页。

②　Léon Wieger, *Rudiments 4: Morale et usages*, Ho Kien fu: Imprimerie de la mission catholique, deuxième édition, 1905, pp. 34–36.

③　Léon Wieger, *Rudiments. 5 et 6. Narrations vulgaires*, Ho Kien fu: Imprimerie de la mission catholique, troisième édition, 1903, pp. 32–34.

④　石成金《传家宝全集（一）》，北京：线装书局，2008年。

　　戴遂良在对这些通俗小说全译或节译的基础上，加入了汉代匡衡凿壁借光、管幼安吃亏让人、唐朝官员娄师德"唾面自干"、宋代葛繁日行一善、明代夏元吉宽恕奴婢等民间劝善故事，使整部教材近乎一部方言劝善书。尤其是大量民间谚语的添加，如"减食增福，减衣增寿呀""纵子如杀子""只看贼打，别看贼吃""挨着好人学好人""不在庄货，不在坟，单在各自人""妻贤夫祸少呀""听人劝，吃饱饭""天无绝人之路呀"等，既增加了对老百姓劝诫的效力，也使经过方言翻译后的整篇故事风格统一。

二、方言化的多重历史因素

　　晚清时期，全国各基督教会纷纷为本地教士学习方言编写教材和词典，如《松江方言练习课本》（1883）、《土语指南》（1889）、《沪语指南》（1896）、《粤音指南》（1895）、《宁波方言英汉词典》（1876）、《英粤字典》（1878）等。[①] 对这一现象，国内学者往往将此类西人口语教材与中国近代白话运动或与清廷训诫通俗化联系起来，[②] 忽略了这些教材生成的域外背景，包括西方基督话语的方言化传统、法国汉学界对实用汉语教学的提倡和西方学界对东方民族志资料的需求。

（一）西方基督话语传播的口语化

　　从西方传教史来看，这种方言改写经典的教义编写方式可以追溯到中世纪欧洲教会用方言改写经典的传统。具体到法国，早在加洛林时代，罗曼语或日耳曼方言和拉丁文之间开始出现重大差异，两者之间的关系与中国方言口语和文言一样，前者被认为不配用于书写。但是到了 12 世纪，为了在世俗文盲中间更广泛地传播圣人的故事和教化他们学习如何阅读文学作品，方言的使用范围大为扩展，逐渐囊括了编年史、历史叙事以及古代文学作品，甚至经书，如《圣诗集》，一度被拉丁文垄断的《圣经》中的一些篇章如《雅歌》《启示录》和《创世记》也逐渐被从拉丁语翻译为罗曼语。[③] 于是方言进入文字领域，在传播基督话语过程中开辟了一个重要途径。另一方面，在一个绝大部分居民不会读书写字的时代里，教士主要通过口头布道，因此更加重视口语能力，需要学习如何

---

　　① 　参见张美兰《〈官话指南〉及其四种方言对译本的价值》，《国际汉语学报》2016 年第 2 期，第 157—165 页；钱乃荣主编《开埠初期的上海话》，上海：上海书店出版社，2015 年；钱乃荣主编《19 世纪晚期的上海话》，上海：上海书店出版社，2015 年；萨卡齐等《汉语流传欧洲史》，上海：学林出版社，2011 年，第 89—90 页。

　　② 　如宋雪《语言接触与欧化语法——西方来华传教士和晚清语言革新》，《汉语言文学研究》2017 年第 1 期；刘立壹、刘振前《〈圣经〉南京官话译本考论》，《基督教研究》2017 年第 2 期；袁进《西方传教士对现代汉语形成的影响》，《语言战略研究》2016 年第 4 期；武春野《"官话"译经与文体革命》，《社会科学》2012 年第 11 期。

　　③ 　让－皮埃尔·里乌等主编《法国文化史 I》，杨剑译，上海：华东师范大学出版社，2011 年，第 118—124 页。

在演说语言上适合俗人和大众口味，适应民间文化。1563 年耶稣会奥热神父编写了《教理问答》，开辟了天主教口语教义编写的历史，给教士带来很大方便；1739 年天主教会的《小型学校通俗教程》这样写道："阅读和书写……都只能被看作次要的东西……"[①] 于是传教士越来越多地使用通俗语言，同时更加频繁地使用民俗民谚。晚清来华的法国耶稣会士将这种方式引入进来，陆续出版了中法文对照的一些口语教程和字典。[②] 戴遂良的《汉语入门》应运而生，用河北方言填补了当时这一类型汉语教材的出版空白。

戴遂良以之为傲，他称："由于基督教义的不断出版，所有教士都可以学习到布道术语，但这与河间府的语言是不一样的。除本书以外，没有其他书籍能够为河间府方言注音，这些发音极具地方特色。"[③] 该教材也确实得到了全国各地教会同行的好评："这些用通俗语言写成的书籍对于我们北方地区是极大贡献"（内蒙古 Abels 神父）；"新进教士面对汉语不再捉襟见肘了，他们找到了科学而实用的教材，这在以前是没有的"（香港 Robert 神父）；"对新教徒进行布道时，我找不到比这更为有效的教材了，中国神父也同样可以使用这些教材"（正定府 Coqset 神父）。[④]《汉语入门》获奖后，耶稣会江南教区教务期刊《中国往来》刊登了一则通讯，赞誉和全面介绍了这部获奖著作，并附戴遂良与其中国助手的合影一张。报道称，"尽管《汉语入门》题目不起眼，却在沙畹（Édouard Chavanne, 1865—1918）的提名下荣获法兰西文学院颁发的'儒莲奖'，该奖旨在奖励有关中国的最佳著作"，并宣称作者完成了"现代汉学的最恢宏著作之一"，"教会同行们应致以热烈祝贺"[⑤]，措辞中尽显教会引以为傲之情，可见在华耶稣会非常重视欧洲本土学界包括汉学界的肯定。

（二）法国汉语口语教学的兴起

19 世纪晚期，法国汉学界正在经历着一场争论，焦点是东方语言学院的教学目标是培养汉学研究人才还是外交翻译人才，即应该教给学生学术汉语还是实用汉语。当时的东方语言学院如同法兰西学院汉学教学的预科班，以辅助学术汉学的文言和半文言的语法讲解为主，教员本身几乎不会讲通俗口语。汉学家编写的汉语教材多为经典或文学作

---

① 让－皮埃尔·里乌等主编《法国文化史 II》，傅绍梅、钱林森译，上海：华东师范大学出版社，2011 年，第 192、302 页。

② 如《西汉同文法》（1873）、《中拉对话》（1892）、《法英中对话指南》（1890）、《华西官话汉法词典》（1893）、《苗法字典》（1916）等。

③ Léon Wieger, *Rudiments 4: Morale et usages*, p. 3.

④ Léon Wieger, *Histoire des croyances religieuses et des opinions philosophiques en Chine*, Ho Kien fu: Imprimerie de Hien-hien, 1922, p. 793.

⑤ Compagnie de Jésus, *Relation de Chine (Kiang-nan)*, 01(1906), pp. 50–51.

品摘录，比如儒莲编写的《汉文指南》（1869）和翻译的《玉娇梨》《西厢记》《复仇豹》等，德理文的《现代汉语渐进课本》（1869）和《今古奇观》选集等，甚至因此，学院派汉学家成为在华传教士童文献（Paul Perny，1818—1907）的嘲讽对象。[1] 东方语言学院第一任现代汉语讲师巴赞（Louis Bazin，1799—1863）提出了应当学习中国方言口语的主张，批判元杂剧和白话小说是元明时期的俗语书写而非现代俗话，也批评雷慕沙的汉语教学观念，认为像《汉语启蒙》这样满是典籍和白话小说原文的教材难以帮助学习口语，因为在幅员辽阔的中国，文言和南北两种官话远不能满足各地多变甚至迥异的方言。[2] 巴赞写下倡议汉语口语教学的宣言《论通俗语的语法》（1845），提倡《圣谕广训》中的口语，因为这是一个"用来给民众高声诵读的文献……完全反映了现代口语"[3]。戴遂良也同意这一观点，在课文中写道，"一处有一处的语音，这个地处的人就不懂那个地处的话"[4]，并且使用了《圣谕广训直解》作为主要底本之一。

在巴赞的坚持下，驻华外交官、翻译官越来越多地进入东方语言学院，在 19 世纪晚期开启了实用汉语教学的新时代，陆续出现了东方语言学院教材《汉字撮要：汉语部首和语音练习，附通俗对话》（1845），巴黎东方和亚洲学会成员罗歇（Louis Rochet，1813—1878）编写的《习言读写中国话》（*Manuel pratique de la langue chinoise vulgaire*，1846），东方语言学院巴赞的《汉语口语法则》（*Grammaire mandarine, ou Principes généraux de la langue chinoise parlée*，1856），法国藏书家、目录学家贾奈（Pierre Jannet，1820—1870）的《论汉语及运用方法》（*De la Langue chinoise, et des moyens d'en faciliter l'usage*，1869），东方语言学院哥士耆（M. A. Kleczkowski，1818—1886）的《汉语口语和书面语渐进课程》（*Cours graduel et complet de chinois parlé et écrit*，1876），微席叶（Arnold Vissière，1858—1930）的《北京官话入门课程》（*Premières leçons de chinois, langue mandarine de Pékin*，1909），里昂大学古恒（Maurice Courant，1865—1935）的《汉语口语语法：北方官话》（*Grammaire de la langue chinoise parlée. Grammaire du Kwan-hwa septentrional*，1913）等；与此同时，国内出现了巴黎外方会士童文献的《西汉同文法》（1873）、《中拉对话》（1892），河北耶稣会士顾赛芬（Séraphin Couvreur）的《法英中对话指南》（1890），法国驻华使馆翻译于雅乐（C. C. Imbault-Huart，1857—1897）的《笑谈随笔》（*Anecdotes,*

① 他指责雷慕沙（J. P. Abel-Rémisat，1788—1832）的语法书会使欧洲读者对汉语产生偏见，对儒莲（Stanislas Julien，1797—1873）提出质疑，指出儒莲简单地称白话文为"方言"，他还断言儒莲的弟子德理文（H. de Saint Denys，1822—1892）"绝对不会讲汉语"，因为德理文一直埋头翻译《今古奇观》等民间白话故事，而不讲通俗口语。参见 Paul Perny, *Grammaire de la langue chinoise orale et écrite*, Paris: Ernest Leroux, 1873, p.7。

② Louis Bazin, *Mémoire sur les principes généraux du chinois vulgaire*, Paris: Imprimerie royale, 1845, pp. 18–19。

③ 同②，第 66 页。

④ Léon Wieger, *Rudiments 4: Morale et usages*, p. 88。

historiettes et bons mots en chinois parlé，1882）、《汉语口语使用手册》（*Manuel pratique de la langue chinoise parlée*，1885）和《京话指南》（*Cours éclectique, graduel et pratique de la langue chinoise parlée*，1885—1887）；清政府京师海关总长穆意索（A. M. de Bernières，1848—1917）的《公馀琐谈》（*Leçons progressives pour l'étude du chinois parlé et écrit*，1886）等口语教程，江南教区的意大利耶稣会士晁德莅（Angelo Zottoli，1826—1902）以其五卷本《中国文化教程》（*Cursus Litteraturae Sinicae*，1879）获奖，第一卷也是以《圣谕广训》《传家宝集》为底本的通俗汉语教材，1884 年成为第一部获得"儒莲奖"的汉语教材。

可见，清末来华传教士编写的汉语口语教材与法国本土汉学的新趋势不谋而合，两者的基本目的一致：前者为了培养口头布道的传教士，后者为了培养口头翻译人才。戴遂良的《汉语入门》，与其他在华传教士的方言教科书一道支持和响应了法国实用汉学的兴起。

（三）西方学界对民族志资料的需求

《汉语入门》的另一特征是编入了大量民间习俗，实为河北乡村的考察记录，为西方汉学对河北地区民间文化研究的研究提供了一手的田野资料。以第 4 卷对《圣谕广训》的改编为例，在"风俗人伦"一则中，作者列举了各行业都应该讲规矩懂礼节，也是在"明礼让以厚风俗"之外加入了民间话语的记录：

> 　　那庄稼人罢，为个房隔子、地陇子争吵。这一个说，你侵占了我的地亩了。那一个说，你占了我的庄基了。至于那牲口，一会（儿）家在地头地脑的，或是吃个庄稼穗（儿）呀，或是遭行几棵庄稼苗哎，值得值不得就讲究打官司告状的闹。……那手艺人们罢，更是你争强我好胜的，没个谦逊。这一个想着压倒那一个，那一个想着盖了这一个。这一个在那一个的主户家奏弄奏弄。那一个在这一个的主户家挑唆挑唆。俗话说："同行是冤家。"还有这做买卖的，若来个照顾查（儿），这一家子拉，那一家子拽。若是一样的买卖，这一家子赚钱，那一家子赔本（儿），那赔了的就眼（儿）热，赚了的就卖乖。俗话说："有同本（儿），没同利（儿）呀。"做买卖，是有赔有赚的呀！那一块（儿）的行情好，这一家子瞒着那一家子，那一家子背着这一家子，自己偷着赶个好行市。也有使大斗的，也有使小秤（儿）的，瞒昧良心，哄了别人，各样的人都有呀！……①

---

① Léon Wieger, *Rudiments 4: Morale et usages*, pp. 96–97.

该卷的第四部分"习俗"辑录了当地的主要仪式和惯俗，包括节日、婚礼、收养和葬礼，篇幅占全卷的三分之一。《节日篇》包括腊月到正月、寒食、清明、端午、入伏、鬼节、中秋、九月九等中国传统节日里的传说、服饰、饮食、举动、俗谚等；《婚礼篇》包括请八字、择时、谢媒、写合帖、定亲帖、冥婚、童养媳、同姓不婚以及结婚当天的诸多程序：送帖、贴对子、送嫁妆、夜娶、压轿、投帖、陪绸、翻桌、上轿、帮轿、送小饭、下轿、冠带、上拜、插戴、阙礼、道喜、回门住等；《收养篇》介绍了如何过继、抱养、认干亲、拜盟兄弟等；《葬礼篇》介绍了发丧的程序，从咽气、装裹、吊左钱、破孝、报庙找魂、抱香、送盘缠、抬信车、垫背钱到入殓、封灵、看风水、买地、点主、祀土等以及出殡当天的诸多程序，实为人类学意义上的田野考察记录。举《节日篇》中的祭灶之日为例：

> 腊月二十三是祭灶的日子（儿）。若有住家的闺女，这一天只得给人家婆家送去，不许在娘家祭灶。那黎明些（儿）的，前几天里就送了去了。再说这祭灶，是供享糖瓜（儿），是为的粘灶王那嘴，不着他和老天爷学舌。还供享草料，是喂灶王那马。还供享一碗水，是饮马。烧上三炷香，磕俩头，就烧了这灶王。赶着火点的时候，还祷告，说："灶王爷上天别学舌。上俺家待了一年，受了些个烟熏火燎的，也没吃了什么供享（儿）。人们出来进去的，若一会（儿）家冒犯着你老人家，也别和俺们一般见识。俺们不知道么（儿）。你老人家是宽宏大量的。到老天爷那（儿），千万给俺们说好些（儿）。"祷告完了，人们就把那糖吃了，就算完了事（儿）。有几句闹着玩（儿）的话，说："糖瓜（儿）祭灶，新年到，闺女要花，小子要爆，老婆子要个篡，老头子就摔个碗。"祭灶的这个礼，不分大门小户，家家（儿）如是，没有不行的。[①]

诸如此类，戴遂良用河北方言记录了各个仪式过程，中间穿插俗谚和对话，使场景栩栩如生。纵观《汉语入门》的语言特征，与近代白话运动中的欧化文法不同，[②] 仅仅是作者将当地助手的方言翻译和当地民间口语直接记录下来的行为，其编写初衷便是"给出正宗汉语口语的范例，包括短语、措辞、语气和表达技巧"，使教材"从头至尾都是地道的中国人的语言，毫无引用'先生们'的文字……"[③] 从田野调查中提取鲜活的方言对

①   Léon Wieger, *Rudiments 4: Morale et Usages*, 1905, pp. 354–546.

②   欧化文法的特征参见王力《中国现代语法》，北京：商务印书馆，2011 年，第六章"欧化的语法"。

③   Léon Wieger, *Rudiments 5 et 6 : Narrations vulgaires*, 1903, p. 3.

话，把当地人话语写入文字，这样的编写工作实际上依赖于一位当地文人。[1] 在这位助手的方言翻译下，戴遂良使《汉语入门》在语言学价值之外，具有民族志性质，保存了清末河北民间宝贵的语料和习俗，透露出向学术界靠拢的野心。

从传教史的角度看，《汉语入门》秉承了早期来华耶稣会士寓传教于汉学的路径，甚至成为鸦片战争后再度来华耶稣会士中，首批重新激发西方人对中国语言和文化兴趣的重要出版物之一。耶稣会丛刊[2] 均大量出版和刊登了关于中国人观念信仰、民间文学艺术、岁时节日、风俗习惯的著述和文章，献县教区亦有其他神父撰写此类作品，如《在中国：直隶东南教区见闻》[3] 等，而戴遂良的教材是此类著述中唯一用方言直书的多卷本、多元内容的中国北方风俗志，在此基础上，戴遂良编写出了《近代中国民间故事》(*Folk-lore Chine moderne*，1909)、《中国哲学观念和宗教信仰史》(*Histoire des croyances religieuses et des opinions philosophiques en Chine*，1922) 等教会用书。

结　语

综上可见，戴遂良编写的《汉语入门》为了便于河北献县教区的教士在民间口头布道，使用河北方言翻译和改写了清末民间流传的劝善作品，并加入大量民间习俗、习语和民间对话，在迎合法国实用汉学兴起的同时，为西方汉学对河北地区民间文化研究的研究提供了一手的田野资料，兼顾了教会布道传统、本地民间文化和西方学术旨趣三方面，同时达到了语言教学、传教事务和向欧洲学界展示河北民间文化三种目的：(1) 先从方言入手再及书面语言，符合语言习得规律；(2) 方言的掌握更有利于教士在口头布道活动中将天主教义推广开来；(3) 大量具有地方特征的民间话语和民俗内容受到西方人类学和汉学界的瞩目，最终获得法国汉学界的最高荣誉，开启了戴遂良的汉学生涯。这是一部连接晚清时期的中国民间、天主教会和西方学界的汉语教材，是传教士汉学史上的重要成果。

---

[1]　耶稣会江南教区教务期刊《中国记述：江南》登了一则通讯，赞誉和介绍了戴遂良的获奖著作，并附戴遂良与其中国助手合影一张。

[2]　《传信年刊》(*Annales de la Propagation de la Foi*，1822–1933)、《天主教传教团：传信工作周报》(*Les Missions catholiques: bulletin hebdomadaire de l'Oeuvre de la Propagation de la Foi*，1868–1927)、《汉学丛书》(*Variétés sinologiques*，1892–1938)、《中国、锡兰、马达加斯加：耶稣会法国传教士的信件》(*Chine, Ceylan, Madagascar: Lettres des missionnaires Francais de la compagnie de Jesus*，1902–1948)、《中国记述：江南》(*Relations de Chine : Kiang-nan*，1903–1931) 等。

[3]　Henri-Joseph Leroy, *En Chine, au Tché-ly S.-E., une mission d'après les missionnaires*, Ho Kien fu: Imprimerie de Hien-hien, 1900.

复杂系统理论与德范克系列教材
——兼论高级口语教材设计理念[*]

周小兵[1] 谢菲[2] 李瑞[3]

（1，3 北京语言大学汉语国际教育研究院；2 暨南大学国际学院）

摘　要： 德范克系列教材在国际中文教材史上具有重要意义，但以往研究不够全面深入。本文基于复杂系统理论和当代二语教学理念，全面探讨该教材的系统性、整体特征与价值。聚焦《高级汉语课本汉字本》，考察其内部系统、外部系统及相互关系，凝练编排体例和语体设计的精粹：（1）字词句篇融合，用学习实践串联；（2）不同阶段的教学目标不同，口语语体从对话体向叙述体、演讲体过渡，满足初中高阶段的不同交际需求；（3）高级阶段重视演讲体，训练成篇表达能力。这些经验对国际中文教材编写有重要借鉴意义。

关键词： 德范克系列；二语教学理念；高级口语教材

导　言

20 世纪 60 年代，美国汉语教育家德范克（John DeFrancis，1911—2009）[①]主编出版了一套系列汉语教材（简称"德范克系列"），含初中高三个级别，各级有拼音本、汉字本、阅读本。自 1963 年出版发行以来，在美国乃至全球产生广泛影响。

盛炎指出，该教材"在美国和许多国家广泛使用，影响较大。据近期有关调查统计，在美国设有汉语课程的高校中，它仍占支配地位"[②]。白乐桑指出，该系列教材在法国是最受欢迎的两套"字本位"汉语教材之一。[③]任友梅、杨双扬认为它是最近数十年美国使用

---

[*]　本文为国家社科基金项目"基于语料库的汉语教材词汇多角度研究"（项目编号：14BYY089）成果之一。

[a]　"德范克"是他本人起的中文名。有学者把他的名字译为"约翰·狄佛朗西斯"或"约翰·德佛朗西斯"。

[②]　盛炎《评狄佛朗西斯的汉语教材》，《世界汉语教学》1989 年第 2 期，第 121 页。

[③]　白乐桑《汉语教材中的文、语领土之争：是合并，还是自主，抑或分离？》，《世界汉语教学》1996 年第 4 期，第 100 页。

最广的汉语教材，部分卷册至今仍在重印使用。[1] 姚道中指出它最先采用汉语拼音，对美国中文教学界产生巨大影响。[2]

盛炎把美国中文教学史分为三个阶段：[3] 第一阶段，从 1877 年耶鲁大学首开中文班到二战前夕，用语法—翻译法教汉学家古代汉语。第二阶段，从二战爆发到 1958 年，用听说法教现代汉语口语，早期以速成模式培养大批赴亚洲参战人员。第三阶段，始于 1958 年，美国为防止科技教育落后于苏联，1958 年发布《国防教育法案》，规定汉语、日语、俄语、印地语、阿拉伯语等五种急需外语；此后中文教学发展较快。[4]

德范克系列产生于第三阶段，以结构主义语言学和听说法为依据，教当代书面语和口语，培养能阅读会说话、可用中文交际的人才。首次系统采用中国 1958 年发布的《现代汉语拼音方案》，适当处理书面语中拼音和汉字的关系。体量大，编排系统，涵盖听说读写译和初中高三个级别，填补以往缺失系统教材的空白。它是研究美国乃至全球中文教学教材史的重要资料；它的出版在国际中文教育史上具有里程碑的意义。随着全球二语教学和教材，尤其是国际中文教育近 20 年的快速发展，该教材的系统特征和历史价值更为凸显。

学界对德范克系列教材进行了一些研究，但遗憾的是，以往研究多为表层介绍，局部描述，缺少用现代二语教学理念进行系统研究和精准考察。德范克系列的成功经验没有被很好地传承和借鉴。本文用复杂系统理论和当代二语教学理念，考察德范克系列的特征与价值；聚焦《高级汉语课本汉字本》[5] 的体例和语体，概括其成功经验及不足，阐明其对开发优质二语教材的启示。研究问题：

（1）内部系统考察，判定它是"字本位"教材，还是兼顾字词句篇。

（2）综合研究内部 / 外部系统（大纲、英语教材、交际需求等），看高级口语应主要教哪种语体，如何设计教学。

一、德范克系列教材的系统性和层级性

（一）纵横系统的完整性

该系列包含初中高三个级别，涵盖大学中文本科一、二、三年级主要课程。每级都

---

①　任友梅、杨双扬《美国国内的汉语教材》，《国外汉语教学动态》2003 年第 3 期，第 32 页。

②　姚道中《夏威夷大学和美国的中文教学》，《华文教学与研究》2014 年第 1 期，第 10 页。

③　盛炎《评狄佛朗西斯的汉语教材》，第 121 页。

④　2001 年"9·11"之后，美国发布关键语言项目，标志着美国中文教学又进入了一个新阶段。

⑤　John DeFrancis, *Character Text For Advanced Chinese*. New Haven: Yale University Press, 1966.

以拼音本为基础教材；汉字本、读本配套，生字词跟拼音本配合；体现"先听说，后读写"的教学理念，有利于非目的语环境下美国学生的中文学习。

（二）教材册数和内容

该系列12册，但以往研究大多只列出11册。如：

> 狄氏汉语教材是较完整的教材体系，它由以下两部分、三套、十二册组成。
>
> 会话部分
>
> 拼音本　　　　　　　　汉字本
>
> 初级汉语课本　　　　　初级汉语课本汉字本
>
> 中级汉语课本　　　　　中级汉语课本汉字本
>
> 高级汉语课本　　　　　高级汉语课本汉字本
>
> 阅读部分
>
> 初级汉语读本（分上、下两册）
>
> 中级汉语读本（分上、下两册）
>
> 高级汉语读本
>
> 另外，狄氏汉语教材还配有《教师手册》《教材索引》、录音和汉字闪视卡片等。[1]

盛炎列出的学生用教材只有11册，此后研究大多沿用这一表述。还有一册是什么？

2009年中山大学国际汉语教材研发与培训基地成立，收集教材时发现该系列还有一册——《毛主席语录注释》，应属高级汉语阅读，是该系列教材亮点之一。该系列设定学习环境是中国大陆，并根据交际场景来选择课文内容、话题和文体。1960年代中期到1970年代中期，《毛主席语录》在中国发行量巨大，在当时是真实交际中不可或缺的阅读、听说文本。遗憾的是，不少研究者忽略甚至不知道《毛主席语录注释》的存在。

二、德范克系列教材的教学法依据与"本位"

（一）教学法依据

德范克系列依据行为心理学，全面实施听说教学法，体现为两个观点：

---

[1]　盛炎《评狄佛朗西斯的汉语教材》，第122页。

（1）模仿最有效。不讲语法术语，用多样化的足量实例讲练字词语法，"内化"汉语特征，理解并产出带口语文体特征的现代汉语，完成交际。

（2）口语优先于书面语，用途广、易掌握。阅读应采用口语文体的书面形式。每课课文都有口语文体，促进学生"模仿"理解、产出现代口语（含成段、成篇表达）。

（二）字词句篇的关系

德范克系列被认为是"字本位"代表性教材。事实上，该系列"字"只是"引导"；紧跟其后的"生词展示"和后边的"生词表"，把字融于词和词组中。"对话""讲话"类课文，则把"词"放在合适的句子语篇中，进行跟交际相关的学习和练习。

如《高级汉语课本汉字本》（简称《高级汉字本》），"字表"后有分组词汇展示，有与词汇学习密切相关的对话；然后出现"生词表"。从体量看，"字表"篇幅短，"词汇展示""对话""生词表"的篇幅远超"字表"十倍。每课还有"语法练习""讲话""复述""温习""问题"，均以句子语篇为单位。可见，该系列兼顾字词句篇尤其是通过句子语篇来"习得"汉语，并非"字本位"教材。

（三）突显语素构词能力

尽管不是典型"字本位"教材，该系列确实重视汉字，主要表现为语素复现及构词能力的设计。《高级汉语读本》序言说，该阅读系列三个级别的读本各自引入 400 个汉字，大部分已在同级的拼音本、汉字本中出现，高级别读本会使用部分低级别读本中的汉字。《高级汉语读本》字种 1 200 个；以新引入的汉字为核心组成不同词语，加上已学词语构成文段。

麦倩明统计分析了《高级汉语读本》字词概况，[①] 发现生字中难字及其构成的难词复现率都相当高。平均复现率，丙级生字为 18.89 次，丁级生字为 11.11 次，超纲生字为 10 次 [②]。核心生字的构词能力也相当强。这样处理更能体现阅读教材的价值：提高阅读能力，重现读本、拼音本和汉字本已学字词，促进学习和掌握。

---

① 麦倩明《德范克〈高级汉语读本〉综合考察》，中山大学硕士学位论文，2017 年。
② 统计依据国家汉语水平考试委员会办公室考试中心制定《汉语水平词汇与汉字等级大纲（修订本）》，北京：经济科学出版社，2001 年。

三、德范克系列教材高级汉语口语课结构研究

本节聚焦《高级汉字本》"课"的内容和特点，审视德范克系列教学理念在高级口语部分的具体设计。

（一）课的基本构成

1. 字表，未标明"生字表"，有拼音和英文注释，如：

登 dēng mount publish

2. 生词展示，无明确标志。每课十多组，每组先展示三四个生词（词组），后出现句子；词义、用法用句子展示。如第三课部分例子：

造就
那个大学的医科最有名，在这几十年间造就出来的医生都是好医生。
堂 课堂 学堂 讲堂
研究工程学不一定在课堂里研究，有时要到有工程的地方去研究。
北大原来的名字不是大学，是大学堂。（第 62 页）

3. 对话，无明确标志。首段对话或复习上一课内容，或引出本课内容。其他各段都紧跟分组词汇展示，出现例释性兼交际性的对话。如第三课的部分对话：

白：马教授，私塾里也造就不少的人才。
马：是的，中国人从前求学只在私塾里。[1]（第 63 页）

对话出现词汇展示中的多数词语。每组"词汇展示"只有三四个，后接一段相关的"对话"；词汇展示和对话穿插并进。

4. 生词表，没有拼音和英文注释。[2]

5. 语法练习，大约有十多个小题。

---

① "白"是教材人物留学生"白文山"简称，"马"是教材人物"马教授"简称。后同。

② 极个别多音字标注了拼音，如：划 huá 船。

6. 讲话，基本是演讲。

7. 复述，多用叙述体复述上一课"讲话"内容。

8. 温习，列出十多个问题让学生回答；近似于提示学生复习的内容。

9. 问题，类似问答练习，内容涵盖词、语法、对话和讲话的理解等。

请看第一课部分内容：

第一课　开始上课

（一）1. 墨　mò　ink ……　21. 复 fù again(22)[①]　22. 述 shù narrate(22)……

（二）演讲

　　　王教授演讲了两个钟头。

　　　复述　录音复述

　　　我们功课里复述这个词儿是比较文一点儿。

　　　我是录音复述呢，还是写下来呢？

（三）白：我听了演讲以后做什么？

　　　马：你每次听了演讲以后，请你把听过的用录音机你自己再练习一次，给我听一听。看情形，也许有的时候你把演讲写下来给我看一看。可是最好还是录音复述。

（四）生词表

　　　2. 成　分成　4. 解释　解释明白　解释的明白　22. 复述

（五）语法练习

　　　1. 教中文他是很有经验的。

　　　6. 万教授到远大来演讲，讲题是"孔子的学说"。

　　　12. 校长才跟外国学生讲完了话，又得和教职员工开会。

（六）讲话

　　　诸位同学。今天是远东大学开学的第一天我代表全学校教职员工和所有的中国同学，欢迎诸位。……

（八）温习[②]

　　　1. 昨天我学了很多生词。还有例句，当时我就把生词写上注解，而且翻成

---

① 　括号里的数字标明该字在本课"生词表"中的顺序。如这里表示"复"和后边的"述"是词表中第 22 个复合词"复述"。

② 　第七部分"复述"，一般是复述上一课"讲话"内容。因此，第一课没有"复述"部分。

英文，万一忘了，一看就可以懂。

3. 中国的四书里有一本是孔子学生记下了孔子所说的话，都是文言文的。第一句话的意思，就是说，你学习的东西要时常温习。

5. 昨天的讲演，如果叫我复述一次多一半儿，我也许说不上来了。

7. 先生说："你念中文不满二年就能用白话解释生词，而且解释的明白，你真是好学生。"

（九）问题

1. 在校长的讲话里，说到孔子一句话，这句话是什么？是什么意思？

4. 翻译和翻成有什么不同？请你举一个例子来说明。（第 5—25 页）

以下从不同角度对课的构成部分进行论述，考察其特点、作用及不足。

（二）字词词组句子共现

每课"字表""生词展示和例句""对话""生词表"，都跟字词学习相关。

英文注释，字表有，生词表没有，不利于学习。汉语双音节复合词多由单音节语素构成。若语素义跟整词义一样，容易理解。如"复述"，词义透明度高；而且四个部分（字表、词汇展示、对话、生词表）先后出现，容易习得。若语素义跟整词义相去甚远，语义透明度低，这种方法就值得商榷了。如第一课的"解释"：

（一）字表 6. 解 jiě unite（4） 7. 释 shì release（4）

（二）词汇展示

4. 解释 解释明白 解释的明白

那个词儿很难解释。

我先把生词给你们解释明白，然后你们可以用英文写下来。

他解释的不明白，我还是不懂。

（三）对话 ①

（四）生词表 4. 解释 解释明白 解释的明白（第 5—25 页）

"解释"的词义与字表"解""释"的英文释义没有什么关联；单字的注释无法促进学

---

① 该课"对话"没有展现、讲解词语"解释"。

生了解整词义，还可能造成误解。最佳方法就是用英语注释整词。①

可见"字"导引词，有优点也有不足。教材应多考虑字与词的语义关联度。遇到语义透明度低的复合词，用母语解释最方便。

（三）"对话"的特殊功能

《高级汉字本》的对话，除了可展示词句、有交际性外，还有以下特点：

第一，介绍课程内容和学习方法，还可承上启下。如第一课的一段对话：

> 马：我们还有语法练习，也有温习，也有问题，最后是英文注释。我所说的你都清楚了吗？
>
> 白：清楚了。噢！请问马教授，我怎么学呢？
>
> 马：我们先把词儿念一念，会了以后再把例句念一念。都明白了以后，我们两个人马上用这几个词儿谈话。
>
> 白：这个法子非常好。（第 10 页）

很多教材的对话注重社会交际内容，课程教学内容少。《高级汉字本》把学习方法融入对话，同时学习生词，可有效促进学习。

第二，把课堂上教师结合实例的词义、用法解释直接写出来，方便教与学。如第二课：

> 白：马教授，生词里有"学制"这个词，我不大清楚。
>
> 马：学制就是每一个学校有一个学校的制度。中学和大学的制度不同。大学多半儿是学分制，有的是学年制。中学都是学年制。（第 32 页）

第三，通过对话展示生词的意思和用法。如第二课学完"（学）系、系主任、院系、历史系、物理学、物理学家、生物（系）"后的一段对话：

> 白：我想每一院系都不会有我们文学院的学生多。
>
> 马：因为中国是一个有 4 000 年文化的古国，所以外国学生多半儿到中国来是学中国文化的。
>
> 白：请问马教授，物理系和生物学系有外国学生没有？

---

① 即使只注释字，也应在若干义项中挑选最合适的。如"释"，用 explain 注释更好。

马：我知道物理系有两个日本学生。生物系有外国学生没有我不知道。

白：很多人说远大生物系很有名，系主任是那位？

马：系主任是一位很有名的生物学家，这里各大学常有人请他去讲生物学的专题演讲。（第 37 页）

有的对话涵盖多个功能。如第一课：

白：复述是什么意思？

马：就是你听了演讲以后，你同样的再说一次噻。复述这个词儿，平常说话不怎么用，书上报上常用这个词儿。（第 12 页）

既介绍了学习方法，又展示了"复述"意思、用法和语体特征。

（四）"语法练习"的特点

一般列出十多个句子，展示句中语法点；但没有术语和解释。如前面讲语法练习时，我们举出一个例句展示连词"才"。其实那个部分有好多"才"的句子，再举几例：

15. 他才听完了一位学者讲的孔子的学说，马上就要念四书。

16. 我们必得努力念书，才能得到实在的学问。

17. 他给我举了五个例子我才明白生词的用法。（第 21 页）

基本沿用明清时期西方人编写教材的理念，"内隐"式学习，通过大量例句和练习来"习得"语法。当然，"才"的几种用法①放在一起，如果教师不做适当讲解，学生难以掌握。

（五）复述、温习和问题的效用

这几个部分，基本属于现在教材中的练习。"复述"用叙述体复述上课的"讲话"。"温习"复习生词学习、对话、语法练习、讲话中的重点内容。参看前文所举第一课相关例子。

"问题"带有测试功能，针对前面讲述内容提问，包括输入理解、语法、输出等内容和形式。如前文所举第一课相关例子。再举几例：

---

①　这三例有三种用法：15 表示"才"后的动作刚结束，后一个动作紧接着发生；16 表示前一行为作为条件，"才"后的行为方能实现；17 表示"才"后的行为在前一个行为发生后才发生，强调发生得晚。

2. 远大的专题讲话讲题的范围是怎么样？是讲那一方面的？是什么人主讲？是在什么时候？

3. 远大的专题讲话这种课程你赞成吗？为什么呢？

6. 马教授对白文山用的是那种教学法？

7. 请你说一说书上专题讲话和会话里那个句子是比较客气的句子？

10. 你什么时候感到寂寞，什么时候感到快乐？（第25页）

本节"（一）课的基本构成"倒数第四行"（九）问题"中，列举了两个问题，问题1、4分别是阅读理解和词汇辨析。上几例，有的是课文理解（2、6）；有的基于课文谈看法（3、7），涉及教学法和语用；有的用自己经历遣词造句（10）。内容较丰富，有封闭/开放式两类。但仅有问答，形式相对单一。

（六）小结

《高级汉字本》每课构成，显示了编者对高级口语教材的设计理念及实施：（1）字词共现；（2）字词在句中展现意思和用法；（3）用大量实例让学生"习得"语法；（4）句子构成交际性语篇；（5）"复述、温习、问题"等构成多种练习，促进习得。这些二语教学理念，至今还有其先进性和科学性。

四、语体：德范克系列高级口语教材的关键

口语教学，不同阶段目标不同；语体选择，是决定教材层级和质量的关键。德范克系列重视不同阶段口语能力培养，尤其是《高级汉字本》。

陈昌来等论述过语体的实用性和科学性原则。[1] 汲传波认为中级阶段逐步培养学生语体意识很重要。[2] 曾毅平指出现有口语教材语体特征不够典型。[3] 冯胜利、王永娜认为，在语音、词汇、句法（句型）层面，均存在着语体分级；中文教学若要让学生真正具备说话"依法得体"（根据语法把话说得得体）的语言能力，则必须进行语体分级的教学。[4]

---

① 陈昌来主编《对外汉语教学概论》，上海：复旦大学出版社，2005年，第91—94页。

② 汲传波《中级综合汉语教材语体不对应研究》，《云南师范大学学报》（对外汉语教学与研究版）2009年第6期，第9页。

③ 曾毅平《对外汉语教材编写中的语体观》，载《第十届国际汉语教学研讨会论文选》，沈阳：万卷出版公司，2012年，第230页。

④ 冯胜利、王永娜《语体标注对语体语法和叙事、论说体的考察与发现》，载《汉语应用语言学研究》（第六辑），北京：商务印书馆，2017年，第30页。

遗憾的是，以往对口语教材，尤其是高级口语教材语体的研究很少。

本节对比《高级汉字本》与《高级汉语口语》1①、《高级汉语口语》2② 以及《高级汉语口语（提高篇）》③（统称为《高级汉语口语》），考察主课文语体选择及相关要素，并比对相关汉语教学大纲，比较英语教材，概括出高级口语教材语体设计原则。

（一）演讲语体

语体是教材编写的重要元素，是区分教学阶段的重要指标。周小兵等认为优质口语教材应层级递进，初级主要从对话体到陈述体；中级主要从对话体到独白体，从讨论到辩论；高级应包含论述观点的演讲和辩论。④ 先看《高级汉语口语》的语体情况。

表1 《高级汉语口语》主课文语体统计

	谈话	论辩	演讲	散文
《高级汉语口语》1	12	0	0	0
《高级汉语口语》2	12	0	0	0
《高级汉语口语（提高篇）》	7	0	0	5

《高级汉语口语》1、2 主课文均是谈话语体。《高级汉语口语（提高篇）》包括谈话体（58.3%）和散文（41.7%），后者不属于口语语体，放在精读、阅读教材里比较合适。

《高级汉字本》共24课，除复习课4课外，其余20课主课文均为演讲体。比如，关于中国语言这一话题，《高级汉语口语》用对话呈现，《高级汉字本》用演讲呈现。

《高级汉语口语》1第11课《乡音难改》（第122页）：

志强：我可不敢贪功。铃木在戏里学过一门方言课，还做过一点儿方言调查，所以能听出来。再说，你的口音也确实重了点儿。

李辉：没办法，乡音难改呀。说起来我到北方读书也有好几年了，普通话就是讲不好，词汇问题不大，可发音简直没办法。舌头就是卷不过来，"zh ch sh"和"z c s"总弄混，"h"和"f"也分不清，就拿我的名字来说吧，明明叫李辉（huī），可是我一说就成李飞（fēi）了。

---

① 刘元满、任雪梅、金舒年《高级汉语口语》（第1册），北京：北京大学出版社，2004年。
② 刘元满、任雪梅、金舒年《高级汉语口语》（第2册），北京：北京大学出版社，2004年。
③ 祖人植、任雪梅《高级汉语口语（提高篇）》，北京：北京大学出版社，2005年。
④ 周小兵等《对外汉语教学入门》（第3版），广州：中山大学出版社，2017年，第158页。

《高级汉字本》第 16 课《中国的语言》：

> 中国的语言是世界上重要语言之一。为什么能成为重要语言之一呢？有好几个原因。第一，中国地大人多，人口占世界总数的四分之一，在现在和将来的趋势，说中国话的人比说任何一种语言的人都要多。第二，中国文化已经有了好几千年的历史，是最丰富最优越的。除此之外，还有两个特点是语言学家所注意的。一个是有词调，一个是没有屈折。因为以上这几个原因所以从人类组织和思想学问的观点来看，中国语言是很有研究价值的。
>
> 现在我们先来谈谈中国语言历史的演变。……（第 466—470 页）

《高级汉语口语》举例说明中国方言的语音问题。《高级汉字本》以介于书面语和口语之间的演讲体介绍中国语言，涉及方言、汉语史及构词法等知识。后者更适合高级学习者需求。因为演讲体能满足"用正式口语表达自己看法"和提高篇章表达能力的要求。众所周知，高级阶段二语者要用口语发表多种形式的成篇表达，如教学成果汇报、读书报告、开学／毕业典礼发言、毕业答辩、求职报告、采访、主持、演说等。《高级汉字本》除了温习课和第 1 课欢迎词，其余 19 课都是学术型演讲稿：第 2—11 课以说明性表达为主，鲜有议论性语句；第 13 课开始议论性表达比重增加，有观点和结论。如第 13 课提出三个学习汉语的方法，采用道理论证、举例论证、对比论证等多种论证方法。

《高级汉语口语》跟初、中级口语教材比，只是课文拉长，高级及超纲词增加，句子结构难度长度增加；但内容仍是日常生活，形式仍是对话，没有表达观点的辩论体和演讲体。

（二）语体词注释

有些词汇能凸显语体特点，教材应做标注，教学应特殊处理。《高级汉语口语》有语体词注释，但仅限于标注、解释少数俗语、惯用语、文化色彩词语和语体词。如将"好汉不提当年勇"标释为"谚语"，"大腕儿"标释为"口语"，都有词义解释。但课文中大部分典型口语词却没有语体标注。如"破烂儿""打光棍儿"未标注为"口语词"；"弥平""大惑不解"等也未标注为"书面语"。《高级汉字本》则没有对任何词进行语体注释。

缺乏语体词注释，学生容易出现语用偏误。HSK 动态作文语料库显示，留学生在书面语体的求职信中出现以下语体偏误：

> *我非常希望去贵公司干活。（工作）
>
> *以此，我想我当贵公司的推销员最合适。（担任）

"干活、当"是口语词，不适合用在求职信中。此类偏误跟教材忽视语体解释有关。

（三）语体练习设计

《高级汉字本》练习参见前文相关部分。其生词学习用对话体，与主课文演讲体形成互补。练习题注重阅读理解及语体转换能力培养。如"复述"注重将演讲体转为叙述体；"问题"也涉及语体，如：

> 请你再看看演讲的句子，那个是文一点儿的？这个句子要是说话应该怎么说？（第 25 页）

《高级汉语口语》1、2 练习分三部分：课文，句式，讨论与调查。课文部分主要练习语调及句义理解，句式部分主要训练课文关联词。值得商榷的是，该教材练习题与主课文有的不对应。主课文以对话体为主，练习题却涉及辩论语体。如《高级汉语口语》1 第 11 课有辩论题（第 130 页）：

> A 方：一个国家应该统一使用一种语言。
> B 方：一个国家应该提倡不同方言的存在。

《高级汉语口语》2 的每一课练习都有辩论题。如（第 34 页）：

> 甲方：要实现男女平等，妇女必须走出家门
> 乙方：要实现男女平等，妇女不一定要走出家门

跟对话体比较，辩论体难度大得多。课文没有辩论体范文输入，不知道学生如何输出。

（四）与大纲的匹配

德范克系列教材编写时没有相应的中文教学大纲。但它与后来发布的中文教学大纲匹配度相当高。《汉语水平等级标准与语法等级大纲》[①]指出，高级阶段的学生应做到：

---

① 国家对外汉语教学领导小组办公室汉语水平考试部《汉语水平等级标准与语法等级大纲》，北京：高等教育出版社，1996 年。

　　能够就学习、社会生活的各种话题进行课堂讨论和辩论，能较有系统、较完整地发表自己的见解，并能进行答辩，能够进行大段表达。

《高等学校外国留学生汉语教学大纲》① 要求高等阶段的学生具备以下输出能力：

　　能就社会生活中的一般话题较为流利地进行对话或讲话，能较系统地、完整地表达自己的思想感情，有较强的成篇表达的能力。

　　教材在编写时应以大纲为主要依据，根据大纲要求设计各部分内容，满足学生中文学习需求。高级阶段汉语口语要求，应该符合大纲中提到的上述具体要求。

　　《高级汉字本》在词汇学习和对话表达基础上，着重用"演讲"方式培养学生使用带有一定书面语体特点的话语，围绕学习工作可能遇到的多种话题，进行成篇口语表达训练，符合二语学习规律。通过学习，可以"较系统地、完整地表达自己的思想感情"。相对而言，一些后出的高级口语教材，只拉长对话，希望学生围绕话题进行对话，加深词语、句式、语篇的复杂度，显然不能满足高级二语学习者口语表达的需求。

（五）英语教材的启示

　　陈坚林指出：英语教材主要是向学习者提供符合英语学习规律的语言素材和学习方法，也是用来根据学习者需求而制定的教学目标的资源。② 此观点对中文口语教材同样适用。编写者需要明确，二语者在今后的学习、生活和工作中，应该、可以用什么样的汉语进行顺利沟通和有效交流。下边以《英语口语教程》为例进行讨论。

　　《英语口语教程》以培养学生全面的口语能力为目标，分三册。《英语初级口语》③40课，主题多与日常生活相关，如饮食、购物、旅游等；形式以对话为主。《英语中级口语》④35课，主题逐步深入社会生活，如生儿育女、公共道德、人际关系等；形式过渡到以记叙文为主。《英语高级口语》⑤28课，内容包括对多种问题的辩论，如广告优劣、对时间的看法等；形式以完整的辩论稿呈现，训练学生的演讲能力。口语输出难度递增，可以满足通用

---

　　① 　国家对外汉语教学领导小组办公室《高等学校外国留学生汉语教学大纲》，北京：北京语言大学出版社，2002 年。

　　② 　陈坚林《大学英语教材的现状和改革——第五代教材研发构想》，《外语教学与研究》2007 年第 5 期，第375 页。

　　③ 　吴祯福主编《英语初级口语》，北京：外语教学与研究出版社，1993 年。

　　④ 　吴祯福主编《英语中级口语》，北京：外语教学与研究出版社，1993 年。

　　⑤ 　吴祯福主编《英语高级口语》，北京：外语教学与研究出版社，1993 年。

英语不同学习阶段的实际需求。

对比《英语口语教程》可以看出，《高级汉字本》的设计，从对话到演讲的过渡，贴近当代二语教材新理念，能满足学习者初中高级阶段不同的交际需求。

结 语

德范克《高级汉字本》虽然编写于 20 世纪 60 年代，但其教材设计理念对于今天的国际中文教材编写仍有启发意义。

第一，整体重视字词句篇的教学，打通汉语表达各层级语言单位的联系，可促进高级阶段学生整体的口语表达能力提高。

第二，有机结合一般社会日常交际与高级阶段专业学习需求，为中文学历教育课程教材编写树立了典范。

第三，词汇分组学习和会话分段进行，协同发展，把词语教学、教学法阐释和交际互动语篇融为一体，有效促进学生交际技能和教学技能的双向发展。

第四，以"演讲体"为主要形式，围绕有价值的系列专题（含丰富的中国社会文化和多样化学术专题）展开主课文，为高级二语口语学习开启新的教学模式。

德范克系列的成功，依靠德范克和他的团队。德范克本人是汉语二语学习者，编写教材有二语学习的亲身体会和丰富经验，并具备坚实的语言学、二语学习理论基础。团队成员都是美国一线中文教师（包括华裔汉语教育专家和骨干教师），了解学生水平和实际需求；加上语言学、教学法理论的学习实践，才能打造出如此优质的中文教材。如果不是一线教师，即使学了再多的语言学、教学法知识，也不可能编写出好教材。

英语二语教材专家 Tomlinson 和 Masuhara 论述过鉴定优质二语教材的多个指标，如吸引二语者学习，能满足不同阶段学习者需求，能诱发有实效性的学习等。[①] 尽管德范克系列还有一些不足，如内容有些滞后，语言不够规范，[②] 交际任务和练习内容形式不够多样等；但整体看，该系列教材确实体现了二语教学的先进理念，有很多成功的经验值得学习和借鉴。

---

① Tomlinson, B. & Masuhara, H. (Eds.), *Research for materials development in language learning: Evidence for best practice*, London: Continuum, 2010.

② 德范克 1930 年代在中国学了三年汉语。德范克系列中的内容，有的跟他学习汉语时的情况相似。

19世纪末法国耶稣会法汉双语汉语教科书
——以江南代牧区和直隶东南代牧区为中心

张美兰

（香港浸会大学中文系）

摘　要：法汉双语汉语教材在19世纪末法国汉语教育史上占有重要的地位。文章主要介绍19世纪末法国传教士在华传教期间编写的汉语方言和官话的法汉双语教科书，其中《土话指南》《汉语入门》分别代表法国耶稣会在江南代牧区和直隶东南代牧区教科书的水平，同时也反映了法国耶稣会在华传教南北不同地域的不同特点，从一个侧面展现了代牧区主导人物的重要地位。

关键词：法汉双语教材；法国汉语教育史；《土话指南》；《汉语入门》；耶稣会士

引　言

法国的汉语研究有着悠久的传统。最早关于汉语的研究成果是法国传教士金尼阁（Nicolas Trigault）撰写的《西儒耳目资》（1625，杭州）。该书是用拉丁字母书写的关于明代后期的北方官话语音的中文字典。此后的传教士马若瑟（Joseph de Prémare）、巴赞（André Bazin）、顾赛芬（Séraphin Couvreur）、戴遂良（Léon Wieger）、微席叶（Arnold Jaques Vissiere）等都有相关的汉语研究成果。

胡书经（1983）曾将法国汉语研究的历史划分为初步探讨汉字注音的草创时期（1610—1814）和汉语教学的确立时期（1814—1900）。[①] 在法国汉语教学确立时期的19世纪末，仍然有法国本土汉语教学和法国在华的汉语学习两股力量并行。如在法国本土有 Kleczkowski Michel Alexandre（1818—1886）[②] 编撰的 *Cours Gradual et Complet De*

[①]　胡书经《法国汉语教学与研究的历史（简述）》，《语言教学与研究》1983年第2期。

[②]　Kleczkowski Michel Alexandre 伯爵曾在法国外交部任职，1847年开始为君主担任汉语第一翻译，1871年继任儒莲在东方语言学校教授汉语。该信息由巴黎东方语言学院刘可有博士提供，特别感谢。

Chinois Parlé et Écrit（《汉语实用渐进全套教程》，1876）。据该书"前言"所述，这本书是为了快速培养翻译人才以用于外派中国而编写的，课程设计为3—4年。从编排体例看本书为法汉双语。此种汉语教材有两类，一类供含公职人员的一般人使用，另一类则专为传教士编写。在华法国人的汉语教材编写也有两股主力军，一类是在华传教士，一类是在华公职人员。如晚清法国驻华领事馆外交官于雅乐（Camille Clément Imbault-Huart, 1857—1897）在1885年所编 *Manuel de la Langue Chinoise Parlée, à l'Usage des Français*（《法国人用汉语口语教科书》）[①]，内容包括语法、会话、词汇。于雅乐根据自身的汉语学习经历、外交工作经验和文献翻译心得编写的这本教材，在形式上"效仿欧洲已经出版的英语、德语、西班牙语等语言教材"，在内容上以"数以万计的大清文人作品"为语料来源，以"官话"这种"资产阶级和商人们的共用语言"为教学内容，并从语法要素、话题索引和词语总汇三个方面着手，沿用西方语言的学习模式，既能满足迅速学会汉语的需求，又能适应运用于工作生活的客观要求，是一本适合"汉语初学者们"入门的"实用书籍"。编者着力于对初级汉语口语语法的介绍及词句整编，秉承了以"实用"为主，尤其服务于公务的编教理念。[②] 于雅乐1887—1889年还编撰了 *Cours Eclectique Graduel et Pratique de la Langue Chinoise Parlée*（《京话指南》），共四卷，大开本，前三卷讲语音、短语和句子应用，第四卷语篇（"话章"）是小故事集，篇幅跟《语言自迩集》差不多，为法籍人士学习北京官话（中国首都语言）专门编辑。内田庆市指出"从它的书名可以猜到这本书大概是参考《官话指南》来编的"[③]。专供传教士学习汉语的书籍开始出版则是到了19世纪的事情。本文主要探讨19世纪末在华传教士的汉语教材编写情况。

一、南北两个代牧区主要汉语教材

1840年鸦片战争以后，法国耶稣会先后在中国上海徐家汇和直隶河间府成立了一南一北两个传教中心——江南代牧区（1847）和直隶东南代牧区（1856）。在传教过程中，汉语学习成为首要任务之一，因此产生了专门供法国人学习汉语口语的系列汉语教材，这在法国汉语教育史上有很重要的学术价值。一百多年过去了，我们来回顾这段历

---

① 全书共143页，目录4页、前言3页、语法规则介绍24页、句子及简单会话32页、会话高频词语总汇65页、附录13页及空白页2页。1885年由北京北堂印刷厂印刷出版。分析讲解中国北方官话。以会话为主，从实用角度出发，关注常用句型，贴近生活实际。参阅王海姣《19世纪法国外交官于雅乐〈法国人用汉语口语教科书〉研究》，上海师范大学硕士学位论文，2020年。

② 详见王海姣《19世纪法国外交官于雅乐〈法国人用汉语口语教科书〉研究》。

③ 内田庆市《近代西洋人的汉语研究——汉语语言学的"周边"研究法》，《国际汉学》2012年第2期。

史,也有特别的意义。本文力求探讨当时这一南一北两个不同代牧区编写的汉语教材特点,以及它们对今天法国的汉语第二语言教学的借鉴意义。

我们分别调查了南北两个不同牧区所编写使用的汉语教材。特别有意义的是,以代牧区为中心的汉语教材都结合了所在中心地域的个性特点。江南代牧区面对的是上海话的方言学习,因此有了地域口语教材《土话指南》(1889,中高级汉语方言教材);而直隶东南代牧区面对的是河间府的北方官话,所以有了带有河间府特点的北方官话口语教材《官话常谈指南》(1890,初级入门汉语,法英汉三语)、《汉语入门》(1892—1912,初级与中高级)。这些教材都有法文翻译和注解,成为国别性的汉语教材。

(一)东南代牧区

目前我们对东南代牧区法国传教士的信息了解不多,这里主要介绍董师中(师中董)为上海话教材《土话指南》进行的法文翻译和注解。该文本被用作法国人学习上海话的口语教材。

法汉双语上海方言版《土话指南》(1889;1908 年第二次印刷)由上海土山湾慈母堂出版,三卷,全书内容体例完全依据 1881 年在日本学者吴启南、郑永邦的帮助下编撰的学习北京官话的教材《官话指南》,是《官话指南》前 3 卷《应对须知》《官商吐属》《使令通话》的上海方言翻译本。《土话指南·序》曰:"《官话指南》本为东洋吴君所撰,分有《应对须知》《官商吐属》《使令通话》等门,洵足为有志官话者初学之助。司铎师中董君见而爱之,译以法语,并音以西音,于难辨之处加以注译。是以西士来华,莫不先行诵习,奉为指南。然于松属传教士,不克其用,未免有恨,概欲译以松属土音为快。余姑就众情,勉按原本,译以方言。惟其中有几处省郡等名,不便译出,故将原本地名少为权易,且末卷《官话问答》倘译以土音,更不合宜,故特舍而不译。颜曰《土话指南》者盖就《官话指南》之颜而颜之也。"本书方言译者待考,法文则为法国传教士董师中翻译。该书对研究 19 世纪 80 年代上海话的语音,尤其是词汇语法面貌有很大的价值。本书的一大特点是依据《官话指南》一句一句沪语对译,为我们提供了与之直接对应的沪语文本,同时也保留了 19 世纪 80 年代法语的面貌。

本书是以江南代牧区为中心为在沪松属法国传教士学习沪语专门编译的方言教材,而且"译以松属土音为快"。这里的沪语是以松江府为中心的老派的沪语,也说明了法国传教士在上海土山湾活动的重要性。该书是 19 世纪末至 20 世纪初对外国传教士进行上海话教学的课本,也是反映 19 世纪末 20 世纪初上海方言口语面貌的重要文献。例如:上海话中用"脱"表示动结式的结果,相当于官话的"掉""去",如"埋脱、忘脱";"子"助词用于动词后表示完成,相当于现代汉语的"了";"野、势、紧、非凡、非常、异常"

等程度副词后置于动词的用法多于前置用法；取物、拿物曰"担"；戏扰不已曰"嬲"；一会儿曰"一歇"，晚一会儿曰"晚歇"；"又"同音写作"亦"；外边曰"外势"；刚刚曰"刻刻"；女孩曰"囡"；朋友曰"相好"；日子曰"日脚"。《土话指南》以对话的形式生动形象地记录了 19 世纪末 20 世纪初上海话的语音、词汇、语法等各个方面，不拘泥于《官话指南》原文，但又顺应原文，并与沪语对译，翻译讲究自然、地道。此书对研究当时上海方言的特色、变迁以及与官话对照研究近代词语、语法异同等都起到十分积极的作用。[①]

（二）直隶东南代牧区

1. 顾赛芬编撰的法英汉三语《官话常谈指南》。

顾赛芬（1835—1919）1870 年来中国北方献县传教，1890 年出版了《官话常谈指南》（*Langue Mandarine Guide De La Conversation Français-Anglais-Chinois Contenant Un Vocabulaire Et Des Dialogues Familiers*）。这是一本河间府地区的官话口语初级教材，也是他在中国编写的唯一一本汉语教材。在"序"中顾赛芬提到"官话不仅是中国知识分子的口头交际语，还是绝大多数中国人的口头交际语……学好官话能帮助学生和中国人进行交流"。该书分语音、词汇、语法三部分。与法国远东学院汉语拼音系统不同，顾赛芬在威妥玛拼音系统的基础上，结合法语中的发音创制了一套较科学的拼音系统。本书以话题为中心，将 2 000 多个汉语常用词集中编排，并明确分成名词、动词、形容词、代词、副词、介词六类，进行了简单介绍和交际口语句子的对应翻译。本书还在课文中对疑问句和祈使句、比较句、"有"字句进行了介绍。[②]

2. 戴遂良的《汉语入门》。

法国耶稣会传教士戴遂良（1856—1933）于 1881 年来华，与顾赛芬一起常年在河间府（今河北献县）传教。从 1892 年开始，他在河间府编纂出版了六卷本的汉语教材《官话入门：汉语口语使用教程，供赴直隶东南部传教士使用，河间府日常口语声韵》（*Koan Hoa Jou Men. Cours Pratique de Chinois Parlé à L'usage des Missionnaires du Tcheli S.E. Sons et Tons Usuels du Hokienfou*），该书成为直隶东南代牧区汉语口语重要教科书。这套以《汉语入门》（原书总序设计的是《汉语汉文入门》）为总书名的教材分《汉语口语入门》六卷与《汉语文言入门》六卷。[③]

第一部《汉语口语入门》（*Rudiments de parler chinois*）六卷，以河间府官话口语写成，

---

① 张美兰《〈官话指南〉汇校与语言研究》，上海：上海教育出版社，2017 年。

② 罗贝《法国传教士顾赛芬〈官话常谈指南〉研究》，上海师范大学硕士学位论文，2017 年。

③ 《汉语入门》第一卷在 1892 年由河间府天主教会印刷所出版，1895 年再版。这一套丛书共 12 卷，其他卷册分别单独出版，直到 1912 年。有的并没有冠以《汉语入门》的总书名。

着重介绍了河间府语音、词汇、语法面貌，同时通过宣教口语、民间传说口语、传统文化口语的译介来说明当时河间府口语的对应表达。该系列教材的第一卷有上、下两册，是初级汉语教材。刘亚男（2017）[1]介绍了丛书第一部《汉语口语入门》中第一卷的面貌。第一卷含上、下两册，分别于 1895 年和 1899 年出版，页码连编、体例一致、内容连贯，有前言、正文和附录三个部分，其中正文由语音、语言结构、措辞三部分组成，采用"汉字—罗马字拼音—法语译文"的编排体例。语料中有 325 篇课文和 10 篇对话，22 万余字。刘亚男重点介绍了其中的语音、语法和词汇面貌，并在调查当今河间地区方言的基础上，论证了《汉语入门》第一卷教材的语言特点。

目前我们还没有见到第一部之第二卷。根据"总序"所言，本卷当属耶稣会教义方面："要理问答，用汉语传授《福音书》等"。第三、四、五、六卷都是汉文口语材料与相应的法文翻译和注解。第三卷（1897）专门进行耶稣教义的口语说解。第四卷《道德与民间习俗》（1905）包括两部分内容：第一部分为儒家思想的民间训诫及老百姓恪守的道德信条如尽孝、手足、治学、节俭、克己、齐家等，以及道家和佛教对于信徒的训诫，均取自各家典籍。第二部分从新年、婚礼、丧葬等方面专门介绍了河北地区的民间习俗，是当地田野考察记录。与第三卷一样，本卷通篇用河间府口语改编而成，语料价值极高。第五卷和第六卷《民间传说》（1903）共 63 篇课文，主要取自《今古奇观》《聊斋志异》《官话指南》，表面看来是民俗方面的著作，实际上是中高级汉语教材，成为直隶东南代牧区汉语口语教科书中高级教材。邢心蕊（2019）专门介绍了《民间传说》这一教材的词汇特点。[2]

第二部《汉语文言入门》六卷为书面语及文化课本，因非口语材料，兹不赘述。我们会在下文讨论教材语体特色时论及。

二、两个代牧区口语教材的异同特点

（一）两者的相同点

1. 利用已有汉语口语教材或素材改编成适合编写目的的新教材。

《官话指南》在 1881 年出版以后，成为外国人学习北京官话口语非常流行的教材。而在上海的法国传教士为了方便传教，急需一本上海话的口语教材，于是逐句翻译《官

---

① 参见刘亚男《戴遂良与河间府方言文献〈汉语入门〉》，《文化遗产》2017 年第 2 期；刘亚男《清末河间府方言文献〈汉语入门〉语法研究》，中山大学博士学位论文，2017 年。

② 邢心蕊《清末汉语教科书〈汉语入门〉词汇研究》，广州大学硕士学位论文，2019 年。

话指南》，就有了上海话版的《土话指南》。这个过程是一个官话与方言文本的再创造的过程，至少为外国人学习上海话编写了一本新的方言教材，为学习目的语上海话打下良好的基础。

顾赛芬的《官话常谈指南》借鉴了西方初级汉语教材的模式，创制了新的拼音方案，重词汇和词法，轻句法，有各种话题的家常语和会话文选。从"序言"可见，本书受威妥玛《语言自迩集》的影响很大。

戴遂良《汉语入门》第一卷上、下两册有《语言自迩集》语音词汇部分的影子。《汉语入门》第三卷是宣教的口语材料，而第四、五、六卷的编写材料完全是充分利用原有的汉语材料进行了北方官话的再编撰，与《语言自迩集》中的《谈论篇》类似。

2. 进行了法文全文的翻译和注解。

《土话指南》先由《官话指南》翻译改编成沪语文本。法国人 Henricus Boucher 将《土话指南》翻译为法文，同时他还编写了一部与之配套的法语版的注音和注释本。这个本子每页的上方为《官话指南》汉语原文，下方为字词的注音和释义。

《汉语入门》的编排形式是每两页为一组，左页为汉语汉字文选，右页分上、下两部分，上面是注音，下面是法语的翻译。其后的《汉语入门》第三、四、五、六卷也都采用每页法汉对照翻译的体例。

双语教材在海外汉语教材史上早有先例，在此前的法国也有先例。从双语背景角度去设计编写第二语言汉语教材，是一个可以借鉴的方法。回顾早期西方人的汉语学习历史，我们发现，许多有影响的汉语教科书在编写过程中都曾有过把汉语材料翻译成外文或利用已有的外文翻译材料。英国人罗伯聘（Robert Thom，1807—1847）所编的北京口语教科书《中国话》（*The Chinese Speaker*），其大部分内容就是把《正音撮要》翻译成英文，形成了英汉双语二语习得教材。威妥玛的《寻津录》《语言自迩集》处处都显示出从英汉双语角度来习得北京官话。

（二）两者的不同点

1. 东南代牧区。

《土话指南》是《官话指南》的沪语翻译，作为教材直接是课文的呈现，没有关于汉语口语语音、词汇、语法三者内容的说明和介绍，是汉字文化圈的邻国日本学习汉语的传统教材模式。而法国汉语教材则是承继西方印欧语系地区学习汉语的传统，因而汉语教材的模式有语言、词汇、语法、汉字、文化等内容的综合介绍和解释。顾赛芬的《官话常谈指南》几乎还在词汇和句子排列的层面，但戴遂良的《汉语入门》则是费尽了心血，在第一卷对汉语的语音、文字、词汇、语法特点有系统的介绍。第三、四、五、六卷则是整段整段文选的选集，进入中高级教材的层次。其中第四卷《道德与民间习俗》是对汉语文献的选择介绍；第五、六卷《民间传说》部分，没有直接引用已有的汉语口语教材，而是根据中国文化的不同角度，选择了不同背景的汉语文献进行再加工，涉及面广泛，比《土话指南》更加复杂，且只有一篇直接来自《官话指南》。因此，这部教材从某种程度上记载了 100 多年前河间府的官话口语。

不过，东南代牧区还有没有其他有代表性的教材，相关信息还有待挖掘。

2. 直隶东南代牧区。

语言是传教士布道的基础，北方传教区传教士在河间献县这个北方城市非常重视教区汉语教材的建设。根据当地的官话特点编撰新的教材。以戴遂良《汉语入门》第五、六卷《民间传说》为例，编撰中的改编是一大特色。

（1）将明代白话短篇小说集《今古奇观》的内容改编到教材中。

戴遂良选择《今古奇观》作为改编的文本，将其中长短不同的片段改编为法汉双语北方官话教材的文选，如第七卷《灌园叟晚逢仙女》、第十卷《女秀才移花接木》、第十四卷《吕大郎还金完骨肉》《滕大尹鬼断家私》《宋金郎团圆破毡笠》《怀私怨狠仆告主》《李汧公穷邸遇侠客》。其中的篇目如第 40 课来自《三孝廉让产立高名》，第 48 课来自《陈御史巧勘金钗钿》，第 50 课来自《看财奴刁买冤家主》，第 58 课和第 59 课来自《两县令竞义婚孤女》（正话和入话），第 63 课来自《刘元普双生贵子》《灌园叟晚逢仙女》。从明代小说集《今古奇观》到《汉语入门》，戴遂良根据汉语口语教材的需要对原文进行了大幅度的结构调整和语言转换。

法国耶稣会有译介中国传统名著的传统。耶稣会传教士马若瑟不仅写了《汉语札记》（*Notitia Linguae Sinicae*，1831），还曾把中国元曲《赵氏孤儿》翻译改编成法文（*Tcho-chi-cou-eulh; ou, L'orphelin de la Maison de Tchao, tragédie Chinoise*）[1]，这是欧洲人首次将中国戏剧翻译出版。《今古奇观》在法国的译介较早。耶稣会士殷弘绪（Francis Xavier d'Entrecolles，1662—1741）把明代《今古奇观》中第 20 卷《庄子休鼓盆成大道》、第 29 卷《怀私怨狠仆告主》、第 31 卷《吕大郎还金全骨肉》三篇译成法文，也是首次把《今古奇观》介绍给欧洲人。法文版《赵氏孤儿》和《今古奇观》都收录在《中华帝国全志》（*Histoire Générale de la China*，1735）的第三卷内。殷弘绪翻译的三篇小说，有两篇的篇名在《汉语入门》中出现，也许戴遂良是延续了这一传统。[2]

---

① 马若瑟在将《赵氏孤儿》翻译成法文时，剧中的宾白对话翻译了出来，唱的曲文以及剧末的诗文未译。

② 清末《今古奇观》在欧洲的各种译本迭出，有单篇成文的，也有选译其中数篇汇成一册的。《今古奇观》先后被译成多种语言，足迹遍布世界各地。详见宋莉华《〈汉语入门〉的小说改编及其白话语体研究》，《社会科学》2010 年第 11 期。

（2）将清代文言短篇小说集《聊斋志异》的内容改编到教材。

戴遂良选择《聊斋志异》[①]，将其中的《赵城虎》《考城隍》《劳山道士》《狐嫁女》《长清僧》《陆判》《种梨》《妖术》《任秀》等九篇从文言改编为河间府地区官话口语编入教材。汉语教材不应只考虑到语言教学的适用性，还应当兼顾其文化传达的功能，特别是对水平较高的学生，语言教材应包含语言之外的风土人情、文学与文化等更多的信息。

很有意思的是瑞典汉学家高本汉（Klas Bernhard Johannes Karlgren）在编辑《北京话语音读本》（*A Mandarin Phonetic Reader in The Pekinese Dialect*，1918）[②]后半部分的"读本" 20 篇时，将戴遂良《汉语入门》中涉及《今古奇观》的 12 篇文选和《聊斋志异》中的 2 篇文选共 14 篇纳入其中，并用隆德尔方言字母逐字进行标音转写。高本汉在选择文本时有一个标准："任何感兴趣的人都可以轻易地找到对这些文本用某种欧洲语言所进行的很好的翻译。"正是因为《汉语入门》是法汉双语的，所以才会被选中并且在其中占了很大比重。

（3）语言与文化的全方位吸收。

在河北河间府，顾赛芬曾翻译过《论语》《孟子》《中庸》《大学》（1895）、《诗经》（1896）、《书经》（1897）、《礼记》（1899）、《〈春秋〉和〈左传〉》（1914）、《仪礼》（1916）等大量的中国典籍，出版过《法汉常谈》（*Dictionnaire français-chinois contenant les expressions les plus usitées de la langue mandarine*，1884）、《汉法词典》（*Dictionnaire chinois-français*，1890）、《小汉法词典》（*Petit Dictionnaire chinois-français*，1903）、《法文注释中国古文大辞典》（*Dictionnaire classique de la langue chinoise: suivant l'ordre alphabétique de la prononciation*，1892）等四本法汉双语工具书。顾赛芬同时进行拉丁文与法文翻译，他的教材《官话常谈指南》不仅受西方汉语教材模式的影响，而且是法语、英语与汉语三种语言对照。法英双语释义表明它的适用读者当是所有来自欧美各国、以法语和英语为母语的来华西人，有通用语教材的性质，适用面较广。因此，他的这一教材，截至 1926 年已再版 11 次。[③]

---

① 英人禧在明（Walter Caine Hillier，1849—1927）编撰了汉语教材《华英文义津逮》（*The Chinese Language and How to Learn It, London: Paul, Trench, Trübner*，1907），将《聊斋志异》13 篇文言翻译成北京官话，其中《劳山道士》《北城虎》与《汉语入门》篇目相同，但两者翻译不同。该书收入翟赟、郭利霞主编《西人北京话教科书汇编》，北京：北京大学出版社，2017 年。

② 该书是高本汉《汉语音韵学研究》的姊妹篇，1918 年出版。该书用英文写成，前半部分对北京话的声韵母、声调、重音等语音的各方面进行了详细的介绍和讨论，涉及北京话中许多十分重要的语音现象。后半部分是 20 篇文选。详见高本汉《北京话语音读本》，北京：北京大学出版社，2017 年。

③ 罗贝《法国传教士顾赛芬〈官话常谈指南〉研究》，第 8 页。

同在河间府，戴遂良不仅关注传统文献，对早期的志怪小说、民间信仰、元曲、明清小说、儒释道文化等也都有很大的兴趣，并将口语与书面语纳入一个系列教材中。《汉语入门》作为一套汉语教材，我们能看到其中有类似《语言自迩集》的特点：第一部分六卷除第二卷没有得到信息外，第一卷两册是类似《语言自迩集》前半部分的语音、词汇、语法概述与散语、续散语的架构安排。第四、五、六卷类似《语言自迩集》第一版中的《谈论篇》，而《谈论篇》是将清代初年的《清文指要》加工成北京官话的口语教材读物。第二版中的《莺莺传》，将《西厢记》改编成北京口语材料泛读内容。它们之间有共同的特点，即将已有的汉语文献进行加工。第五卷《民间信仰》则是利用中国明清时期的文学作品，将之加工成为河北河间府地区官话的口语教材读物。但是《汉语入门》将教材的宗教色彩加强，在第三、四卷大量利用传统文献改写和河间地方民俗文化的调查记录，这是远远超越《语言自迩集》的。这是两个不同团体编写教材的宗旨差异所在。从系列教材的体例看，戴遂良显然受到了比其稍早出版的威妥玛《语言自迩集》的影响，而其学术质量和所提供的语言信息量并不逊色于甚至超越了《语言自迩集》。

戴遂良设计编撰的《汉语入门》教材是一个宏大的计划。其"总序"介绍，丛书总书名为"汉语汉文入门"，分两个部分共十二卷。其中第一部分《汉语口语入门》六卷。第一卷：前言、语音、语言结构、措辞、法语词汇表、汉语词汇表；第二卷：要理问答，用汉语传授《福音书》等；第三卷：周日和节日的真言誓词等；第四卷：道德与民间习俗，理论；第五、六卷：实用道德，民间故事。第二部分《汉语文言入门》六卷。第七、八卷：处事道德，从未出版的小说中选取的风俗场景，半文言形式；[1] 第九卷：古典书籍的用词索引表，用于辩论和阐述的带有不同时代评论的道德与哲学著作；[2] 第十卷：非古典哲学家用词索引表，异端儒家、佛家、道家；[3] 第十一卷：必备的历史书，根据《通鉴纲目》和《纲鉴易知录》写成，里面穿插了整篇的对传教士有用的话和事件以及从历史和文学典籍中选取的古代和现代的剧本；第十二卷：补篇，汉字基础课（1900）。[4] 上述十二卷都在河间献县印书房出版了，只不过有些并没有冠以"《汉语汉文入门》第 × 卷"的字样。第二

---

[1]　1909 年出版的《中国近代民间传说》（*Folk-lore Chinois Moderne*），中法双语刊印，选译了 222 个故事，材料来源于志怪小说《列仙传》《神仙传》《广异记》《搜神记》，传奇小说《西游记》《异闻总录》《神仙通鉴》《列仙通纪》《聊斋志异》《红楼梦》《新齐谐》《剪灯新话》《古今图书集成》《阅微草堂笔记》等 80 多个中国作品集。全书译介中国文学共计 422 页，正文采用竖排版式，每页左侧印有中文原文，右侧是法语译文。这也属于来华传教士向欧洲大量译介中国古典文学作品的一种，从法文翻译角度上去分析对中国传统文化的认知也很有价值。参见尹永达《戴遂良〈现代中国民间故事〉一书的耶稣会色彩》，《天津外国语大学学报》2014 年第 6 期。

[2]　1906 年出版《哲学文集》（*Textes Philosphiques*），汉法双语刊印，这是一本以儒释道三家思想为核心的文集，旨在说明佛道两家是中国思想完整而不可或缺的部分。

[3]　《历史文献》（*Rudiments Textes Historiques*，1903—1905），汉法双语刊印，从汉语口语角度看，语料价值很高。

[4]　刘亚男《戴遂良与河间府方言文献〈汉语入门〉》《清末河间府方言文献〈汉语入门〉语法研究》。

部分的六卷都是独立成册。

《汉语口语入门》六卷和《汉语文言入门》六卷之间明显有口语和书面语两大语体的区别，而书面语中贯穿了中国的历史、哲学、民俗文化。法国传教士努力地融入中国文化，也有意识地将中国儒释道以及民间文化赋予宗教色彩。

威妥玛编写的汉语教材有《语言自迩集》（1867）与《文件自迩集》（1867），《文件自迩集》主要服务于海关等公职人员。学界曾经批评戴遂良的汉文著作涉及面太宽，浅尝辄止，这是从汉学角度去评判的。如果从汉语作为第二语言习得角度来看，也许就更能看出戴遂良设计编撰这一套十二卷含口语和书面语两种语体的汉语教材的良苦用心。因为每一卷作品的篇幅都很大，是一个很大的工程。这也是直隶东南代牧区汉语教材的一大特点。河北的献县在中国北方既不是中心大城市，又没有具备与外界方便迅速沟通能力的教区，但却因这套汉语教材在法国对华传教史上享誉西方。

结　语

19 世纪末法国在华耶稣会士编撰了一批汉语教材，这批汉语教材在世界汉语教育史上占有重要的地位。它们具有以下特点：

（一）编撰目的明确，专供本国耶稣会士所用，专为地域教区服务，以传教受众所使用的方言口语为汉语学习的主要目的语，尤其关注了代教区所在地的方言和官话特点。法语沪语版《土话指南》和法语河间府北方话版《汉语入门》分别代表了法国耶稣会在江南代牧区和直隶东南代牧区一南一北传教的地域特点。

（二）编撰内容实在。一方面以当时的口语为主要传播媒介，借助当时流行的各种官话教材，以学习汉语为第一要素。一方面紧密结合中国文化传统，在教材的改编中借助传统文献、明清小说，突出了汉语中的中国文化要素。法国耶稣会士一直有一个传统，即努力把自己融入中国文化，这些文化元素在他们编撰的教材中得到充分体现。

（三）编撰模式实用。母语和目的语相互参照的双语模式，是跨语言二语习得教材编写很好的范例。法国耶稣会士严谨踏实的风格在法汉双语教科书中得到体现，教材不仅有法文翻译还有法文注解，对耶稣会士学习汉语提供了方便。《土话指南》成了外国人学习沪语的教科书。

（四）编撰突显创新。从《官话指南》到《土话指南》是北京官话与上海方言的跨越，从文言小说《聊斋志异》短文到《汉语入门》中的文选是旧式文言文到北方话口语的跨越，从旧白话小说《今古奇观》短篇小说到《汉语入门》中《今古奇观》选文是旧式白话到北方口语白话的跨越。虽然这在海外汉语教材的编写体例中不是法国耶稣会士的独创，但是从汉语到法文的翻译与注解则是法国耶稣会士的独创，尤其是《汉语入门》从第一卷的当地口语词汇句式的实录、第五卷的文学作品的白话文改编和第六卷文言文的法汉对译。这也从某种程度推动了清末民间的白话文运动。

（五）一条龙服务体系。两者都由当时闻名的印书房出版，即献县印书房（始建于1876 年）和上海的土山湾印书馆。从明到清，法国耶稣会在华有三百多年的历史，代教区都有自己的出版印刷机构，从教材的编写出版到传播使用形成了印刷出版链。这促进了教材的流通和传播使用，也是汉语传播不可缺少的媒介，直至今天对我们的汉语海外传播仍有着直接的指导意义。

《改革开放 40 年汉语的变化和发展》出版

　　戴昭铭等著《改革开放 40 年汉语的变化和发展》近日由商务印书馆出版。

　　该书为国家社科基金后期资助项目最终成果。全书从语言功能和汉语可能性角度充分肯定新时期的汉语变化。主体部分分别从词汇系统、词义、造词方式、句法构造、修辞手段、语体、标题语言的变化发展以及语言规范化等方面描述改革开放 40 年来汉语与社会共变的实况并论析其动因，从而揭示汉语在适应社会变革和为社会转型服务过程中表现出的巨大社会功能和强大生命力。本书有理论观念的创新性、全面性显示的集成性、独到性表现的原创性等特色，是用社会语言学理论和方法研究当代汉语变化的新成果。

19 世纪英国汉学中商贸汉语教材的话题特征
——以麦都思的《汉语对话——提问与句型》（1863）为中心 *

方环海[1]　　钟烨[2]

（1. 厦门大学国际中文教育学院　2. 信阳市教育体育局）

摘　要：麦都思是英国汉学的重要代表，为中国文化的西传作出了重要贡献。文章将对其编写的商贸汉语教材《汉语对话——提问与句型》作一介绍，将该教材的四十多个话题划分为四大类别：计算兑换类、文化知识类、通商交易类、日常对话类，并对每一类别下的小话题进行归类和阐释，从而对该教材进行梳理，以期对专业性汉语教材的话题选择提供一定的借鉴。

关键词：麦都思；商贸汉语教材；话题

一、早期商贸教材的编写背景

从游记汉学，历传教士汉学，经专业汉学，到现代中国学，西方汉语国际教育已有 400 年历史，西方人编辑出版的汉语国际教育教材丰富多样，为我们今天研究那一时期的本土汉语教材提供了非常难得的研究资料。

值得注意的是，从 16 世纪西方传教士来华开始一直到 19 世纪上半叶，西方人编辑的商贸汉语教材并不多见，主要原因在于自明代开始，特别是清代初期执行极其严厉的海禁政策，中外之间的商贸活动受到严格管制，明文规定"寸板不许下海""片帆不准入口"，甚至是凡有船只私自出海，不论君民，一律问斩。到 1757 年（清乾隆二十二年），

---

* 本文系教育部中外语言交流合作中心国际中文教育创新项目"汉学视域下国际中文教育的四维特色案例库建设与研究"（项目编号：21YH019CX2）、国家社科基金项目（项目编号：15BYY052）、教育部人文社会科学规划项目（项目编号：13YJAZH021）的阶段性成果。

清政府索性废除闽海关、浙海关和江海关，只保留粤海关一处口岸。[①] 对海外西洋等国，"概不准其贸易"，甚至马戛尔尼率团来华商讨英国"在京设商馆"等贸易问题，乾隆皇帝直接下旨回绝："至尔国王表内恳请派一尔国之人住居天朝，照管尔国买卖一节，此则与天朝体制不合，断不可行。"[②] 字里行间透出的毅然决然的拒绝语气令人生畏。另外，1759年（清乾隆二十四年）、1809 年（清嘉庆十四年）、1831 年（清道光十一年），清政府先后制定《防夷五事》《民夷交易章程》六条、《防范夷人章程》八条等，[③] 对外国人在华的商贸活动进行特别限制，可以说官方层面的中外贸易几近隔绝。直到鸦片战争之后，西方列强用坚船利炮强行打开了中国的大门，相关不平等条约的签订使得清政府被迫放开了对外国人商贸活动的限制，由西方人特别是传教士们自发编写的商贸汉语教材应运而生。其中，由英国的麦都思（Walter Henry Medhurst，1796—1857）所编《汉语对话——提问与句型》（*Chinese Dialogues: Questions and Familiar Sentences, literally Rendered into English, with a View to Promote Commercial Intercourse, and to Assist Beginners in the Language*，1844，1863）就是具有代表性的一本。[④]

麦都思系伦敦传道会传教士，是继马礼逊（Robert Morrison，1782—1834）、米怜（William Milne，1785—1822）之后来华的重要传道士之一，也是 19 世纪中西文化交流史上一位比较有影响的人物，作为《圣经》《书经》等典籍的译者，在长期的译介工作中打下了良好的理论基础，积累了丰富的翻译经验。除了翻译中国典籍，他还著述、编纂词典、创办报刊，为中国文化的西传作出了重要的贡献。[⑤]《汉语对话——提问与句型》，从英文书名中的"*Commercial Intercourse*""*Beginners*"等词语即可见这本书是专为刚开始从事商贸活动的人群所编，是一本专门的经贸汉语教材。该书 1844 年由伦敦传道会出版社印刷发行，1863 年出版了小麦都思（Sir Walter Henry Medhurst，1823—1885）作了修改的修订版。根据盐山正纯的研究，两个版本之间在语音、词汇、语法等方面稍有差异，比如"几多钱"（1844）—"要多少钱呢"（1863）等；但两个版本有

① 陈佳荣《中外交通史》，香港：学津书店，1987 年，第 529 页。其实，需要补充说明的是，就是在如此高压之下，欧洲国家与中国的贸易仍有开展，比如乾隆二十九年（1764），欧洲国家通过海上贸易，对华出口达 364 万两白银，对华进口达 191 万两白银，到了乾隆五十二年（1787），英国与广州之间的商船达 62 艘，道光六年（1826）已达85 艘。中美之间的贸易在乾隆四十九年（1784）已经开展，19 世纪初期，美国每年对华贸易值达到 1500 万元—1600万元，每年抵华商船约有 30—40 艘。参见陈佳荣《中外交通史》，第 564 页。

② 乾隆皇帝给英国乔治三世的圣旨，《清实录》，1793 年。https://www.sohu.com/a/307293592_99929905.2021-07-09。

③ 陈佳荣《中外交通史》，第 530 页。

④ Walter Henry Medhurst, *Chinese Dialogues: Questions and Familiar Sentences*. London: The London Mission Press, 1844 / 1863.

⑤ 邹振环《麦都思及其早期中文史地著述》，《复旦学报》（社会科学版）2003 年第 5 期，第 99—105 页。

关商贸的整体内容并无多大改变，只是具体的细节表述有所差异。① 因此，我们以 1863 年修订版为研究对象。

目前学界对早期域外专门用途的汉语教材有所关注，关注的多为东亚地区韩国与日本的商用汉语教材，如张美兰论述了明清时期日本、朝鲜商用汉语教科书各自的编撰特点、类型、历史贡献及其对当今商务汉语教材的影响，② 而对西方人编写的商贸类汉语教材的关注不多。麦都思这本教材专为来华经商人员所著，以话题形式呈现，帮助他们了解中国国情、通商条款以及和中国人打交道的日常用语，涵盖内容十分广泛，涵盖大大小小话题共 44 个，主要涉及几个大的方面，比如涉及商贸交易中的银钱、兑换、丈量单位、通商条款；日常社交中的打招呼、问路、衣食住行等；当地生活中的一些问题，包括当地人的性格、衣着打扮、工作等。每一个话题下都会列举一些常用的问句或对话，用英语完整翻译的同时，也对每一个字词的意思作了注解。

这本教材主要包括一些问题和常见句子，逐字逐词逐句用英语翻译、表达，并加注音标，对一些概念还在下面添加了备注。我们之所以说这是一本"专门"的商贸教材，正是因为整本教材通篇在各类话题中不论是否直接涉及经商，都是以商贸为主旨并贯穿全书，教材中涉及的话题大都是为了英国商人更好地在华经商，为后世的商贸汉语教材编写提供了很好的参考材料。本文拟对该书的话题进行梳理与分类，并进行总结与评价，并分析该教材对目前商务汉语教材的借鉴价值。

二、话题分类和讨论

我们将《汉语对话——提问与句型》一书中涉及的 44 个大大小小的话题进行分类总结，大致将其分成四大类：计算兑换类、文化知识类、通商交易类、日常对话类。详见表 1：

表 1　《汉语对话——提问与句型》的话题分类

分类	话题
计算兑换类	数目、称法、长度单位、量地、量粮食、银钱、称重、兑换汇率
文化知识类	官员、外国人和当地人、房屋、衣着、疾病、奴役、溺婴的恶俗、中国的信仰、中国的历史、名人、米、劳动工作、租房、建房、商店的招牌（较出名的当地特产）、六十花甲子、一天的时间

① 盐山正纯《麦都思汉语教材中的部分官话》，《文明 21》2011 年第 26 期，第 37 页。
② 张美兰《从明清海外商务汉语教材的编撰看商务汉语教材的历史》，《海外华文教育》2011 年第 2 期，第 84—91 页。

续表

分类	话题
通商交易类	手工业、出口、买卖（运送货品情况）、平底帆船、贸易（生意情况）、交易协议、贸易（货物的清点、查验、验单、程序、规定、注意事项）、通商条款、问答（茶叶零售、丝绸销售、棉花、羊毛呢制品、棉纱、生丝）
日常对话类	杂句、出行、问答（与商店老板的对话、与朋友的交谈、与仆人的对话）

以上四类囊括的话题有大有小，有一两句带过的小话题，比如溺婴的恶俗、名人、米、平底帆船等，也有占据大量篇幅的大话题，比如商店的招牌、六十花甲子、通商条款、杂句等。其中占据篇幅最大、描写最细致的一个话题就是通商条款，全书共 225 页，几乎花费了五分之一的篇幅对通商条款进行了详细的介绍，足以突出这本教材的核心要素以及主要针对的人群：这是一本专门针对英国来华经商的人群所编著的商贸汉语教材，并不是一本普适性汉语教材，而是针对特定人群的专业性汉语教材。可见，晚清的西方汉学家们已经开始根据专业性质编著个性化汉语教材，这一点在我们今天的汉语学习和推广中仍有很高的借鉴价值。

根据以上四个话题的分类和所占篇幅，我们发现文化知识类和通商贸易类是麦都思在编著教材时主要考虑的内容。仔细考察文化知识类中的内容，会发现这些话题，如官员、外国人与当地人、劳动工作、商店的招牌等也是为了更便利地进行贸易往来。比如设置官员话题，是为了对政府官员脾气秉性、办事作风、职权大小有一定了解，以方便其经商；设置外国人与当地人话题是为了考察当地百姓对于洋货和洋人的态度，从一定程度反映洋货受欢迎的程度；设置劳动工作话题一定程度上是为了雇用当地百姓做劳工，以补充劳动力。以上仅是列举的一些典型话题，其他分类及其下设话题或多或少都与主旨商贸有关，麦都思确实将商贸的目的隐性地贯穿在了整部教材的话题选择上。

下面我们对每一种大的分类进行详细介绍：

（一）计算兑换类

这一大类别下涵盖了八个话题，包括数目、称法、长度单位、量地、量粮食、银钱、称重、兑换汇率。前五个话题是这本商贸教材一开始就提及的部分。

"数目"（Numerals）这一话题下涉及数字的大小写格式，并专列了用于记账的码字，而且在下边的注释中解释了不同的数字格式用于不同的场合，比如"一二三"用于公众场合，"壹贰叁"则用于填写支票以满足精确或安全的需要，码字则主要用于会计记账。难能可贵的是，麦都思还举例说明了"二"的另一种表达方式"两"——主要用于人、动物、物件和金钱，比如"两个人""两只猪子""两百块钱"等，这使得这本教材的口语色彩更加明显。

"称法"（Weights）这一话题下列举了"忽、丝、毫、厘、分、钱、两、斤、旦"等单位之间的换算比率。我们常说"差之毫厘，失之千里"，可见毫厘已经是很小的单位了，而"忽、丝"则是更加细小的单位，可知这本教材的详细程度。下文的注释中涉及了中英之间的称重单位的换算标准，并说明这个换算标准是不断变化的。后面的章节中也补充了中英之间的称重差异，以及一些日常食用品如米、油的称重单位表达。

"长度单位"（Long Measure）这一话题下列举了"分、寸、尺、丈、步、里、度"；"量地"（Land Measure）这一话题下列举了"步、亩"；"量粮食"（Dry Measure）这一话题下列举了"合、升、斗、石"，这三个话题详细说明了各种长度单位、面积单位、重量单位的换算，同时在英文翻译中加注英式单位的换算，让来华经商人员更加清晰地了解各种单位之间的换算，以便从事商贸活动。

"银钱"（Monies）这一话题下列举了各种规格的银钱如"洋钱、华边、一元、双烛、大头、四工、小洋钱、半块钱、对开、四开、八开、纹银、元宝、方宝、细丝、元丝、中锭、钱票、汇单"等，达 19 种之多，包括中国本土的货币。但遗憾的是，这一话题下并未给出各种银钱之间的换算，并且在英译时也存在一些不当。但后文中，麦都思在"兑换汇率"话题稍作补充，交代了洋钱和银子之间的换算比率大约是 100 : 72，同时要考虑成色、市价等因素。

总之，这一类话题的设置和编写是为了使来华经商人员了解中英数字和换算之间的差异，在进出口和贸易往来中，能够熟练运用中国的各种丈量、称重单位。虽有不够完善之处，但在当时的时代背景和条件下，已经堪称详尽。

（二）文化知识类

文化知识类下设话题非常丰富，涵盖了有关那个时代的中国历史、习俗、信仰、人民生活等各个方面。来华经商人员想要更好地在中国经商，就必须首先对中国的国情有一定的了解。因为来华经商牵扯到很多方面，比如政府许可、货品受喜爱程度、百姓的好恶、人民的生活、劳动力雇用等。因此，在文化知识类下设了如官员、外国人和当地人、衣着、劳动工作等话题，都是很有针对性的。

"官员"这一话题下设计了一些问句，也是初到中国的外国人必须了解的，比如官员姓甚名谁、住在何地、几品官、有多大职权、名声好坏、口碑如何，等等。我们知道，在晚清政府一直采取闭关锁国的对外政策下，经商得到当地政府官员的支持是非常重要的。正是考虑到这一点，麦都思将"官员"单独列为一个话题。

在"外国人和当地人"这一话题中，主要涉及当地人对外国人的态度以及当地人的性格、贫富状况、对洋货的好恶。这就是一种经商策略，受众人群的喜好是经商的关键。

关于"房屋"的话题下设了"房屋""租房""建房"三个次话题，主要涉及房屋材质、租赁价格、建造价格等。外国人来华经商要么租房居住，要么选择一块地，按照洋房的要求自己找工匠设计建造，他们比较关心的一个是价格，一个是中国的工匠能否设计出洋房的布局。

"衣着"话题虽然简单两句完结，询问当地人衣服的布料，但依旧是一个非常重要的话题。了解当地人的喜好，了解当地人常用的布料，才能使洋货有更好的销路。

"疾病""奴役""溺婴恶俗"三个话题，是探讨中国社会问题的小话题。比如传染病发病缘由、发病季节、遏制情况；做奴仆的人多不多，做奴仆是家庭贫困所迫还是自愿；等等。这些都是当时普遍的社会问题。

"中国的历史""名人""中国的信仰"这几个话题都属于文化层面的介绍，很简略，但必不可少。比如"中国的信仰"话题主要讲的就是儒、道、佛，而信仰又是跨文化交际中非常容易产生冲突的方面，因此涉猎和了解一些是很必要的。"中国的历史"和"名人"话题主要介绍了大将和诗人，可以成为来华传教士和商人茶余饭后与当地人的谈资。

"六十花甲子"和"一天的时间"两个话题就是介绍中国的时间算法和表达。

"米"这一话题介绍了中国稻谷米饭的区别、米的价钱等。

文化知识类下占篇幅最多的是"商店的招牌"这一话题。之所以将这一话题归入文化知识类，是因为教材并没有跟经商直接有关的语句，而是在介绍各地、各路、各商店比较出名的物品，比如各省的名茶、各地的酒坊、出名的绸缎、贡烛、香料、香烟等，这些内容占据 12 页多的篇幅。对来华经商人员来说，了解各地的名优特产，便于他们更合理地进行贸易活动。

文化知识类对中国的方方面面都作了介绍，有详有略，有助于宣传中国知名商品，促进贸易出口，也有助于英商了解中国社会问题、人民生活基本情况等；有助于英商与中国人进行沟通交流，同时也帮助减少一些因文化差异造成的不适，大大便利了英商在中国的日常生活。

（三）通商交易类

这一大类是整个教材的核心，也是重点内容，突出了商贸教材的主旨。这一大类下主要包括通商货品种类、通商渠道（交通工具）、通商条款、交易注意事项等几个方面，基本涵盖了贸易互通往来的要点。

"手工业"以及"问答"的一部分子话题是关于经商货品的种类。"手工业"这一话题主要问及当地是否生产盐、瓷器、蓝靛等货品，写得比较简略；"问答"这一话题中茶叶零售、丝绸销售、棉花、羊毛呢制品、棉纱、生丝等六个子话题是关于具体的商品特质及其销售情况。比如"茶叶销售"主要是关于茶叶的名称、价格、产地、烘焙方式、茶叶品质描述等,以及经商人员在进口时对价格的商定情况;"丝绸"主要问及产地、种类、花色、价钱等;"棉花"多是问及来源、产地、本地和外洋价钱对比等,也涉及中国的气候与棉花的产量和时间。"羊毛呢制品"因是进口货物,因此除了价格、花色、中国人喜欢的颜色、不好出售的花色之外,还提到了销路问题,主要是在中国的北方,气候严寒地区销量较好。这些商品都是当时洋人非常喜欢的中国特色商品,因此麦都思将其列为专门话题以供出口参考。由此可见,除了商品价格外,对于通商货品的种类及其特质教材描写也非常细致,考虑也非常周全。

通商渠道也属于略写部分,只提到了一种交通工具,就是船只,问及船只的种类、载重量、每年来往船只的数量、码头规模及效益等,充分体现了商人所关心的问题——利益和效益。出口和进口所依赖的船只也是当时商贸往来的主要运输方式。

交易注意事项主要出现在"贸易"这一话题下,包括货物的清点、查验、验单、程序、规定等方面。比如说管货的人可以帮忙查看货品价值、对尺寸作详细说明,可以指出货品单的记录是否正确,还可以拆开几件给官役细看;再比如说货品单查验完了应该怎么办、货物不应该在栈里查询、买办的人员不应行贿受贿等。这些大部分是细节问题,都是在交易运送查验中的注意事项,都是专为经商人员所制定的规章制度。

我们注意到,在通商交易类下存在三个跟贸易、买卖有关的话题,但是每一个的侧重点都不相同。"Merchandise"我们译为"买卖商品",这一子话题主要是一些问句,问及出口货品的一些情况,比如出口的货什么比较多、出口运送到哪里去之类的问题,比较简略。后面有两部分都是以"Trade"为名的子话题,但侧重点不同,"Trade1"主要问及生意规模,比如"每年出入的货品值多少银子"或者"今年生意比往年生意大么"之类的问题,属于略写章节;而"Trade2"就是上文提到的贸易中的注意事项,所占篇幅较大,属于详写部分。

通商条款不仅是整个通商交易类中最大最重要的话题,也是整本教材中占最大篇幅的一个话题。这一话题主要介绍了中国和英国签订的和约 56 条的大意。这一话题占了整本教材的五分之一(第 65—111 页,全书共 225 页),详细描写了在华经商时的各种规定,为来华的商人做足了准备。

我们必须站在历史的大背景下来看待这个和约。鸦片战争,清政府战败,被迫签订了《中英南京条约》,因此和约的倾向性是非常明显的,几乎所有的条款都是在为英商提供便利,损害中国人的利益,而给予来华的英国人最大程度的包容和忍让。细看这 56 条和约的内容,可概括为以下八点:(1)英人在华租地买房、雇用工人、传教、行走游玩等,只要不违反法律,当地官员不能阻碍,英人在华享有极大的自主权。(2)如果英人在华犯了罪,比如偷漏走私、虐待、散播不正当言论等,要送交领事馆,地方官员不得随意处置或者凌辱；如果中国人触犯了英人的利益，也由自己国家处理。（3）设定了英国船只可以通行的水域：扬子江到汉口。同时要设三处关口以便稽查。（4）清政府积极保护英国商贸行为，若遭遇盗贼、商品搁浅等，当地中国官员应该妥善处理，保护英国在华人员的利益。（5）香港问题，比如经贸往来、犯人潜逃等问题牵涉到香港应该如何处理。（6）纳税细则，如一次性纳税、缴纳船钞的规定、修改税则等。（7）英船进口的细则和规定，中英意见出现分歧时报请领事馆和海关，条约细则的中英文版有意义差异时，以英文为准。（8）不能用"夷"字称呼英人，各处都应该以礼相待。将来和别国立约时新增加的利益英人也一并享受。

通商交易类是整本教材的主体部分，内容涉及出口海外的货品种类特质及价格、进出口的一些规章制度，以及当时英国和清政府签订的通商条款等。虽然作者没有对这些话题作主观评价，但从话题选择中可以看出对英国来华商人及其利益的主观倾向性。

（四）日常对话类

在日常对话类，我们划分了三个部分，分别是杂句、出行、问答。除"出行"外，其余都是既有疑问句又有陈述句，其大意都是介绍中国日常交谈以及经贸往来所需的一些话题和句子。我们可以把这一类分为日常对话类和商贸对话类，因为不仅包括日常生活所需的一些常用语，还包括很多生意往来的对话。

"杂句"部分的话题，都是一问一答式的话语编排方式，包括日常生活的方方面面，比如饮食、采购、打招呼及询问，与做生意有关的船、码头、货品种类、问路、询问中国文字的笔画和解释、土话和官话、对中国话与中国字的理解及学习难度、邀请吃饭、约定时间、一些中国式客套话、敬酒时的婉拒、餐桌上的对话、生病等，可以说是在中国生活、和中国人打交道必不可少的一些常见话题。

"出行"部分的话题主要是问句，问及中国的路况、水域和交通工具的一些具体情况，以备英商出行时使用。比如路况中包括距离、路的宽窄、陡峭与否、大路小路等；水域主要是问及涨潮和退潮、水的深浅、水流缓急等；交通工具主要就是渡船，包括渡船大小、载重、价钱以及渡河需要的时长等。

"问答"部分设很多话题，所占篇幅超过 100 页，也就是花费全教材接近二分之一的笔墨。内容所涉范围十分广泛，包括与商店老板的对话、与朋友的交谈、与仆人的对话以及关于茶叶零售、丝绸销售、棉花、羊毛呢制品、棉纱、租房、建房等话题，其核心还是与经商有关。关于茶叶零售、丝绸销售、棉花、羊毛呢制品等方面的内容，我们在通商交易类已经探讨过，这里主要探讨与商店老板的对话、与朋友的交谈、与仆人的对话这三个下设话题。

"与商店老板的对话"中充满了中国式的寒暄与客气，比如"久违、请茶、托福、岂敢、改天再来照顾你"等，是商人交往中比较客气和礼貌的说辞。更多的是问及生意情况，比如"今年生意怎么样？""为什么生意冷淡？"以及对这些问题的回答。"与朋友的交谈"中写到的是做官的朋友和经商的朋友之间的对话，互诉不易，礼貌的同时也表达了真切的情意。但是"与仆人的对话"就明显分出社会的尊卑等级，主人多用祈使命令的语句和谴责的反问句，一般是发出命令和表达不满，如"来！""大厅上有收拾干净吗？""倘然不见了东西立刻就告诉东家恐怕日久越发没有踪迹更加难找了"等。内容多是日常干活儿的细节和注意事项，而仆人多是唯唯诺诺式的应答。这就能反映出麦都思对中国的亲疏关系和等级制度的了解，在编写教材时将中国式的语气拿捏得很到位，不同身份等级、不同关系的人们对话交谈的方式和语气也是截然不同的。

这一类话题的选择，不仅将日常生活所需话题介绍给来华经商的英国人，我们认为更多的是侧重将中国式的对话方式和中国式礼貌客气的语气介绍给来华商人，希望其学会更加本土化的地道表达方式和人际交流方式，在不同的文化背景下更好地交流才能更好地开展贸易活动。

三、结论与评价

经过梳理，教材所包含的四十多个话题，根据内容相关度可分为四大类。这本书的语言材料很多来自日常对话，当然其中也不乏条约规章等内容，所以兼具书面语和口语的双重色彩。语音、词汇、语法等语言要素也都具有晚清的时代特征和历史特征，对这一点学界已经有所研究，对此我们不再赘述。

因这本书是专门的商贸类型的教材，所以麦都思将主旨穿插在每一个类型的话题中。此类特殊用途性的汉语教材的优势即是针对其专业目的，合理地选择教材话题，每一个大类别的设立、每一个话题的选择都是有其作用和思考的。紧紧围绕其所需话题，使得汉语学习更加有针对性。目前汉语教学界，许多商务汉语教材比较多的是迎来送往的商务招待活动，涉及商贸层次的内容比较浅。[1] 不过，早期麦都思的这本商贸教材却是根据

---

① 参见刘乃华《商贸汉语中洽谈语言的特性及其教学》，《南京大学学报》（哲学·人文科学·社会科学版）1998年第3期，第184—189页；路志英《商贸类汉语教材编写和研究的基本情况述评》，《云南师范大学学报》（对外汉语教学与研究版）2006年第5期，第28—33页；汤玲《论商贸汉语口语的词汇教学》，《中山大学学报论丛》2006年第10期，第40—43页；李欣欣《体验式教学法于初级商务华语教学中的应用》，《台湾华语教学研究》2016年第12期，第43—66页；李彩连《内容语言整合学习的商务华语课程设计：以〈读财报买股票〉为例》，《台湾华语教学研究》2019年第18期，第37—51页；郭妍伶、杨雁婷《台湾商务华语教材分析研究——以〈各行各业说中文（1）〉及《〈全球商务华语（1）〉为例》，《远东通识学报》2021年第1期，第43—49页；Shuai Li, "Pragmatics information in selected Business Chinese (BC) textbooks in the U.S.", *Chinese as a Second Language* 2 (2016): 191–217.

"需求"导向而编写出来的，来华外国人经商需要什么，教材就涉及哪类话题。商人需要了解什么，教材就应该介绍什么，因此话题的选择在专业性质的汉语教材中是非常重要的，可以使得学习者在短期内快速习得所需的内容。

当然，客观理性地说，我们尚无法考证和监测这本教材的教学效果，对于各种语言要素的分类教学，这本教材也未曾涉及，其中还存在一些错误或者由于时代的发展已经废弃的汉语表达。如果说这是一本针对汉语初学者的汉语教材，我们存疑，但必须承认，这本专业用途的汉语教材，在当时的时代背景下对来华商人具有很强的实用性和专业性，对于西方汉语教材的研究也具有较大的历史借鉴价值。

蒋绍愚《汉语词汇语法史论文三集》出版

蒋绍愚教授的《汉语词汇语法史论文集》和《汉语词汇语法史论文续集》先后在 2000 年和 2012 年由商务印书馆出版。

《汉语词汇语法史论文三集》是蒋绍愚教授在 2010—2020 这十年间发表的论文的选集，共收论文 18 篇。这些论文分为六组：（1）有关汉语史研究的总论，讨论什么是文言，什么是白话；什么是口语，什么是书面语；口语和书面语各有什么语体等。这些都是学术界普遍关注的问题。（2）对汉语史上词义和句法关系的思考，以往这两者都是分开研究的，其实两者有密切的关系。（3）对汉语（特别是上古汉语）语法史一些问题的讨论。（4）对汉语词汇史一些问题的讨论。（5）与《汉语大词典》修订相关的一些问题，涉及词典的义项、注音、释义、书证等多方面的问题。（6）讨论北京话和普通话的关系，以及中小学古诗文教学的一些问题。这些论文记录了蒋绍愚教授在十年间对汉语历史词汇学和汉语历史语法学的前沿问题的思考和探索，具有很高的学术价值。

太田辰夫的清代旗人文献与语言研究[*]

王继红　马楷惠
（北京外国语大学中国语言文学学院）

摘　要： 太田辰夫是汉语史研究领域著名的日本学者。旗人汉语是阿尔泰语系语言与汉语（包括方言）发生语言接触的产物，也是太田辰夫清代汉语研究的重要内容。太田辰夫对旗人汉语、"满洲语"（即满语借词）及北京话进行有意识区分，推测旗人汉语形成的原因。太田辰夫还整理了多部旗人文学类文献，从历时视角考察旗人文学作品中满语借词的使用情况，为北京话研究提供了重要材料。

关键词： 太田辰夫；旗人汉语；满语；北京话

前言

太田辰夫（ŌTA Tatsuo，1916—1999）是日本著名的汉语学家，对中国的汉语史研究产生了重要影响。已有学者分不同专题对太田辰夫的汉语研究进行了全面综述。

汉语史研究及相关著作译介。汉语史研究包括汪维辉《太田辰夫的汉语史研究在中国》^①、竹越孝《太田辰夫的近代汉语研究——以"汉儿言语"说为中心》《日本中古汉语词汇语法研究概观——以四位重要学者的研究成果为主》^②。著作译介主要包括蒋绍愚、徐

---

　　* 本文为国家社科基金冷门绝学和国别史等研究专项（项目编号：19VJX096）"清代满汉合璧《百二老人语录》校注与语言研究"阶段性成果，中央高校基本科研业务费专项基金资助（项目编号：2022JX016）"区域语言接触视角下语言变体的关联与演变"阶段性成果。

　　a　汪维辉《太田辰夫的汉语史研究在中国》，《中国语研究》（第58号），2016年，第1—9页。

　　②　竹越孝《太田辰夫的近代汉语研究——以"汉儿言语"说为中心》，《中国语研究》（第58号），2016年，第10—17页；竹越孝《日本中古汉语词汇语法研究概观——以四位重要学者的研究成果为主》，《中文学术前沿》（第十三辑），杭州：浙江大学出版社，2016年，第59—64页。

昌华译《中国语历史文法》[①],江蓝生、白维国译《汉语史通考》[②]。另外,王魁伟《从〈汉语史通考〉看太田辰夫的语料观》《读太田辰夫〈中国语历史文法·跋〉》[③]介绍了太田辰夫对汉语史研究语料的选择与判断。

汉语方言研究。太田辰夫对北京话,特别是清代北京话进行了具有开拓意义的研究。山田忠司《太田辰夫的北京话研究》[④]、佐藤晴彦《太田辰夫先生对清代北京话研究的贡献》[⑤]全面地介绍了相关成果。另外,大西博子《太田辰夫的吴语研究》[⑥]介绍了太田辰夫在吴语方面的研究成果。

清代旗人文献挖掘与语言研究也是太田辰夫研究中很有特色的内容,但至今尚未得到充分的整理与考察。清代旗人汉语的形成与东北方言、华北方言及山东方言关系密切,旗人汉语的发展对北京话和普通话的形成也产生了重要影响。八旗入关之前,辽东地区便开始语言教学与翻译工作。八旗入关之后,作为移民群体的旗人在社会和家庭语言生活方面都发生了较大变化,这个分布于京城及各驻防地的庞大移民群体又对当地语言造成了不同程度的影响。[⑦]总而言之,清代旗人汉语研究的语言学意义在于,它可以为北京话与官话发展史研究提供第一手材料,有助于实现中国翻译史(汉外翻译与民族语言翻译)的完整书写,也有助于探索清代翻译与语文教育的实践与成果。太田辰夫既是汉语学习者,又是杰出的汉语教学者与研究者,加之外国人的他者视角,所以能够敏锐地注意到旗人作为语言学习者在二语习得方面的种种细节,娓娓道来,令人叹服。

一、旗人汉语与北京话、满语借词的区别

(一)旗人汉语的广义与狭义之别

在太田辰夫的著作中,旗人汉语有广义与狭义之别。"旗人使用的阶级的方言叫旗人语言[⑧]。

---

① 太田辰夫《中国语历史文法》,蒋绍愚、徐昌华译,北京:北京大学出版社,1987年第1版,2003年第2版。
② 太田辰夫《汉语史通考》,江蓝生、白维国译,重庆:重庆出版社,1991年。
③ 王魁伟《从〈汉语史通考〉看太田辰夫的语料观》,《汉语史学报》(第十一辑),上海:上海教育出版社,2011年,第289—293页;王魁伟《读太田辰夫〈中国语历史文法·跋〉》,《中国语文》1995年第2期,第158—160页。
④ 山田忠司《太田辰夫的北京话研究》,《中国语研究》(第58号),2016年,第18—24页。
⑤ 佐藤晴彦《太田辰夫先生对清代北京话研究的贡献》,《语言学论丛》(第五十八辑),北京:商务印书馆,2018年,第346—356页。
⑥ 大西博子《太田辰夫的吴语研究》,《中国语研究》(第58号),2016年,第25—31页。
⑦ 俞敏《驻防旗人和方言的儿化韵》,《中国语文》1987年第5期,第26—31页。
⑧ 太田辰夫先生在原文表述中使用的是"旗人语"一词,"旗人の用いる階級の方言を旗人語という。その中には満洲語のものもあるが、それ以外の漢語と推定されるものを狭義の旗人語とよぶことにする。"不同译者在汉译本中有"旗人语""旗人语言""旗人汉语"等。

其中虽也有满洲语[①]，但除此以外被推定为汉语的，称为狭义的旗人语言。"[②] "旗人使用的特殊语汇中，可以推定是汉语的，叫作旗人语。多数是称呼。"[③] 入关后的旗人汉语会受到移民目的地语言的影响，比方说，生活在北京的京师旗人也会逐渐掌握北京话，但是他们仍然保留着旗人群体的社会方言。广义与狭义旗人汉语的区别就在于是否包含满语借词。

狭义旗人汉语的本质特征是汉语。旗人口中和笔下的旗人汉语来源于华北方言。"通常说的八旗，有满、蒙、汉之分。汉军由旧时移居满洲的汉民族编成，他们从根儿上说是从山东、河北一带来的移民。到清代，旗人（包括满蒙汉）居住在北京的内城（驻在其他地方的也有），非旗人的汉人被集中移往外城（南城）。由于上述原因，可能在旗人间通行一种特殊的方言，虽基本上和汉民族用的北方话无大差别，但有若干特殊语汇（特别是关于称呼的）。笔者把这叫旗人语。"[④]

（二）旗人汉语与北京话的差别

太田辰夫曾经在多篇论文中努力挖掘可以用来说明北京话与旗人汉语异同的语言事实。旗人汉语与满语借词是京师旗人群体语言与北京话存在差异的重要原因。太田辰夫在《满洲族文学考》（106 页）引用了安次二郎《北京话》[⑤] 中关于满语借词与旗人汉语的说法：

> 因为清朝在北京建都二百多年的原故，所以北京话里头也有满洲话，比方说，皮袄的贴边，也叫豁罗，大腿根儿的里边儿叫哈拉巴，煮豆腐叫咕嘟豆腐，大苹果叫虎拉车，点心叫饽饽，原来这都是满洲话，现在已经变成北京的俗话了。还有现在北京的旗人，他们的祖宗本来是满洲人，话哪，说的是北京话，可是称呼上跟北京人不一样，管爸爸叫阿妈，管妈妈叫奶奶，管奶奶叫太太，管少爷叫哥儿，管姑娘叫妞儿，您就拿儿子来说吧，人家要问："这是您的少爷么？"他们回答说："是，

---

① 太田辰夫作品中的"满洲语"其实有两个含义。一是指满族所使用的语言满语，二是指旗人语言里的满语借词。只有在直接引用日语原文及汉语译文原文时，才会使用"满洲语"一词。"满洲"（满语为 manju）这一名称的出现始于皇太极。清太宗天聪九年（1635），皇太极去珠申（女真），以"满洲"为本族统一的民族称谓。这一用法后来被"满族"替代。参见姚大力、孙静《"满洲"如何演变为民族——论清中叶前"满洲"认同的历史变迁》，《社会科学》2006 年第 7 期，第 5—28 页；马伟《"满洲"：从族名到地名考》，《东北史地》2013 年第 3 期，第 62—67 页。

② 太田辰夫《满洲族文学考》，白希智译，满族文学史编委会学术年会材料之二十三，中国满族文学史编委会，1976/1980 年，第 105 页。

③ 太田辰夫《汉语史通考》，第 232 页。

④ 同③，第 230 页。

⑤ 安次二郎《北京话》，《华语月刊》84 号，1940 年，第 7 页。

这是我们二爷。”称呼自已的儿子是爷，这也算很奇怪的事儿吧。还有上那儿去，说上那儿喀，喀就是满洲话的去，像这个喀字儿跟那个爷的称呼，除了旗人之外，北京人是不那么说的，所以不能说是北京话，只能算北京的旗人话吧！

太田辰夫发现《儿女英雄传》与《品花宝鉴》中的副词存在较多差别。“《品花宝鉴》用的是北京话，但跟《儿女英雄传》等旗人语不同，是基于北京外城（南城）居住的汉人的语言，在探讨普通话来源上有重要作用。”[①] 比方说，副词“刚才”与“才刚”的分布差异。据太田辰夫考察，“刚才”作为文学语言，更占优势，从明代开始广泛使用。《儿女英雄传》中使用“才刚”，但却未用“刚才”。在更早成书的《品花宝鉴》中，使用“刚才”，但没有“才刚”。结合《昌黎方言志》《江苏省和上海市方言概况》《湖北方言调查报告》《现代吴语研究》等其他方言志对上述两个词语的收录情况，太田辰夫认为，这是因为《品花宝鉴》是用南城北京话写的，而“才刚”则是北方一部分方言或旗人系统的词汇。[②]

（三）旗人汉语与满语借词的差别

太田辰夫把旗人汉语与满语借词视为不同性质的语言现象。“《儿女英雄传》是满洲旗人文康著的长篇小说。作者在同治末年（1874）时还在世，而且这部书无疑是文康晚年之作。因此可以推定这部书是在同治时期写成的。这本书是用北京话写成的早有定说无疑，但是再进一步，全书都是用北京话写的吗？它的北京话具有什么特征呢？似乎至今尚无详细的研究。”[③] 该书为满洲旗人所作，以旗人为主人公，描写旗人家庭生活的笔墨颇多，多处使用旗人汉语。但是，《儿女英雄传》同时也使用了一些满语借词，全书约有30个，其中以官名、称谓及其他特殊用法的词语居多。《儿女英雄传》的满语借词如下：

巴图鲁，baturu，勇士，勇敢的。
包，boo，家，蒙古的圆形帐篷。
格格，gege，对年轻女子的敬称。
戈叶哈，gosiha[④]，卫士。多写作“戈什哈”。
库图扐，kutule，扈从旗人的奴仆。又作“库忒累”“苦独力”“苦特勒”。

---

① 太田辰夫《〈儿女英雄传〉的副词》，《神户外大论丛》26卷3号，1975年。
② 太田辰夫《〈红楼梦〉新探——言语、作者、历程》，《中国语文论集·文学篇》，第438—440页。
③ 太田辰夫《汉语史通考》，第222页。
④ 疑为gocika之误。

梅楞章京，meiren i janggin，官名，汉名叫"副都统"。

苏拉，sula，空闲、闲散的意思，称仕于内府而无官职者或一般的小使之类的人。

辖，hiya，侍卫。

章京，janggin，有品级的武官。

克食，kesi，天授之福。多半指祭祀结束后领到的供物。

嬷嬷爹，meme ama，乳母的丈夫。

嬷嬷妈，meme eniye，乳母。

妞妞，nionio，姑娘。

挖单，wadan，盖布，罩布。

密鸦密罕丰库，miyamigan funku[①]，金属环上悬挂手帕、小刀、锥等用物。

瓣他得，baita be，做事。

《儿女英雄传》旗人汉语词汇包括：

爸爸，称呼父亲的词汇。

奶奶，称呼母亲的词汇。也用作女人的尊称。

太太，称呼祖母的词汇。

哥儿，富家儿童的称呼，原见于《金瓶梅词话》，后来汉人不用，仅是旗人使用。

外外，指外甥。

饽饽，指面食。

额隆袋，马褂的一种。

　　通过如上语言现象的对比，太田辰夫意在说明北京旗人所说的满语借词与旗人汉语不同。首先，北京旗人口语与书面文献中出现的满语借词都是音译词，语音是满语与汉语发生语言接触并产生影响的关键，这些音译词带有明显的异化特征。其次，太田辰夫从清朝语言政策角度分析，"清初奖励旗人使用国语也就是满语，但未能遏止汉化的大趋势，所以没大推行开，只是嘉庆朝好像有那么一段流行的时期"[②]。所以清中后期北京旗人已经失去了满语应用能力。清代"词汇敏锐地反映了社会和文化的变化，其中特别显著的是外来语。清代满语作为外来语在相当程度上被使用。但是这些词语若不是和官制相

---

① 疑为 fungku 之误。

② 太田辰夫《汉语史通考》，第214页。

关的词语，就只限于和日常生活相关的极普通的词语。与官制相关的满语在汉人著述中也可见到，但跟日常生活相关的满语只限定在旗人的作品中，表明了作为统治者的满洲族的文化程度"①。

由于语言历史发展的巨大时空跨度，一些旗人使用的特色词汇或语法手段究竟是狭义旗人汉语，还是满语借词，已经不好辨识，所以容易被误认为满语影响的产物。但是其实并非如此。② 太田辰夫以名词"饽饽"和动词"喀"为例，进行了细致入微的考证。

旗人把点心叫作"饽饽"，多以其为满语。如"点心叫饽饽，原来这都是'满洲话'，现在已经变成了北京的俗话了"③。但是太田辰夫并不同意这种说法，他认为"饽饽"并非满语借词，而是狭义旗人汉语，虽为旗人群体所使用，但其来源却是地道的汉语。"虽然多是说它是满洲语，但是这句话在《清文鉴》里是作为满洲语 efen 的译文记载的，所以是汉语，但北京城内全用这句话，在外城则叫'点心'。这恐怕说是旗人语言。字的不一致，有元明时期的用例。如：'等我买几个波波来吃咱。'（元曲选，冯玉兰一折，白）'面食总曰波波。'（燕山从录，长安里语）'刚刚吃得一个大饕餮'（元曲选，勘头巾三折，诗云）。"④《元曲选》是元明时期北方方言，特别是元大都方言的典型代表，《长安里语》则是明代北京话的重要语料。上述"饽饽"的同音异形词在这些口语色彩突出的北方方言中存在，也证明了"饽饽"是旗人汉语中的特色词汇，是地道的汉语词汇，而不是来源于满语的借词。

（四）旗人汉语形成的原因

太田辰夫推测了京师旗人特有的旗人汉语的形成原因及过程。"明代华北的方言曾传到满洲地区，或者就是变化过来的，随同清朝入关后，由于旗人定居在北京内城，则又传回到华北，所以基本上同汉民族使用的北方语没有太大的差别。又对不属北方语言的也逐渐普遍化的结果，一部分特殊语汇在旗人的家庭内被保存下来。旗人的特殊语汇多是亲属之间的称呼，就是说明这一点。"⑤ 由此，我们可以得到如下推论。

第一，华北地区汉族移民到关外女真（后改称"满洲"）人地区，移民所说的华北

---

① 太田辰夫《汉语史通考》，第 214 页。
② 太田辰夫认为，当无法辨别一个语言现象属于旗人汉语还是满语借词时，如果这个词已经在清代之前的汉语文献中出现过，那么它就不是满语借词，而是旗人语言。但是需要注意的是，汉语文献语言也具有异质性。比方说，元代的元杂剧、直解、白话碑等文献中就存在着具有蒙古语干扰特征的汉儿言语。因此，太田辰夫所说的旗人语言有可能是地道的汉语，也有可能是具有语言接触特征的汉儿言语的历史遗留。
③ 安次二郎《北京话》，第 7 页。
④ 太田辰夫《满洲族文学考》，第 110 页。
⑤ 同④，第 105 页。

方言与当地人的语言发生语言接触并对其产生影响，进入了关外旗人群体的语言词汇库。随着八旗入关，这些旗人汉语词汇也随之成为京师旗人的代表性语言特征。

第二，旗人汉语是一种移民后代继承语现象。继承语，可以简单理解为一个介乎母语（第一语言）和外语（第二语言）之间的概念。对特定个体而言，继承语是祖辈使用并在家庭里传续下来的语言，后代掌握得并不完整熟练，因而称不上是母语，但又不同于外语。[①]"饽饽""喀"等旗人汉语词汇在旗人群体中的使用便是继承语现象。时间的变化使得普通语言使用者已经忘记这些由于语言接触而产生的词语的真正来源。由于旗人满语水平急剧衰退，那些与北京话不同的旗人特色词汇就想当然地被理解为满语直接影响的产物。

但是，太田辰夫的解释也有需要后世学者补充之处。这主要涉及东北官话的历史发展，以及东北话与北京话的关系问题。学界"一般性地误认为东北官话形成于'闯关东'之后。杨春宇在《辽宁方言语音研究》等系列论文中提出，东北官话方言并非晚成，其演变亦非一蹴而就，而是经历了幽燕方言—汉儿言语—东北及北京官话—东北官话的历史嬗变。""幽燕地区是农耕、游牧、渔猎三种文化类型的交融之地。历史上幽燕汉族与其他各部族的接触与融合，使少数民族不断被汉化，也间有汉族人胡化。"[②]

东北地区历史上便有汉语使用者在当地生活。杨春宇认为，由靺鞨粟末为主体建立的地方民族政权渤海国的"通用口语本质应为'汉儿言语'，是靺鞨族与北方汉族长期接触的产物，其在成就东北官话方言过程中起到了重要作用，成为以后东北亚少数民族逐鹿中原语言文化立国的桔槔"[③]。朝鲜古本《老乞大》中曾提及元代东北地区通行的汉儿言语，"如今朝廷一统天下，世间用着的是汉儿言语。我这高丽言语，只是高丽地面里行的，过的义州，汉儿田地里来，都是汉儿言语"。义州就是现在辽宁省锦州市义县。另外，根据朝鲜时代燕行文献《入沈记·杂俗》的记载可知，"虽然辽东地区大多是旗人，但根据朝鲜使臣的记载居民普遍使用的交际语言却是汉语"。"在使臣出使的过程中还是以汉语作为主要的交际语言。在出使期间，使臣随行人员与盛京城内名士的交往也都是使用汉语，如拜访旗人出身的张裕昆，朝鲜使臣即'以不娴汉语，请笔砚'，采用笔谈。"[④]

辽东自古以来就是少数民族的聚居地，鲜卑、契丹、女真、蒙古等都勃兴于此，来

---

① 国家语言文字工作委员会《中国语言政策研究报告（2019）》，北京：商务印书馆，2019年，第291页。

② 杨春宇、王媛《扬雄〈方言〉所见的幽燕方言》，《辽宁师范大学学报》（社会科学版）2015年第6期，第837页。

③ 杨春宇《关于渤海国的"汉儿言语"》，《辽宁师范大学学报》（社会科学版）2017年第2期，第101页。

④ 汪银峰、姚晓娟《朝鲜时代燕行文献与明清辽东方言考》，《域外汉籍研究集刊》（第十七辑），北京：中华书局，2018年，第202页。

源比较复杂，且历史上的语言接触、影响、融合及大规模的人口迁徙都决定了辽东方言的复杂性。"虽满汉异俗，并直、鲁、豫、晋之人，杂居此地，语言各殊，而日久同化，自成一方俗语相沿。"（《奉天通志》）由于本土历史文献的缺乏，辽东方言的历时研究目前相对来说较为薄弱。这些都是未来探究旗人汉语形成时需要充分考虑的问题。

二、旗人文学类文献整理与语言研究

（一）旗人通俗说唱作品的整理与研究

太田辰夫很早就开始关注满族通俗文学作品。先后完成的相关研究著述如下[1]：

（1）清代文学に見える滿洲語，日本中国学会报15，1963。收录于《中国语文论集·语学篇》，第224—242页。

（2）『金瓶梅』を題材とした滿漢語併用の俗曲『陞官図』について，明清文学言语研究会会报6，1965。翻译并收录于《汉语史通考》，第259—271页，题目为"以《金瓶梅》为题材的满汉合璧俗曲《升官图》"。

（3）滿漢合璧子弟書尋夫曲校證（书评），日本読书新聞，1974.01.14。

（4）『八旗文人伝記綜合索引稿付字号索引』，汲古书院，1975。

（5）『滿洲文学考』，神户市外国语大学研究丛书6，1976；收录于《中国语文论集·文学篇》，第589—701页。白希智翻译《满洲族文学考》，收入满族文学史编委会学术年会材料之二十三。

（6）《滿民間故事選——初の滿洲伝承文芸集》，東方21，1982。

《满洲族文学考》一书分为四个部分，分别是《满族俗文学一瞥》《〈儿女英雄传〉及其作者》《〈儿女英雄传〉里出现的旗人》《旗人的语言》，研究对象包括《红楼梦》、全德《浔阳诗词合稿》、得舆《草珠一串》、子弟书、牌子曲和岔曲等多种文学体裁。太田辰夫不仅对包括满语、蒙古语在内的相关词语进行注解，增强其可读性，而且善于通过文本内容来推断作品的语言性质、创作背景等信息。例如，在《浔阳诗词合稿》的"花柳调"中，"大老爷"被说成"度老芽"，"不得死"被说成"弗得洗"，太田辰夫推测原因是这首小曲"记录了长江下游的语音"[2]。

太田辰夫对满族文学的内涵与外延有自己的独到理解。第一，"认为满洲族文学即是

① 佐藤晴彦《太田辰夫先生的学问、太田辰夫博士著作目录》，《中国语研究》（第50号），2008年，第102—125页。

② 太田辰夫《满洲族文学考》，第9页。

满族语文学是不恰当的"①。满语创作的文学数量有限,满语翻译作品也不是原创作品,所以满族文学从语言文字角度来看,相当比例都是满族旗人创作的汉语文学。第二,满族通俗文学中,"满汉兼"形式的作品别具一格。"用汉语写的通俗文学中,部分的使用了满洲族语(满族语用满族文字写),其发音或者意思用汉字记,即所谓'满汉兼',满族语被当作外来语(用汉字写),使用的相当多。"② 第三,满族文学作品具有口语化程度高的特点,真实反应旗人各个阶层的生活实况。满族人"用口语系的汉语(白话)写出很多作品"。"这些通俗文学是深刻地全面地反映了满族人的社会、风俗、生活、心理状态等方面,只有如此才能叫作满洲族的文学。除此之外,不应追求别的满族文学。"③

(二)旗人创作小说

太田辰夫对旗人创作小说非常关注,多篇论文探讨《红楼梦》《儿女英雄传》《小额》《北京》《离婚》等,时间跨度从清代早期到新中国成立后。

1.《红楼梦》文献与语言研究。

『紅樓夢選 』,自家油印,1952。

新版紅樓夢について,大安 29,1958。

紅樓夢の言語について(試稿),明清文学言語研究会会報 5,1964。

紅樓夢の言語,中国の八大小说,平凡社,1965。收录于《中国语文论集·语学篇》,第 200—223 页。翻译并收录于《汉语史通考》,第 215—219 页,题目为"《红楼梦》的语言"。

『紅樓夢』新探(Ⅰ)——言語,作者,成立について,神户外大論叢 16-3,1965;『紅樓夢』新探(Ⅱ)——言語,作者,成立について,神户外大論叢 16-4,1965。收录于《中国语文论集·文学篇》,第 427—469 页。

紅樓夢文法,自家油印,1968。

『紅樓夢影』の語法,中国語研究 31,1989。

2.《儿女英雄传》文献与语言研究。

近代白話文学の訓詁学的研究法(一)兒女英雄傳を中心として,新中華 1-5,1946;近代白話文学の訓詁学的研究法(二)兒女英雄傳を中心として,中国語雜誌 2-1,1947;近代白話文学の訓詁学的研究法(三)兒女英雄傳を中心として,中国語雜誌 2-2,

---

① 太田辰夫《满洲族文学考》,第 1 页。
② 同①,第 2 页。
③ 同①,第 2 页。

1947；近代白話文学の訓詁学的研究法（四）兒女英雄傳を中心として，中国語雜誌 2-4，1947。以上共同收录于《中国语文论集·语学篇》，第 3—31 页。

兒女英雄傳の言語について，中国語学研究会関西月報，1950。

わが国における兒女英雄傳，中国古典文学全集月報 32，1961。

兒女英雄傳 中国語学新辞典，光生館，1969。

『兒女英雄傳注稿（首·1·2 回）』，北方語研究叢刊 2，自家印行，1970。

『兒女英雄傳』の雜考，神戸外大論叢 25-3，1974。收录于《中国语文论集·文学篇》，题目为"《儿女英雄传》的作者和史实"，第 490—511 页。

『兒女英雄傳』の言語，日本中国学会報 26，1974。翻译并收录于《汉语史通考》，第 222—243 页，题目为"《儿女英雄传》的语言"；翻译并收录于包振南等编选《〈金瓶梅〉及其他》，第 473—501 页，钱玮译，题目为"《儿女英雄传》的语言"，长春：吉林文史出版社，1991。

『兒女英雄傳』の副詞，神戸外大論叢 26-3，1975。翻译并收录于《汉语史通考》，第 244—258 页，题目为"《儿女英雄传》的副词"。

人民文學出版社本『兒女英雄傳』，東方 44，1984。收录于《中国语文论集·文学篇》，第 526—535 页。

3.《小额》语言研究。

社会小說『小額』語彙及索引，北方語研究叢刊 1，1969。

『小額』の語法と語彙（上），神戸外大論叢 21-3，1970；『小額』の語法と語彙（下），神戸外大論叢 23-3，1972。共同翻译并收录于《汉语史通考》，第 272—303 页，题目为"《小额》的语法和词汇"。

4.《北京》语言研究。

社会小說『北京』の語法と語彙，神戸外大論叢 24-3。翻译并收录于《汉语史通考》，第 304—321 页，题目为"社会小说《北京》的语法和词汇"。

5. 老舍小说文献与语言研究。

老舍とその作品，支那語雜誌 4-2，1944。

老舍語彙「一」字集釋，支那語雜誌 4-2，1944。

老舍について，第 13 回语劇祭プログラム，1961。

老舍研究資料目錄，1973。

『離婚』の語法と語彙，神戸外大論叢 25-1，1974。收录于《中国语文论集·语学篇》，第 266—293 页。

旗人漫筆，老舍小説全集月報 1，1981。后改订并收入《中国语文论集·文学篇》，题目为《旗人とその姓名》,第 702—708 页。又刊于《满族文学》1987 年第 1 期,白希智译,题目为"旗人漫笔"。

老舍『正紅旗下』を読んで,東亜 180,1982。

相关研究具有以下特点:

第一,注重考察小说的方言基础,包括作者及其所塑造人物的方言背景。例如,"以北京话为基础写出来的作品,《红楼梦》为最初之作"[1]。作者"曹雪芹的家长期在南京居住,有时也使用南京的方言"[2]。《红楼梦》中,刘姥姥这一人物经常使用北方方言。《儿女英雄传》中,"做了安公子妻子的张金凤的父亲张老是河南彰德人,母亲张老婆儿是京东(开封以东)人。这二人,特别是张老婆儿,使用河南一带的方言"[3]。此外,山东、常州、扬州等方言在小说中也有所使用。

第二,对小说叙述部分与对话部分的语言进行有意识区分。例如《红楼梦》"叙述部分的语言受文语或传统的白话小说所用的古白话的影响,对话部分接近北京话。譬如'便'='就','却'='倒','将'='把','与'='和、给'等,具有前者为古白话,后者在北京口语中使用的倾向。但也有例外,古白话'将'用于动词之间,如'走将来',这种用法只在《红楼梦》叙事部分可见,对话部分是不用的。对话中知识阶级的男子的语言靠近文语,特别是对地位高的人用文语,这种现象应看作是对实际的反映"[4]。《儿女英雄传》中"叙事部分稍用文语以求表达简洁,跟口语有相当距离,因而几乎表现不出北京话的特征"[5]。"会话部分根据说话人和进行会话的场合不同,也有差异。女性比男性、缺少教养的人比有教养的人、孩子比大人、兴奋的场合比不兴奋的场合,当然都更爱用接近口语或俗语的词句。"[6]

第三,善于通过对小说不同版本的语言性质进行检验,理清各版本的关系及各自特点。在《红楼梦》研究中,太田辰夫将原 80 回本《红楼梦》的 80 回记为 A,120 回本(乾隆末改订版)中前 80 回记为 A',后 40 回记为 B,对这三个部分的语言进行对比分析。原 80 回本(A)中的特殊词语有两种情况,第一类是乾隆末期意义已经变得难懂的词语,第二类是意义虽能懂但北京话一般已不用的词语。在 120 回本的前 80 回(A')中,第一

---

[1]　太田辰夫《汉语史通考》,第 215 页。
[2]　同[1],第 216 页。
[3]　同[1],第 224—225 页。
[4]　同[1],第 217 页。
[5]　同[1],第 222 页。
[6]　同[1],第 222—223 页。

类被删除，但保存了第二类。120 回本的后 40 回（B）因为比其前 80 回（A'）时代靠后，因此前后两类词语都不再使用。① 在《儿女英雄传》研究中，太田辰夫"订正了亚东本错误 720 条之多，这些错误大多是对北京话的不理解而臆改"②。

第四，敏锐地注意到老舍作品中的"新兴语法"③ 现象。通常所说的"欧化语法"一般指受到印欧语言的影响，内田庆市（2011）指出，还有的受到了日语的影响，所以叫"新兴语法"。④ 早在 1958 年 1 月江南书院刊行的《中国语学事典》中，太田辰夫就使用老舍《骆驼祥子》等语料来讨论"新兴语法"。比如述语的并列现象，"每人报告着形容着或吵嚷着自己的事"（《骆驼祥子》）。在分析老舍小说《离婚》的语法和词汇时，太田辰夫在文末总结了带有"新兴语法"特征的四种并列结构，如定语并列"一个女人可以毁一个，或者不止一个，男子"。

三、满族文学作品中满语使用情况的变化

太田辰夫擅长把文献与语言研究相结合，在文本社会历史因素的综合分析中全面准确地把握语言现象的用法。太田辰夫《清代文学中的满语》⑤ 一文系统地考察了满族文学作品中满语借词的使用情况及其历时变化。

清代把满语称为"国语"，又称"清语、清书、清文、清字"等，并没有"满语"之类的说法。在表述语言文字时使用"满"字是为了与"汉"对举，如"满汉合璧"。清朝在入关以后，努力保存的"国语"即满语，但却无法对抗汉化的趋势，满语逐渐衰退。八旗入关之初，掌握满语者应该比后来要多，满语的势力更强。随着时代的变迁，满语势力不断减弱。但是，旗人文学作品中满语借词的使用情况呈现出与满语地位变化不一致的情况，太田辰夫把其中满语借词的使用情况分为三个时期。

---

① 太田辰夫《汉语史通考》，第 220 页。

② 同①，第 222 页。

③ 黎锦熙《新著国语文法》（1924）、王力《中国现代语法》（1943）等提到"欧化语法"，即"五四"以来汉语语法受印欧语言尤其是英语影响的现象。太田辰夫将"欧化语法"与"新兴语法"进行了区分，同时也指出经常有一些语法现象难以明确区分。a. 欧化语法最典型的出现在民国后"五四"时期的文本中，而新兴语法在新中国成立后的文本中也普遍出现。b. 欧化语法是对欧洲语言（通过日语）的直接或间接模仿，新兴语法则是站在自主的立场上吸收的，包括中国古代的文学语言。c. 欧化语法出现在随笔、评论等文学作品中，可能出于修辞等创作技巧，新兴语法出现在戏剧、小说等纯文学作品中，不仅限于书面语，也渗透到了口语中。

④ 内田庆市《关于语言接触和"新兴语法"》，《東アジア文化交渉研究》别册第 7 号，2011 年，第 35 页。

⑤ 太田辰夫《清代文学に见える满洲语》，《日本中国学会报》15。后收录于《中国语文论集·语学篇》，第 224—242 页。

（一）发展期

　　乾隆时期及其以前，旗人文学中很少出现满语借词。《红楼梦》前 80 回的作者曹雪芹与后 40 回的作者高鹗都是汉军旗人，但是该书中极少能够见到满语词，仅有"海龙"（满语 hailun，水獭）等几例。

　　东北是龙兴之地，但是却少有人进行文学创作吟咏当地风物。"这个地方的风土、风物，最初是由在圣驾随行的汉人、汉人流亡者的子女记录下来的，后来才出现了满人亲信的记述。"[①] 浙江山阴人杨宾曾在宁古塔生活多年，后来著有《柳边纪略》（康熙四十六年序）。杨宾诗歌中较早有满语音译词出现，例如：

　　　　结束入<u>窝稽</u>，一望更深奥。（纳木窝稽）
　　　　<u>穄镫</u>劳梦寐，麦饭慰飘零。（宿尼什哈站）
　　　　雪积<u>扒犁</u>出，灯残猎马归。（宁古塔杂诗之十三）

　　"窝稽"满语为 weji，意为密林、树海。"穄镫"满语为 hiyabun，指将米糠粘在麻秆儿上，用于照明的东西。"扒犁"满语为 fara，意思是雪橇。

　　太田辰夫提到一个值得注意的现象。像纳兰性德这种满族贵族，曾跟随康熙各处巡游，也有吟咏塞外的诗词，但是却不见满语词语的使用。即使是对关外特有事物的描写，也是使用汉语意译词来表达。例如：桦屋鱼衣柳作城，蛟龙鳞动浪花腥，飞扬应逐海东青。（纳兰性德《点绛唇·小兀喇》）"小兀喇"应是地名，并非特意使用满语。"桦屋"，满语为 jeofi，桦树皮制作的简易住所，乾隆诗中作"周斐"，后者明显是满语音译词。"鱼衣"，满语为 dafaha，穷人穿着的用鱼皮做的衣服，《柳边纪略》里写作"大发哈"。这与满人的语言使用心理和文化认同有密切关系。

（二）流行期

　　乾隆末年到嘉庆、道光年间，汉化后的满洲旗人在俗文学作品中大量使用了满语词。沈阳人戴全德的《浔阳曲稿》（嘉庆三年原刻本）中收录了大量使用了满语的"西调小曲"[②]。北京民间曲艺中的"子弟书"是华北民间流行的鼓词的支流。子弟书流行于清代中叶，有很多八旗子弟参与创作，是旗人俗文学的代表性作品。其中《螃蟹段》和《升官图》

　　①　《中国语文论集·语学篇》，第 230 页。
　　②　郑振铎《中国俗文学史》，北京：作家出版社，1954 年，第 452 页。

更是满汉兼的形式。《螃蟹段》约 260 句，在各句中插入数个满语词。满语的部分是两行，左边是满文，右边是汉字。例如：

有一个^{阿哥}不知是^{姓甚么}
（阿哥 age，姓甚么 hala ai）

子弟书《升官图》情节源自《金瓶梅》，通篇用汉字写成，其中包括大量的满语词，皆是官职名称，且官阶依次提高。例如：

> 西门庆调情把钱大史花
> 请潘金莲去裁那包衣达（booi da）
> 王婆子他倒上门军躲出去
> 西门庆他色胆如天把司狱发
> 走到跟前伸炮手
> 将潘金莲的袖子一苏拉（sula）
> 满脸嘻嘻那们护军校

上文的"大史、门军、司狱、炮手、护军校"等词是汉语官职名称。"包衣达、苏拉"是满语官职名称。"包衣达"指内务府官员，汉语名字叫作"内管领"，"苏拉"指闲散的无官职办事人员。

这一时期北京地区的八角鼓牌子曲，如《鸟枪诉功》《笔政诉功》也同样采用了满汉混用的形式。一些曲子的题目中就已经使用满语借词，如马头调《他其密的布库》《拨朔库耍逛西顶》、杂调《小阿哥》《笔帖式十叹》等。

《儿女英雄传》也很好地说明当时通俗小说中流行使用满语借词的情况。太田辰夫以《儿女英雄传》聚珍堂刻本中安老爷父子的一段对话为例，逐词加入满语对应。对话的背景是安老爷"次日上去谢恩。一连见了三面，听了许多教导的密旨。上意因是山东地方要紧，便催他即日陛辞"。"提到见面的话，因是旨意交代得严密，便用满洲话说。"原文为：

> 安老爷……合他说道：额扐基孙（霍窝）扐博（布乌）杭哦，乌摩什鄂雍窝孤伦寡依扎喀（得嗯）斋斋（得嗯）图于木（布乌）栖鄂（珠窝）喇库。"公子也满脸敬慎的答应了一声"依孥"。

太田辰夫根据聚珍堂刊本，插入推定的罗马字并逐步翻译，对满语进行了还原。安老爷父子所说的满语如下：

> 安老爷：ere gisun holbobuhangge umesi oyonggo gurun gūwai jakade jai jai de tuyembu ci ojorakū.
> 安公子：inu.

太田辰夫认为，嘉庆道光时期的通俗文学作品中，满语借词经由满人之手得到广泛使用，并被深入吸收。

（三）衰退期

光绪末期以后，由于西式印刷技术的引入，出现了大量出版物。但当时文学作品中使用的满语借词几乎都是官名，没有使用与生活密切相关的日常用语。需要注意的是，这一时期北京话口语中还有满语借词的遗留，说明满语对北京话的影响程度已经很高。太田辰夫以北京童谣与北京话教科书为例说明。在如下这首北京童谣中，"三音"是好的意思，"阿不喀"是天气，"都喀"是门，"雅补"是行走，"撒补"是鞋，"几哈"是钱。这首童谣使用了六个满语借词，都不是官名，而是日常生活中的常用语，可以看出满语对北京话的渗透情况。

> 今日三音阿不喀（sain abka）
> 闲来无事出都喀（duka）
> 雅补（yabu）必须穿撒补（sabu）
> 要充朋友得几哈（jiha）

日本明治时期的汉语教学已经从南京话转为关注北京话，在日本出版的汉语教材也多是由赴日的旗人汉语教师编写。这些北京话教科书里不乏满语借词的痕迹。例如：

> 哦哇　满语 weren，小波，波纹。用于表示由液体形成的污点或污渍。《官话指南》："你瞧把这湛新的台布，都弄成了这么哦哇半片的了。"
> 阿妈　满语 ama，父。《急就篇》："我阿妈没在家。"
> 乌布　满语 ubu，官职。《缙绅谈论新集》："您是怎么个乌布？"《北京游历记》："你在厅是甚么乌布呢？"
> 豁罗　满语 holo，皮边儿。《华语萃编》二集中有"这么好的面子和筒子是得用讲究点儿的豁罗"。

　　此外，满族作家蔡友梅的社会小说《小额》，以及穆辰公（儒丐）小说《北京》等北京话小说中也有满语词语的使用。但是公认它们的主要特点是北京话韵味十足，满语借词的存在此时成为北京话文献的语言特色之一。这是值得注意的变化，对于北京话而言，满语词原本是外来词汇，经过旗人与民人的语言接触之后，旗人的语言与北京话彼此影响融合，成为当代北京话的前身。

结　语

　　清代旗人汉语研究是太田辰夫清代汉语研究及语言接触研究的重要组成部分。在太田辰夫旗人文献与语言研究的基础上，还有多项研究工作可以深入进行。满汉合璧文献是旗人汉语研究的重要组成部分，太田辰夫的著作中强调了满汉合璧文献中汉语语料对北京话研究的重要性。[①] 但是随着研究的不断深入，当代学者发现满（蒙）汉合璧文献内部存在差异，不可简单地都归结为北京话特征，《满汉成语对待》等合璧文献中东北方言的保留和山东方言的影响等问题，也都有待于进一步挖掘和研究。太田辰夫主要针对满（蒙）汉合璧文献中汉语部分展开考察，随着满语和蒙古语研究人才的培养，以后可以更多地采用满（蒙）汉对勘方法，揭示满汉合璧类翻译语料的特点。同时，蒙汉合璧和满汉合璧文献应当区分开来进行研究，探究不同旗人群体语言使用情况及其历史形成过程。

　　太田辰夫重视文献研究与语言研究相结合，其中一些文献涉及汉语方言问题，因此太田辰夫在汉语史和方言研究领域均作出了重要贡献。太田辰夫对清代旗人文学类文献的整理与考察对现今旗人文学、语言的研究都具有重要的启发作用，为我们提供了珍贵的海外视角，也进一步体现了文学、语言、历史研究密不可分和相互促进的关系。王洪君、郭锐、刘云主编的《早期北京话珍稀文献集成》中便搜集整理了多种旗人作家作品，为旗人汉语与文学研究提供了诸多便利，期待后续可以有类似书籍出版发行，推动旗人语言与历史文化研究。

---

　　①　由于篇幅所限，太田辰夫的满汉合璧文献与语言研究另文讨论。

清代档案资料里审问和口供的语言初探

奥村佳代子

（日本关西大学外语系）

摘　要： 档案里的口供作为最重要的证据写得很讲究。审问和口供部分与其他部分有着语言上的区别，尤其是口供语言要写得像每个人"说的"语言；但又不能写得像小说那样，也不能使用过于"污秽"的语言。为了调查更多的角色语言，本文使用了两个基督教案资料：1726年（雍正四年）允裸允褚案和1746年（乾隆十一年）福安教案，试图从语言均值的角度来初步分析其词汇，并观察在档案资料里作为"说话的语言"来写的语言的面貌。

关键词： 审问；口供；口语；文体

一、应该怎么写口供

使说的语言与写的语言一模一样是容易还是不容易，对这个问题我个人还没有坚定的看法。不过，确实有些文件需要像说话那样写，中国清代的口供是要写得跟说话那样的文件之一，就是要像口供人说的那样写。

滋贺说，于皇帝统治之下的中国的裁判，招供就是最重要的证据，也就是判断罪状和刑罚的根据。①

所以，口供不应该只是记录事情的内容，必须要记录被告人和当事者说的话。

但是，这指的并不是跟说话的语言一模一样地写。在清代有几个教人应该怎样写口供、制作档案的文件，其中关于写口供的标准有：

> 一、作文者，代圣贤立言；叙供者，代庸俗达意。词虽粗浅，而前后层次，起承转合，埋伏照应，点题过脉，消纳补斡，运笔布局之法，与作文无异，作文以题目为主，

---

① 滋贺《清代中国的法律和审理》，东京：创文社，1984年，第68，71—72页。

叙供以律例为主，案一到手，核其情节，何处更重。应引何律何例，犹如讲究此章书旨，重在何句，此一题旨，又重在何字也，情重则罪重，情轻则罪轻。若罪轻而情重，罪重而情轻，牵扯案外繁冗，干碍别条律例，无异虚题犯实，典题犯枯，拖泥带水，漏下连上之文也。

　　一、供不可太文，句句要像谚语，字字人皆能解，方合口吻。又不宜似乎小说，曾见有用"之"字"及"字"而"字，并经书内文字者，非村夫俗人口气，致贻笑于人。

　　一、供不可野，如骂人污辱俗语，及奸案污秽情事，切勿直叙，只以混骂成奸等字括之，犯者干申斥。(《律法须知》①之《论叙供》)

　　供者，具也。鞫审之际，两造以口具白事之始末也。上官讯问，犯证对答，夹而叙之后开取供年月日，令在词人犯，按名书押，问官将供过起处朱……判日入卷。(《福惠全书》②之《释供状》)

以上引用的是一种写作理论。口供文件是通过审问和回答（口供），整理口供内容，按照写作口供文件的理论来写的。

　　按照上面所应用的理论来说，口供的语言应该是：要适合口供者的语言，不要用太脏的语言。不要太文，不要太俗，要记录自然的语言，但要调整，"又不宜似乎小说"。

　　以下具体请看两个档案。本文选择两个基督教案。基督教案里也有西方人，顺便看西方人口供的语言跟中国人有没有区别。通过本文选择的基督教案来说明中国国内和国外的资料对比研究的可能性和研究价值。

二、口供的语言

（一）穆经远与塞思黑案（1726 年，雍正四年）

藏有穆经远（葡萄牙传教士）与塞思黑案（即允禩允禟案）口供文件的有：(1) 故宫博物院（刑部侍郎黄炳、两江总督查弼纳进秦道然口供折、穆经远供词、秦道然等口供、何图供词)；③ (2) 巴黎外方传教会档案馆 Archives des Missions Étrangères de Paris（AMEP）；(3) 罗马卡萨纳特图书馆 Biblioteca Casanatense（BC）。

---

①　杨一凡主编《历代珍稀司法文献》，北京：社会科学文献出版社，2012 年。

②　同①。

③　《清代档案史料选编》，上海：上海书店出版社，2010 年。

1. 基本词（代词 / 疑问词 / 语气词）的使用状况。

（1）秦道然。

　　人称代词：我 你 他 我们 你们 他们

　　指示代词：这 那 此 其

　　此　此实梦想不到之恩 / 不过要此二人做他的羽翼 / 大阿哥将此语启奏时 / 大阿哥将此旨意传与二阿哥 / 只是弑逆的事我实无此心 / 此事关系得大 / 同皇上将此言奏上 / 允禵将此式寄与允禟去了 / 此是知道的 / 十四爷在此 / 此事问允禵便知

　　从此　后来复立之意从此而起 / 我比邵元龙多见几次从此而起

　　如此　并不曾每日如此 / 如此恶乱之事甚多 / 只看皇上如此 / 皇上不但待二阿哥如此好 / 如何听见如此大笑不怒 / 福金也如何便敢如此 / 如此者不止一人

　　因此　因此允禵也拿了拐棍子装病 / 因此皇父大怒 / 因此声名大不好

　　其　其霸占何人木行之处

　　疑问词：甚 何 谁

　　何　有何事陷他于死地 / 何况王府里 / 至索诈何人之处 / 何事不究到，何处不穷到 / 如何管家务事 / 将他女儿养在府中如何使得 / 为何待你这样好 / 圣祖问八阿哥你为何相面

　　语气词：了 罢 罢了 么

（2）穆经远。

　　人称代词：我 你 他 我们 他们

　　指示代词：这 那 此

　　此　此后若再说这话

　　因此　因此在年希尧家会过年羹尧 / 因此向他说这话的 / 我因此不曾领他的这银子

　　彼此　彼此往来的帖子必定都要烧掉

　　疑问词：甚么 如何 怎么 为么

　　如何　如何受得

　　为么　我实不知他是为么缘故

　　语气词：了 罢了 吗

（3）秦道然等。

　　人称代词：我 你 他 我们 你们 他们

　　指示代词：这　那　此

　　因此　因此允禟允䄉止封贝子／因此声名大不好／因此不敢说的

　　如此　并如此大小呢／何图之处如此者不可胜数／如此用心／虽然如此

　　从此　从此我傍晚进去到夜深方出

　　非此即彼　自然非此即彼

　　疑问词：甚　甚么　怎么　如何

　　如何　如何福金将东西赏人／如何将他痛打

　　语气词：了　呢　而已　吗

（4）何图供词。

　　人称代词：我　你　他

　　指示代词：这　那　此　其　彼

　　此　若能将此五百匹瘦马养好／后听见允䄉很喜此瞎子／此时还在临洮城中／后闻此条陈凯歌不同／此系图巧为献谀之处

　　因此　因此我就不敢再求了／因此允䄉也拿了拐棍子装病

　　故此　故此教你进来

　　从此　从此再未敢去

　　其　其允禟家姚姓太监常往西宁送东西去

　　彼　而汝①又适官于彼地／彼②时正值上司派我同一都司迎接大将军并料理两路军需／彼时我见张瞎子进去

　　疑问句：甚么　何　多少

　　语气词：了　罢　罢了　么　而已

　　2. 穆经远与塞思黑案里的口供语言可以概括如下：（1）少使用文言。表示尽量作为说话的语言记下来，也表示这些文言可以用在口头上。表示口头上的语言的词汇种类是均质、固定的。（2）词汇少。

　　西方传教士穆经远和中国人之间的对比：

---

① 这里的"汝"是在口供中的引用部分使用的词，因此没有包括在人称代词里。
② 在口供中的引用部分使用。

表 1

	中国人	西方传教士穆经远
人称代词	我 你 他 我们 你们 他们	我 你 他 我们 他们
指示代词	那 此 其 彼	这 那 此
疑问词	甚 甚么 怎么 何 如何 谁 多少	甚么 怎么 为么 如何
语气词	了 罢 罢了 么 吗 呢 而已	了 罢了 吗

从表 1 也许可以说中国人口供的语言包括更多的文言（"彼"），但是这也许是偶然的。只能说不管是中国人还是西方人（穆经远）都基本上使用口语，词汇比较固定。

（二）福安教案 (1746 年，乾隆十一年)

藏有有关福安教案资料的是巴黎外方传教会档案馆，活字版收录在《欧洲所藏雍正乾隆朝天主教文献汇编》。被录下口供的人很多，其中包括五名西班牙传教士，应该是很好的调查对象。

1. 福安教案里口供的语言。

口供者（1）西班牙多明我会传教士：白多禄（Pedro Sanz，1680—1747）、德黄正国（Francisco Serrano，1685—1748）、华敬（Joaquin Royo，1690—1748）、费若用（Juan Alcober，1694—1748）、施黄正国（Francisco Diaz，1712—1748）。

口供者（2）三十七名中国人（大部分是教徒）：陈廷柱、范龙仔、陈上琳、夏鹿生、刘荣水、郭惠人、缪若浩、缪兆士、王恩、刘光、缪尚昭、缪高卿、郭仁、缪上禹、缪允喆、陈墨仔、缪允义、郭近人、陈从辉、王鹗荐、陈桧、陈榓、郭应元、郭应魁、陈文龙、陈喟然、缪诗使、林结使、陈真使、陈催使、郭全、缪喜使、陈富使、郭洒使、缪振使、郭晓使、陈浔。

表 2

	三十七名中国人	五名西方传教士
人称代词	他 他们	我 他 / 我们 他们
指示代词	这 那 那里 故此	这 那 它 / 这些 那些 / 这里 那里 / 故此 其余 其实
疑问词	谁	那 那里 那时 几 怎样 何 何用 如何
语气词	了	了 呢 么 的

福安教案里，西方传教士的口供偏多，中国教徒的口供却很少，所以以上的调查没有反映合理的结果，要继续调查更多的口供。但跟穆经远与塞思黑案的调查结果（表 1）合并，可以判断为口供里的基本词，西方传教士和中国人之间没有很大的区别。

但是，福安教案的口供里，西方传教士的口供和中国人的口供之间，自称是有明显的区别的。

表 3

自称	使用者（口供者）
小的	陈廷柱（监生）、范龙仔（佣工的）、陈上琳、夏鹿生、刘荣水、郭惠人、缪若浩、缪兆士、王恩、刘光、缪尚昭、缪高卿、郭人（即郭仁）、缪上禹、缪允喆、陈墨仔、缪允义、郭近人、陈从辉、王鹗荐、郭惠人
犯生	陈桧（武生）、陈榧（生员）、郭应元（生员）、郭应魁（生员）
革生	陈䌷（即陈文龙）、陈喟然、陈榧（你如今把你武生详革了）、陈桧（如今把你武生详革了）
革监	陈廷柱（你是监生）、陈沄（你是监生）
小妇人	缪喜使、缪诗使、陈富使、林结使、陈真使、陈催使、郭全、郭洒使、缪振使、郭晓使

中国人的自称有以上五种，但西方传教士一般用代词“我”，偶尔用“小的”。

2. 一样的内容里语言的异同。

对不同的中国人分别审问同一个事情的时候，审问用词不一定是完全一致的：

对缪喜使：这陈喟然在那里住？	他小妇人同村住的。
对夏鹿生：你是那里人？	小的是邵武府建宁县人。
对生员郭应元、郭应魁：你是那里人？	犯生是岩湖住居的。
对王恩：你住在那里呢？	小的在卓家坂住的。
对刘光：你是那里住？	是城内莲池头住的。

对西方传教士的审问和西方传教士的回答情况一样，也不是完全一致的。对西方传教士的审问：

对华敬：什么叫坚振？什么叫守童贞？

对德黄正国：那坚振、守童贞又是什么各色呢？

对费若用：你从教的人有分别什么领洗、坚振并守童贞没有？

对白多禄：那领洗、坚振、守童贞，是怎样讲？

西方传教士的口供：

> 凡领洗入教，会念经了，把圣油在他额顶上写个十字圣号，叫做坚振……我们教中从教的有三项的人……又一项是自幼入教的，永不嫁娶，就叫做守童贞。
>
> 那坚振就是领过圣水的人，会念经了，主教用圣油在他头额上写个十字，就叫做坚振。那从教的原有三项人……一项自幼从教的，永不嫁娶，这不嫁不娶的男女，就叫做守童贞。
>
> 凡领洗的会念经了，主教把圣油在额上写个十字圣号，叫做坚振；从幼入教，不嫁不娶的男女叫做守童贞。
>
> 若领洗的会念经卷了，主教才把圣油在他头额上写个十字圣号，叫做坚振，那领洗的人自幼不嫁娶的男女，就叫守童贞。

西方传教士会说官话，他们用官话说明基督教特有的习惯、名称等。关于西方传教士说官话的能力有以下的审问和口供：

> 问：你是异言异服的人，在各处行走，难道关津隘口都没人盘诘？必定有中国人替你指引，一路还有接应窝顿的人家。
>
> 供：起初不曾奉禁，都没有人稽查，落后奉禁时节，有装着病人模样，我又会说几句官话，故此并没有被汛口盘问，不用中国人指引接应的。

各人在讲述同一内容时使用的官话存在异同，这些异同体现在词汇和语调上，某种程度上可以说这些差异的存在是合理的。

西方传教士和中国人之间，审问和口供使用的基本词都没有明显的区别，虽然不能简单地断定其中的原因，但就他们在中国传教的实际来说，首先可以归于他们的官话水平很高；从另一个角度来看，既然文件里写了"会说几句官话"，按照写作口供理论来说，就不能有矛盾，因此要在记录口供时把西方传教士塑造成会说几句官话的人。所以可以说：口供反映西方传教士的官话水平，口供的词符合西方传教士说的官话。

三、传到欧洲的口供

有一些档案资料，在中国国内尚未发现，却在国外保存着。本文的福安教案就是其中之一——只有国外保存有与它相关的资料，而且因为其中包括丰富的口供，所以对我们来说是很有用的资料。

下面我就谈谈本文的另一个对象，看看关于穆经远和塞思黑的教案（允禩允禟教案）传到欧洲的情况。

穆经远（穆景远，Joan Mourao，1681—1726）是葡萄牙传教士，在中国传教时遭到追捕，有关档案资料收藏在：巴黎外方传教会档案馆 Archives des Missions Étrangères de Paris（AMEP）、① 罗马卡萨纳特图书馆 Biblioteca Casanatense（BC）。② 这两个文件上面都写着"雍正四年六月二十二日"，只有很小的区别，基本上一致。详见表 4，画线部分是两者不一致的地方。

表 4

AMEP	BC
把我一人怎么样也罢了，把我跟随的都累在这里，我心中过不去。若是他过一平安日，我死也甘心。底下人听这话都感激他，我也说他是好人。造出字来写信，叫儿子他不愿带累他们。邀买人心如此，中甚么用！	把我一人怎么样，也巴了，巴我跟随的都累在这里，我心过不去，若是他过一年安日，我死也甘心，底下人听这话，都感激他，我也说他是好人，造出字来，写信，叫儿子他不愿带累他们，邀买人心，中什么用！
上年冬天，我到塞思黑那里去，向我说有一怪事，外边有个人说是山陕百姓，拿了一个帖子，我看了随退还了。向那人说，我弟兄没有争天下的理，此后再说。我要拿了。我向他说，这人该拿，交与楚仲才是。他说若拿他，就大吃亏了。	上年冬天我到塞思黑那里去，向我说，有一怪事，外边有个人说，是山陕百姓拿了一个帖子，我看了，随退还了，向那人说，我弟兄没有争天下理，此后再说，我要拿了，我向他说，这人该拿，交与楚仲才是，他说，若拿他，就大吃亏了。

传到欧洲的文件和留在中国故宫的文件之间有较大的区别③：

又供：上年冬天我病好了，到允禟那里，他向我说：这两日前有件怪事，外边有个人装成做买卖的，说有很要紧的话断要见我，我因总没有见人不曾见他，他封了一个字儿叫老公送进来，上面写的是山陕百姓说我好，又听见我很苦的话，我看了帖子随着人送还了，向那人说：我们弟兄没有争天下的道理。此后若再说这话，我就要叫人拿了。我向允禟说：这样人一定就该拿了交与楚仲才是，若不拿就大错了。允禟说：若拿了这人，他就大吃亏了。（故宫）

① 吴旻、韩琦编《欧洲所藏雍正乾隆期天主教文献汇编》，上海：上海人民出版社，2008 年。
② 内田庆市《序说：语言接触研究的过去、现在、未来——从文化交涉学的角度》，内田庆市、沈国威编《东亚语言接触的研究》（关西大学东西学术研究所研究丛刊 51），大阪：关西大学出版部，2016 年，第 1—18 页。
③ 《清代档案史料选编》。

上面故宫文件画线的部分和流传到欧洲的资料不一样。流传到欧洲的资料，除了 BC 没有"做"以外，其他部分是一致的（表 5）。

表 5

AMEP	BC
据穆经远供：我在塞思黑处行走有七八年，他待我甚好，人所共知。如今奉旨审我，不敢隐瞒。当年太后欠安，听得塞思黑得了病，我去看。他向我说：我与八爷、十四爷三人有一个做皇太子，大约我身上居多。我不愿坐天下，所以装病成废人。后十四爷出兵时，说这皇太子一定是他。这都是塞思黑说过的话。	据穆经远供：我在塞思黑处行走有七八年，他待我甚好，人所共知，如今奉旨审我，不敢隐瞒，当年太后欠安，听得塞思黑得了病，我去看他，向我说，我与八爷，十四爷，三人有一个（做）皇太子，大约我身上居多，我不愿坐天下，所以装病成废人，后十四爷出兵时，说，这皇太子一定是他，这都是塞思黑说过的话。

据供：我在允禵处行走，又跟随他在西大同，前后有七八年了，允禵待我好也是人所皆知的，如今奉旨审问，我一件不敢隐瞒。当年太后欠安时节，我听得允禵眼皮往上动，说是得了痰火病了，我去看时，我说这未必是真病，他说：外面的人都说我合八爷、十四爷三个人里头有一个立皇太子，大约在我的身上居多些。我不愿坐天下，所以我装了病，成了废人就罢了。到后来十四爷出兵的时节，他又说：十四爷现今出兵，皇上看的也很重，将来这皇太子一定是他。这都实在是允禵说过的话。（故宫）

按照滋贺（1984），留在中国国内的文件（故宫资料）里的口供应该是按照口供的写作理论进行过调整和形式化的公开文件。[1] 流传到欧洲的口供（AMEP 资料和 BC 资料）不是审问和口供的形式，有可能是和故宫资料层次不一样的文件。

两者之间虽然有形式和内容上的不一致，但两者在语言方面基本上是一致的。从词汇一致的情况，可以说，流传到欧洲的文件虽然不是审问和口供的形式，但语言上是符合写作口供的理论的。比如，代词和语气词是完全一致的。

代词：我 你 他 我们 他们 这 那 这里
语气助词：了

从这一点我推测，流传到欧洲的文件和留在中国国内的故宫文件确实都按照写作口供文件理论而写的，但是文件层次可能不一样。

①　滋贺《清代中国的法律和审理》，第 68—69 页。

如果可以这么推测的话，那么穆经远的文件为什么有两种层次不一样的形式？故宫文件按照形式来说应该是提交给皇帝的正式文件，那么流传到欧洲的呢？我们怎么解释它的存在呢？

（一）两种文件之间的区别

除了形式上的区别以外，两种文件之间还有一个重要的区别，就是康熙第九子允禟和第八字允禩的名字有所区别。

1. 塞思黑。

据供：

我在允禟处行走，又跟随他在西大同，前后有七八年了，允禟待我好也是人所皆知的，如今奉旨审问，我一件不敢隐瞒。当年太后欠安时节，我听得允禟眼皮往上动，说是得了痰火病了，我去看时，我说这未必是真病，他说：外面的人都说我合八爷、十四爷三个人里头有一个立皇太子，大约在我的身上居多些。我不愿坐天下，所以我装了病，成了废人就罢了。到后来十四爷出兵的时节，他又说：十四爷现今出兵，皇上看的也很重，将来这皇太子一定是他。这都实在是允禟说过的话。（故宫）

我在塞思黑处行走有七八年，他待我甚好，人所共知。如今奉旨审我，不敢隐瞒。当年太后欠安，听得塞思黑得了病，我去看。他向我说：我与八爷、十四爷三人有一个做皇太子，大约我身上居多。我不愿坐天下，所以装病成废人。后十四爷出兵时，说这皇太子一定是他。这都是塞思黑说过的话。（AMEP）

我在塞思黑处行走有七八年，他待我甚好，人所共知，如今奉旨审我，不敢隐瞒，当年太后欠安，听得塞思黑得了病，我去看他，向我说，我与八爷，十四爷，三人有一个做皇太子，大约我身上居多，我不愿坐天下，所以装病成废人，后十四爷出兵时，说，这皇太子一定是他，这都是塞思黑说过的话。（BC）

以上文件里有"允禟"和"塞思黑"的两种名字，这是因为：

（雍正四年）五月，令允禟改名，又以所拟字样奸巧，下诸王大臣议，改为塞禩黑。（《清史稿·列传七》）

2. 阿其那。

又供：

　　允裪在先与阿其那允禩很相好的，自皇上登极后，他心上很不如意，他口里虽不说，但我在旁边也看得出来。（故宫）

　　塞思黑原与阿其那、允禵很好，自皇上登极后他不如意，虽不说，我在旁也看得出来。（AMEP）

　　塞思黑原与阿其那允禵，很好，自皇上登极后，他不如意，虽不说，我在傍也看得出来。（BC）

以上文件里都有"阿其那"：

　　（雍正四年）二月，授允禩为民王，不留所属佐领人员，凡朝会，视民公侯伯例，称亲王允禩。诸王大臣请诛允禩，上不许。寻命削王爵，交宗人府圈禁高墙。宗人府请更名编入佐领：允禩改名阿其那，子弘旺改菩萨保。（《清史稿·列传七》）

允裪和允禩改名的日期是：

　　允裪→"塞思黑"雍正四年五月
　　允禩→"阿其那"雍正四年二月

故宫文件的日期是：

　　故宫　雍正四年五月二日　允裪，阿其那

流传到欧洲的文件上的日期：

　　AMEP　雍正四年六月二十二日 塞思黑，阿其那
　　BC　　雍正四年六月二十二日 塞思黑，阿其那

日期一致的文件使用一样的称呼，日期不一样的文件使用不一样的称呼。我认为名字不一致是因为写每个文件的日期不一样而引起的必然的事情。

（二）档案的层次

　　滋贺、唐泽靖彦指出根据当事者说的口供写成的文件不是只有一种，而是有阶段的。[①]
滋贺把《福惠全书》卷十二有关口供的记述概括为记下来的招供叫"供招"，"供招"有
"供状"和"招状"。"供状"是记录当事者或证人每次说的事情，用本人用的语言记下来
的。"招状"就是把"供状"整理修正后按照一定的形式改写的。唐泽靖彦在滋贺的内容
之外还指出，记录招供的文件是以两个阶段的文件构成的；第一个阶段包括"供状"和叫
作"草供"的草稿，第二个阶段是"招状"。再说，按照滋贺的研究，得到绝对的招供的
状态叫作"成招"，以法庭结束审理，然后根据招供的内容叙述事件的始终，再写上按照
法律怎么处罚，跟犯人一起送到上司，这就叫"招解"。"招解"的文件结尾要写法律上
应该怎么处罚。三种文件的结尾如下：
　　故宫文件接在问答之后，就是以下的结束语，没有言及法律上的判决：

　　所有臣等会同审得穆经远之确供，先行缮折恭呈御览
　　雍正四年五月初二日（故宫）

流传到欧洲的两个文件接在"据穆经远供……等语"之后的结束语为：

　　查穆经远，以西洋微贱之人，幸托身于辇毂之下，【不尊法度，】媚附塞思黑，
助甚狂悖。当塞思黑在京时，养奸诱党，曲庇魑魅，什物遗赠，交给朋党。而经远
潜与往来，密为心腹。广行交游邀结，煽惑人心。至塞思黑称病闲居，佯言甘于废弃，
实心储位自许，鲜耻丧心，已无伦比。而经远逢人赞扬塞思黑有大福气，【有】将来
必为皇太子之言，及塞思黑诸恶败露，本当立正典刑。蒙我皇上至圣至仁，令往西
宁居住，冀其洗心悔罪。乃不但绝无愧惧之心，益肆怨尤之恶。而经远之穴墙往来，
构谋愈密，奸逆愈深，是诚王法之所不容，人心之所共愤。除塞思黑已经诸王大臣
公同议罪，奏请王法外，穆经远应照奸党律，拟斩监候。但穆经远党附悖逆，情罪
重大，应将穆经远立决枭示，以为党逆之戒可也。（AMEP，BC，但BC没有【不尊
法度，】和【有】。）

　　① 滋贺《清代中国的法律和审理》，第68—69页；唐泽靖彦《说话与写作的距离——清代审判文书中口供的文本性》，《中国——社会与文化》第10号，1995年，第212—250页。

AMEP 和 BC 的结尾是"除塞思黑已经诸王大臣公同议罪，奏请王法外，穆经远应照奸党律，拟斩监候。但穆经远党附悖逆，情罪重大，应将穆经远立决枭示，以为党逆之戒可也"，明确写着法律上的判决。

故宫文件和流传到欧洲的文件的对比可以概括如下：

表 6

	故宫	AMEP 和 BC
形式	问和答。	"据穆经远供……等语"，没有问和答的区别，都是"答"的内容。
内容	没有矛盾，通顺合理，比较详细。	没有矛盾，通顺合理，没有故宫资料那么详细，有省略。
语言	均质，限定，按照写作理论。	均质，限定，反映写作理论。
日期	雍正四年五月初二日。	雍正四年六月二十二日。
推测	故宫文件是通过整理内容、调整形式的"招状"。	流传到欧洲的文件是审理结束后根据被告人自认的内容叙述，再写上法律处罚的"招解"文件。这两个文件是"招状"下一阶段的文件。

结　语

不管是西方传教士的还是中国人的，口供文件都能反映口头语，像日常说话样子的那些文件是能帮助我们考察一致问题的很好的参考资料。

从西方人的汉语的角度来说，西方人的口供文件跟中国人的没有明显的区别。从初步调查来说，当时传教士用官话传达意思完全没有问题。再说，口供文件里，西洋传教士说一口流利的官话是没有什么不自然的。

另外，流传到欧洲的资料，并不只是复制而已，里头有现在在中国已经找不着的资料，不仅有可以补充了解中国国内教案的情况的材料，而且很有可能对研究档案文件、裁判文件的实际情况有很大的帮助。

林语堂与孔好古二三事

高永安[1]　徐婷婷[2]

（1. 中国人民大学文学院；2. 中国人民大学国际学院）

摘　要：林语堂在德国莱比锡大学汉学系读取博士学位，与导师孔好古的关系有不少谜题。文章讨论：林语堂为什么选择导师孔好古？林语堂的博士论文为什么没有得到孔好古的最高评价？林语堂有没有获得博士学位？

关键词：林语堂；孔好古；伯希和；汉学；莱比锡学派

一、缘起

林语堂的主要活动在文学和语言学，但是相比于他的文学成就在人们视野中光彩四溢，其语言学成就则鲜有人知。与此相关，林语堂语言学学术活动的起点，就是他在莱比锡大学获得语文学博士学位。[①] 他的学术生活也不受关注，以至于有一些问题传言不实。最近有关林语堂留德情况的研究渐增，这些问题有澄清的必要。

广为人们关心的大概是三件事：（1）林语堂为什么选择导师孔好古？（2）林语堂的博士论文为什么没有得到孔好古的最高评价？（3）林语堂有没有获得博士学位？

笔者看到的说法是：

（1）林语堂本来到莱比锡大学是学习历史比较语言学，因为这个专业是享誉世界的。著名的新语法学派，著名语言学家索绪尔，都是这个学校、这个专业的。那么林语堂是不是慕名来学习历史语言学而中途因为其他问题，临时改读汉学的呢？（2）按照林语堂的水平，他如果在莱比锡大学写的博士论文得到 1 分的好成绩，就可以顺利出版，以此奠定他在语言学上的学术地位，日后他也不会转行当作家。（3）林语堂可能没有获得博士学位。德国的博士学位申请期限很长，而林语堂在答辩当天就离开了莱比锡，从此一

---

① 参见高永安《林语堂古音学研究》，北京：商务印书馆，2021 年；高永安《"林语堂之谜"及其博士学位论文平议》，《吉林大学社会科学学报》2022 年第 2 期，第 175—176 页。

去不复返，根本没有时间办理学位事宜。因此，林语堂可能没有获得博士学位。

二、林语堂为什么选择导师孔好古？

（一）林语堂的目标是语文学

林语堂本来在德国耶拿大学学习莎士比亚研究，但一个学期后即转入莱比锡大学。林语堂转学莱比锡大学的目的，他日后回忆说："不久之后，我就因为莱比锡大学是印欧文法的比较哲学的重镇，而被它吸引住了。Siebold 的语音学是很杰出的。他曾发明了一套方法，用声调去分析一本古籍。我又读到 Passy 的语音学，是一部极具参考价值的书。这些都与分别中国古音的'等韵'研究有关。分别古韵对于决定古音是极有价值的。这要根据陈兰甫和黄季刚的根本研究入手。不过清儒王念孙、段玉裁，还有近来瑞典的学者高本汉（Bernhard Karlgren），都已经有很大的成就。"[①]

这个叙述大概有几层意思：

第一，林语堂确实是慕名莱比锡大学的比较语言学，也就是布鲁格曼、索绪尔都曾学习和工作过的地方。

第二，他认为，这些学者的著作的用处主要在可以用来研究汉语的古代典籍。尤其是他提到了高本汉。高本汉正是在孔好古主持下通过博士论文答辩和教授资格答辩的，而这可能正是林语堂来莱比锡的主要原因。

林语堂在清华工作的三年里，花了大量时间和精力去研究汉字和古代典籍。他因此跟音韵学家钱玄同、沈兼士都有来往，他的文章还得到钱玄同、蔡元培的推荐。尽管他日后留学哈佛大学选择的专业是西方文学，但是他对中国古典语文学的兴趣一直很高，这是毋庸置疑的。

这从他自耶拿大学转学来到莱比锡大学的动机，也可以看出来。耶拿大学当时是研究莎士比亚的权威基地，而莱比锡大学则是莱布尼茨、甲柏连孜创立的为数不多的德国汉学重镇。来到莱比锡大学，正可以为林语堂——那个来往于清华大学和琉璃厂的古籍迷，那个研究汉字部首简化的汉字迷——提供一个可以施展才华的机会。

（二）林语堂的导师孔好古是当时莱比锡大学最具声望的语言学家

孔好古在汉学界的地位，可以借助法国汉学家伯希和（Paul Eugène Pelliot, 1878—1945）的介绍，窥见一斑。

---

① 林语堂《林语堂自传》，南京：江苏文艺出版社，1995 年，第 58—59 页。

悼念孔好古[①]

　　孔好古，受一场心脏疾病重击，逝于 1925 年 6 月 4 日，德国汉学界刚刚失去了一位巨擘。

　　孔好古于 1864 年 4 月 28 日出生于威斯巴登。他最早投身的是古典语文学和印度学，之后因为研究尼瓦尔语，开始将视线投向汉藏语言，随后不久便专注于汉学。自 1891 年开始，他以 Privatdozent[②] 身份承担教职。1896 年，他发表了《印支语系（汉藏语系）中使动名谓式之构词法及其与声调别义之关系》，该书语言冗赘，也无索引，但却第一次提及了古汉语中存在浊辅音声母的情况，而此前在德国甲柏连孜仅对韵尾有所研究，却对声母了解甚少。在此书里，孔好古展示了在"印支语系"（我们更愿意称之为"汉藏语系"）的所有语言里，声母的清浊和音调的高低之间的关系（艾约瑟很早就发现了汉语中存有的这个特征）。他还解释，在韵母相同的情况下，清浊声母的选择和语义的变化有关，并且是由古汉语中存在的前缀决定。在书面藏语中，仍可看到大量前缀的存在。尽管对此书的评论中不乏溢美之词，然而彼时的汉学界极少受语言学启蒙，他们无法看到孔好古理论中蕴含的所有丰硕成果，当然更无法对其某些比较研究中存在争议的东西进行探讨。

　　孔好古于 1897 年在莱比锡大学升任副教授，而直到 1920 年，他才获得教授职衔。期间，他在北京大学度过一年（1903 年至 1904 年），这段仅有的在华经历给了他对中国社会和习俗最直观的印象。二十五年来，他尤为倾心于对古代中国的研究和解读。同那些仅仅简单解读古代中国文献的人不同，孔好古并不囿于"门户之见"，而是从极为偏向社会学和宗教史学的角度，去分析文献，也正因此，他自成一家。彼时在柏林，汉学界在卓越的语文学家缪勒的带领下，艰难前行，而且遗憾的是，缪勒并不承担任何教学活动；而孔好古则在莱比锡，发展了一系列受其研究方法影响的学科。他鲜有发表，然而其遗留的手稿却展示了颇多走在前沿的研究成果，而且我们甚而可以说他的衣钵通过其学生，尤其是他的女婿何可思先生和沈德勒先生，而得以传承。孔好古所著无一可被忽视。然而在其最新的那些富有创见的成果里，所作假设胆大异常，在我看来，已超过我们现有的认知所能认可的范围。对于那些希望在其成果上继续前进的人而言，这是一个应该小心的"暗礁"。他们应该紧扣文本，并从语文

---

①　P. Pelliot, "Auguste Conrady", *T'oung Pao, Second Series*, 24.1 (1925–1926): 130–132. 徐婷婷译。

②　德国大学里的一种传统职称，指那些取得任职资质的教师，在尚未获得讲席前，在大学里开设课程，但无法收取政府支付的薪酬。

学角度，要更加熟悉中国本土近一世纪以来在这方面取得的研究成果。

以下就是孔好古的著作清单，其中部分信息由何可思先生热心提供。

书目无法奉上，从现有的介绍中，我们不难看出伯希和对孔好古的褒扬无以复加。尤其是他把孔好古与当时的德国汉学领袖缪勒对比，并认为："而孔好古则在莱比锡，发展了一系列受其研究方法影响的学科"，这就是日后学界广传的"莱比锡学派"的初始授名。

（三）林语堂必定受到蔡元培的影响

蔡元培于"1907 年随驻德国公使孙宝琦经西伯利亚赴德。在柏林一年后，于 1908 到 1911 年在莱比锡大学治哲学、文学、美学、心理学、欧洲史。1911 年 11 月回国。孙中山任命蔡元培为教育总长"。蔡元培在莱比锡大学期间，孔好古正是该学校副教授。蔡元培去听过孔好古的课，还帮助孔好古写作《斯文·赫定在楼兰发现的手写本汉文文书及残片》。根据高本汉的学生马悦然的讲述，高本汉对此书评价颇高。马悦然转述高本汉的话说："我在汉文方面的造诣不比其他西方学者差（伯希和是例外，可能还有马伯乐）。可是读草书的能力，我可比不上中流以上的中国学者。沙畹解读了斯坦因在流沙发现的汉简（第一、二集），但是他的中国助手能力太差，所以沙畹的书（1913）其实是他诸多著作中最糟糕的；以致罗振玉需要彻底改正他的解读。孔好古（1920）的解读就好得多了。如果只靠他自己的学识——而没有当时在莱比锡大学而后来成名的蔡元培的帮助——一定做不出来。"[1] 根据《蔡元培日记》，1909 年，蔡元培以 43 岁之"高龄"依然聆听孔好古的课，并评论说："孔氏……通梵文，常用印度寓言与中国古书相对照，颇有新意。"[2] 不仅学有心得，缺课的时候，蔡元培还要写请假条，向孔好古请假。回国的时候，以及第二次到欧洲的时候，都专门跟孔好古辞行。

蔡元培跟林语堂的关系非同一般，林语堂之所以转投孔好古，很可能是蔡元培的推荐。

结论是，林语堂之所以慕名莱比锡大学，具体追慕的就是这孔好古。

---

① 转引自梅祖麟《康拉迪与高本汉、蔡元培、林语堂的汉学因缘》，《语言学论丛》（第 52 辑），北京：商务印书馆，2015 年，第 383 页。

② 同①，第 384 页。

三、林语堂的博士论文为什么没有得到孔好古的最高评价？

（一）孔好古和莱比锡学派

如伯希和所言，孔好古的莱比锡学派具有自己鲜明的特点。孔好古在莱比锡主持东方学研究的时间是 1914—1925 年。但是在此之前他也一直在莱比锡大学执教，他是 1891 年担任莱比锡大学讲师的。1897 年，他担起空缺多年的汉语讲座的教职。这期间，他做出了很多卓越的研究。其中之一是他的代表作 *Eine Indo-Chinesische causative-Denominativ Bildung und ihr Zusammenhang mit den Tonaccenten*（《汉藏语系中使动名谓式构词法及其与声调别义之关系》）。该文在袁家骅先生 20 世纪 60 年代的文章中引用过，是由于该文关于汉语早期声调的假说引起了袁先生的注意。

（二）孔好古是把比较语言学运用到汉语的极少数语言学家之一

梅祖麟说："大家都知道李方桂先生的《中国的语言和方言》（1937）一文最早提出汉藏语系分汉语、侗台语族、苗瑶语族、藏缅语族的论点。鲜为人知的是康拉迪（即孔好古）（1896）曾经提出印支语系应该分东西两支，西支是藏缅语群，东支是汉台语群，而且认为孤立类型的东支，是从黏着类型的西支变来的。"[①]

孔好古在该书中对喜马拉雅周边地区的语言进行了梳理，在这些语言之间建立了联系，这在"汉藏语系"这个概念的形成过程中起到了决定性的作用。该书出版于 1897 年，那个时候，林语堂（1895—1976）刚两岁，而其后的李方桂（1902—1987）都还没有出生呢！

经该书研究发现，喜马拉雅诸语言与汉语有同源关系，其中，跟汉语声调相对应的，不是这些语言的声调——这些语言都没有声调——而是词尾，因此认为汉藏语系（孔好古称之为印度支那语系）早期也有形态变化。这个看法影响很大，但是很多汉学家只知道此学说，却不知道其发明人。

（三）林语堂论文中没有关注到孔好古的主要贡献

承蒙莱比锡大学东方学院柯若朴（Philip Clart）教授从档案馆找到孔好古对林语堂博士论文的评语（见图 1）。又承蒙柯若朴教授和白莎（Elizabeth）教授帮助解读。

---

① 梅祖麟《康拉迪（1864—1925）与汉藏语系的建立》，《汉藏语学报》（第 4 期），北京：商务印书馆，2010 年，第 1 页。

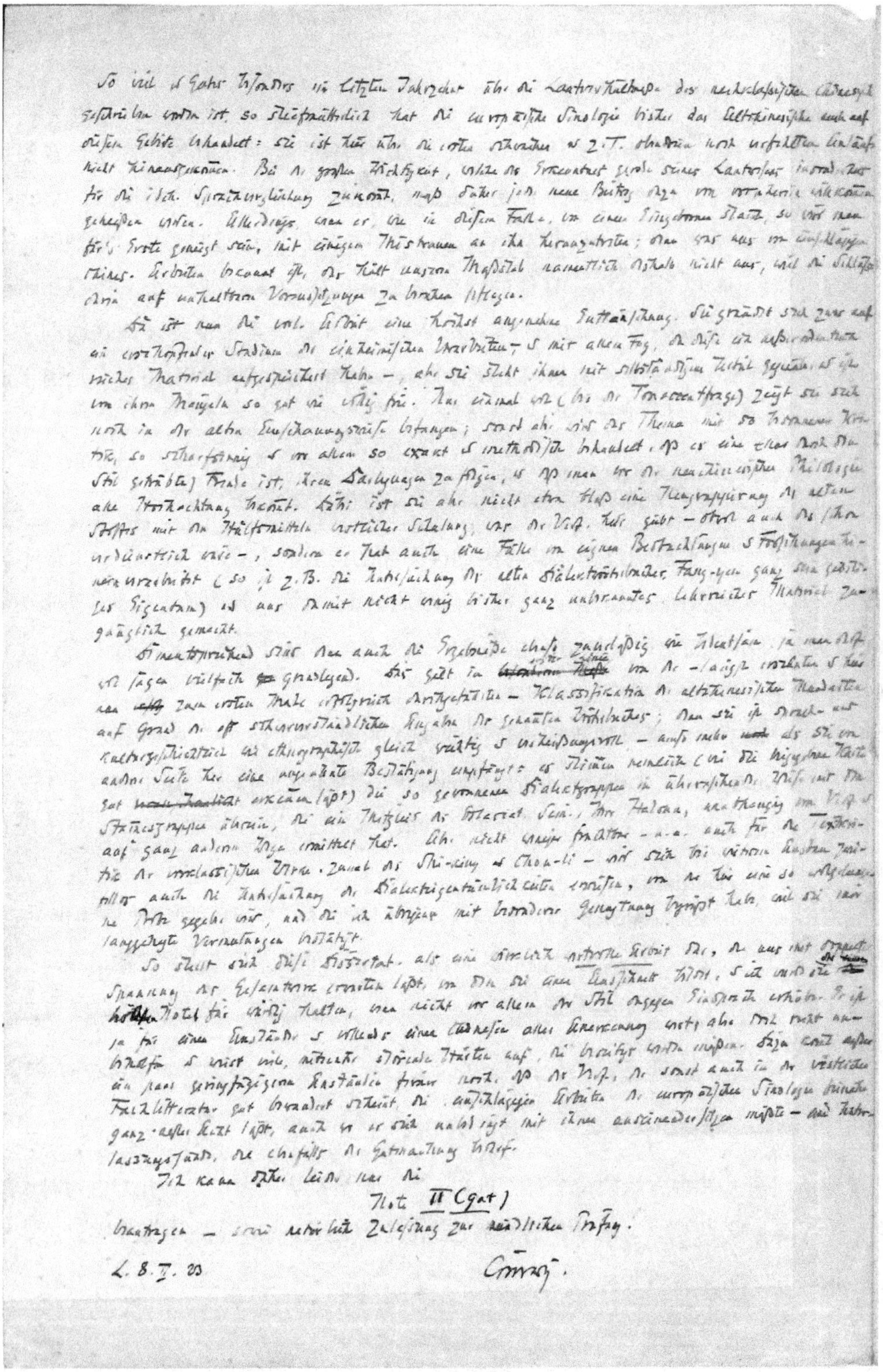

图 1　孔好古给林语堂的博士论文评语

据图 1，该评语大意如下：

一方面，评语肯定了林语堂论文的成就：是一个很珍贵的论文。（1）中国学者对汉语古音的讨论，常让人怀疑与现代语言学理论不伴，但是林语堂的论文令人耳目一新，对古音学具有重要贡献。（2）林语堂具有考证学的基础，对传统的理论和方法不是全盘接受，而是有正确的批评，有自己的看法。（3）对现代语言学理论和方法、西方学术论文规范都很熟悉。（4）论点很清楚，论述清晰。（5）作出了很多前人没有作出的贡献。（6）林语堂的研究与同年毕业的哈伦博士的研究互相补充。

另一方面，指出了论文的不足。（1）四声问题上太因袭传统说法。（2）从内容来看应该有一个更高的分数，但可惜德文有一些问题。（3）对西方汉学家的著述引述不够。

四、林语堂有没有获得博士学位？

最后一个问题是林语堂的博士学位的问题。因为现代史上有很多中国学者不重视文凭，比如陈寅恪等。又有一些人学历造假。所以，林语堂的学历问题曾经被人提起。我们找到了一些文件，可以证明林语堂的确获得了博士学位。

首先，林语堂已经通过博士论文答辩，通过了博士毕业考试，完成了学业，理应获得博士学位。这是没问题的。但是，由于德国的博士学位的获得有一个惯例，不是论文答辩、考试答辩通过就可以算博士毕业，博士文凭还需要其他条件。一是，博士论文要发表或者出版；二是，要所有评议的教授都签字。第二点似乎不是问题——中国的博士论文答辩，答辩老师都是当场签字的。但是那时候德国的博士论文答辩并不是所有评阅论文的老师都在场。而且，评议论文的老师们看论文和给评分的节奏并不一样，所以有的甚至可以拖一年半载。

但是，从我们看到的文件上，林语堂的这些条件都具备了。他的论文在没有答辩的时候就发表在莱比锡刚刚创办的期刊《泰东（*Asia Major*）》（该杂志目前在中国台湾编辑）上。尽管这只是一个提纲，而且是英文发表，不是德文。登记表上也明显显示着各位教授的签名，签名日期都很接近，很显然，这是在赶时间。

那么，别的同学博士论文答辩后是不是也这样赶时间呢？赶时间不是天经地义的吗？通过比较，发现只有林语堂如此赶时间。

那么，林语堂到底有没有得到博士文凭呢？答案是肯定的。因为他已经按时完成了这个学位所需要的一切手续。

那么，接下来的问题就是，为什么林语堂可以如此这般"超常规"操作，提前拿到博士学位？推测的答案是：

　　首先是导师孔好古的帮助。林语堂当时面临的情况非常危急，因为德国马克贬值，林语堂不得不每周仅仅靠一袋麦片度日。这对于妊娠期间的林太太来说，实在太难了。孔好古可能采取了极端的手段，给同事们作了提前说明。

　　其次是林语堂的准备。林语堂不仅计划好了在短短两年内完成论文，追随孔好古完成学业，而且在来德国之前已经提前两年预订了回国的船票。"林语堂同时在当天通过了语言学和英语的口语考试，他从来没有怀疑过毕业的问题，所以那些天已经在准备出发回国的事情了。因为他的妻子即将迎来第一个孩子的出生，并希望回到中国生产，这种紧急的状况或多或少影响到了他的博士论文的质量。回中国的船票早在他们在意大利的时候便已经订好了，并在威尼斯、罗马、那不勒斯等地进行了参观。但其妻子的怀孕并不是使其早早回国的唯一原因，他们的经济情况也是促使他们回国的原因。他们在法国所积攒的钱和林语堂收到的国内打来的钱，已经早早就兑换成了德国马克，因为通货膨胀，这些现金的购买力和德国马克一样下降，他们迫于生计只能卖掉他妻子的翡翠首饰，然而因为德国商人并不认识这些首饰的价值，这让廖翠凤很心痛，正如他们的女儿林太乙在她的自传中确认的一样。"①

　　总之，林语堂获得博士学位证书，是作了非常规的操作的。期间，其导师孔好古应该起了很大作用。因为通常，导师在这样的事上是起决定作用的。

结　语

　　那么，关于这三个问题的答案就是：

　　林语堂是慕名投靠导师孔好古的，孔好古的学问、人品，都堪称一流。

　　林语堂的博士论文之所以没有得到孔好古的最高评价，是因为林语堂根本没有参考孔好古的代表作，在博士论文中仅仅提到书名，放在参考文献里，但是实际上没有在自己的博士论文中引用和讨论。林语堂没有认识到孔好古对汉藏语系的研究会对汉语上古音有什么具体的帮助。这在孔好古看来，可能是他的显著缺失。

　　林语堂有没有获得博士学位？答案是肯定的。

---

　　①　Thomas Harnisch（托马斯·哈尼斯），Chinesische Studenten in Deutschland : Geschichte Und Wirkung Ihrer Studienaufenthalte in Den Jahren Von 1860 Bis 1945, Institut Fur Asienkunde 1999.

晚清来华女传教士所撰汉语学习著作

谢兆国

（深圳大学国际交流学院）

摘　要：晚清时期，共有 5 位来华女传教士编撰了 10 本汉语学习著作。这些著作大多出于学习传教地方言口语的目的而编撰，其中罗马拼音是十分重要的汉语学习工具。虽然自 19 世纪 80 年代起，女传教士人数逐渐超过男传教士，但相比男传教士而言，她们编撰的汉语学习著作数量较少，出版时间也较晚，而这些特征与当时女性被歧视的社会境况密切相关。

关键词：晚清；来华女传教士；汉语学习著作

引　言

两次鸦片战争后，中国门户大开，传教弛禁，西方各国传教士纷纷来华，他们的在华活动对中国社会产生了深刻影响，其中，女传教士作出了重要贡献。晚清来华的女传教士大致可分为两类：一类是作为男传教士眷属来华的传教士夫人，另一类是单身女传教士。在 19 世纪中上叶，女传教士人数一直少于男传教士，其中又以传教士夫人为主，单身女传教士人数较少。但自 19 世纪 80 年代起，女传教士人数逐渐超过男传教士，尤其单身女传教士人数有了较大增长。1869 年，在华传教士 285 人，男传教士 148 人，女传教士 137 人，其中传教士夫人 116 人，单身女传教士 21 人；[1]1876 年，在华传教士 473 人，女传教士已占近一半比例，有 235 人，其中传教士夫人 172 人，单身女传教士 63 人；[2]1889 年，在华传教士 1 296 人，男传教士 589 人，女传教士 707 人，其中传教士夫人 391 人，单身女传教士 316 人；[3]1898 年，在华传教士 2 445 人，男传教士 1 046 人，女传教

---

[1]　Anonymous, "The Protestant Missionaries of China," *The Chinese Recorder*, Vol.2, No.3, Aug 1869, pp.57–63.

[2]　Matthew Tyson Yates, *Records of the General Conference of the Protestant Missionaries of China, held at Shanghai, May 10–24, 1877*. Shanghai: Presbyterian Mission Press, 1878, p.487.

[3]　赖德烈（Kenneth Scott Latourette）《基督教在华传教史》，雷立柏等译，香港：道风书社，2009 年，第 347 页。

士 1 399 人，其中传教士夫人 724 人，单身女传教士 675 人；[①]1905 年，传教士人数增至 3 445 人，男传教士 1 443 人，女传教士 2 002 人，其中传教士夫人 1 038 人，单身女传教士 964 人。[②] 然而学界对来华传教士的研究主要集中于男传教士，对人数更多的女传教士则关注较少。晚清来华女传教士成为一个被忽视的失语群体。

目前，已有少数学者开始为女传教士"发声"，针对她们的在华活动开展研究，分别从差会、地域、性别、群体、个案、文字事工、与女信徒的关系、对中国社会的观察等视角，探讨她们在华的福音布道、教育、医疗、社会改革等事业，已取得一定成果。然而，从国际中文教育史的角度，对女传教士编撰的汉语学习著作进行探讨的论文只有寥寥几篇。徐晓娴对斐姑娘（Adele Marion Fielde，1839—1916）的《汕头方言初阶》（*First lessons in the Swatow Dialect*）和《汕头方言音义字典》（*A Pronouncing and Defining Dictionary of the Swatow Dialect arranged according to syllables and tones*）、璘为仁（William Dean，1807—1895）的《潮州话初阶教程》（*First lessons in the Tie-chew Dialect*）以及高德（Josiah Goddard，1813—1854）的《汉英潮州方言字典》（*A Chinese and English Vocabulary in the Tié-chiú Dialect*）中的方言用字情况进行了对比分析；[③] 张屏生和张坚都以斐姑娘的《汕头方言音义字典》为研究对象，前者对字典的语音系统进行了归纳总结，后者则考察了字典的编写过程，并探讨了字典的内容和体例，还分析了斐姑娘的编纂思想。[④] 荣华和邵则遂对富翟氏（Mrs. Arnold Foster）编撰的《英华字典》（*An English and Chinese Pocket Dictionary, in the Mandarin Dialect*）的语音系统进行了归纳，[⑤] 但文中却将字典作者误认为是富翟氏的丈夫富世德（Arnold Foster，1846—1919）[⑥]。

钩沉相关史料，对来华女传教士的汉语学习活动及其编撰的汉语学习著作进行整理分析，不仅可以完善来华西方人汉语学习研究，拓展国际中文教育史的研究范围，对汉语方言的演变发展研究也具有重要参考价值，此外，还能使得来华传教运动、传教士群体等相关主题的研究更加全面、立体。

---

① Anonymous, "Statistics of Protestant Missionary Societies in China for 1898," *The Chinese Recorder and Missionary Journal,* Vol.30, No.3, Mar 1899, pp.144–145.

② 赖德烈《基督教在华传教史》，第 513 页。

③ 徐晓娴《19 世纪美北浸信会潮汕方言文献方言用字的比较》，《韩山师范学院学报》2016 年第 5 期，第 15—21 页。

④ 张屏生《菲尔德〈汕头方言音义辞典〉的音系及其相关问题》，《潮学研究》2020 年第 1 辑，第 130—151 页；张坚《19 世纪传教士斐姑娘与〈汕头方言词典〉的编纂》，《辞书研究》2021 年第 2 期，第 89—100 页。

⑤ 荣华、邵则遂《〈英华字典〉与二十世纪初的汉口话》，《三峡大学学报》（人文社会科学版）2019 年第 2 期，第 105—108 页。

⑥ 富世德，英国伦敦会传教士，1871 年来华，在汉口一带传教，1919 年卒于九江牯岭。富世德编写过汉语教材《华文初阶》（*Elementary Lessons in Chinese*，1887）。

一、来华女传教士汉语学习缘起

　　1824—1826 年，新教首位来华传教士马礼逊（Robert Morrison，1782—1834）返回英国休假。休假期间，马礼逊在伦敦开展了英国本土最早的汉语教学活动。1825 年 4 月起，马礼逊每周三天（周一、周三、周五，上午 11 点至下午 2 点）前往位于伦敦市奥法的伦敦会（London Missionary Society）总部的二楼教授四位青年中文，这四位青年分别是后来赴新加坡传教的汤雅格（Jacob Tomlin）、去槟榔屿传教的台约尔（Samuel Dyer，1804—1843）、去马六甲传教的施约翰（John Smith）以及威金斯（Wilkins）。这个中文班后来又陆续有另外八位学生加入。1825 年 6 月，马礼逊在伦敦成立了东方语言传习所（Language Institution for the Propagation of Christianity），后又在荷博区的巴特雷大楼（Bartlett's Building）购买了一座房屋作为所址，并且将自己的全部中文藏书与收藏品寄存在语言传习所，供学生使用。马礼逊还将原在奥法的中文班迁往语言传习所，从 1825 年 12 月开始正式上课，至 1826 年 2 月他离开英国前不久才停止。听课学生除了原来四位神学生和后来加入的八位学生以外，还有一位圣公会的年轻弟兄加入。可惜因经费和师资等原因，语言传习所在开办三年后就解散了。

　　马礼逊在英国休假期间，除了在语言传习所教授汉语课程外，还在伦敦北郊汉克尼的家中开设了一个妇女中文学习班，有三位女学生，也是每周上课三天（周二、周四、周六）。马礼逊十分重视女传教士的培养，他认为想要在"男女大防"的中国社会将福音成功传播给中国妇女，最好由女传教士布道。"马礼逊博士早就意识到了聘用信仰基督教的妇女的重要作用，只有她们才能接近东方妇女的心灵并影响她们信仰福音。"[①] 他曾在一封致伦敦传教会司库兼书记的信中谈及单身女传教士的重要性："传教士的团体中，应有两性参加，各有不同的资格、地位及职责。为帮助异教徒妇女了解福音真道，极需基督教的女同工。然而传教士已为人母的妻室，一到异国，她们的健康及时间难有符合这些资格的。因此敬虔的青年妇女来这里学习语文，及教育本土的少女及妇人是十分有用的。"[②]

　　关于三位女学生的汉语学习效果，据马礼逊描述："三位女士已能阅读中文的新约圣经，以及已故米怜博士的《教理问答》。其中一位准备到海外传教；另一位也渴望如此，但亲人反对；第三位将在英国推动中国传教事业。"[③]"准备到海外传教"的是纽薇尔（Maria Newell，1794—1831），1827 年，作为伦敦传教会的第一位女传教士，奉派前往

---

　　① 汤森（William John Townsend）《马礼逊——在华传教士的先驱》，王振华译，郑州：大象出版社，2002 年，第 122 页。

　　② 海波恩（Marshall Broomhall）《传教伟人马礼逊》，简又文译，香港：基督教文艺出版社，2000 年，第 127 页。

　　③ 张陈一萍、戴绍曾《虽至于死：台约尔传》，桂林：广西师范大学出版社，2015 年，第 15 页。

马六甲，1829 年年初，与郭实猎（Karl Friedrich August Gützlaff，1803—1851）结婚，成为他的第一任妻子；"也渴望如此"的是艾迪绥（Mary Ann Aldersey，1797—1868），1837 年起程前往东南亚，1843 年来到浙江定海，成为第一位进入中国的单身女传教士，并于 1844 年在宁波创办了中国大陆最早的教会女子学校"宁波女塾"；"第三位"则是谭玛莉（Maria Tarn Dyer，1803—1846），1827 年 3 月与台约尔结为夫妇，同年夫妇俩与纽薇尔一行人一起乘船前往东南亚，后在槟城传教。

对于早期来华的传教士夫人而言，她们的主要任务是操持家务、教育子女、支持丈夫的传教事业，做一个向中国异教徒展示基督徒家庭理想生活方式的"花瓶"。但少数能力较强的传教士夫人会参与到丈夫传教地的各项公共事务中，如向当地妇女传教和开办、管理女塾等，她们因此需要学习汉语以突破语言障碍。对于来华的单身女传教士而言，她们在教会组织机构中处于权力的边缘，需要服从男传教士制定的传教、管理政策。不过在具体的工作中，相比传教士夫人，单身女传教士拥有更多的时间和精力从事传教活动，也有相对独立的发挥空间，自由度较高。在开展去乡村向妇女传教、培训女传道[1]、举办妇女集会、家庭探访、兴办女学、医疗护理等工作的过程中，单身女传教士经常需要独自面对中国人，因此同男传教士一样，汉语学习也是她们顺利开展工作的必然需求。

女传教士是晚清来华西方人中一个重要的汉语学习群体，与男传教士相比，她们的汉语水平毫不逊色，乃至有些男传教士对自己妻子的汉语水平好过自己还产生了嫉妒心理。[2] 然而在汉语学习成果方面，即用汉语进行文字事工方面，相比男传教士，女传教士的汉语著述数量明显较少。据统计，"汉语基督教文献书目数据库"[3] 收录了 4 400 余种晚清基督教汉语著述，其中女传教士的汉语著述只占 5.7% 左右。从 1832 年英国马典娘娘（Sophia Martin）在新加坡出版第一本女传教士汉语著述《训女三字经》（*Three Character Classic, for the Instruction of Females*）起，至 1911 年，晚清女传教士汉语著述只有约 250 种。[4] 而且这些汉语著述的种类相对单一，主要是关于宗教福音的，有教义问答、《圣经》翻译、经义研究、宗教文学等。类似的情况也发生在晚清西方人编撰的汉语学习著作中。

---

① 女传道（Bible-women）指经过专门的《圣经》培训后，协助外国女传教士给当地其他妇女传教的信教妇女。

② 详见简·亨特（Jane Hunter）《优雅的福音：20 世纪初的在华美国女传教士》，李娟译，北京：生活·读书·新知三联书店，2014 年，第 114—118 页。

③ 网址：http://xs.bbtdb.com/。

④ 郭红、伍燕茹《晚清上海女传教士汉语著述初探》，《宗教与历史》（第 13 辑），北京：社会科学文献出版社，2019 年，第 138 页。

二、来华女传教士编撰的汉语学习著作

晚清西方人为便于学习汉语，编撰了大量汉语学习著作。据笔者目力所及，1800—1911 年间，西方人编撰的汉语学习著作共有 421 本，其中由女性作者（来华女传教士）独立编撰的只有 10 本。关于这 10 本著作及作者的相关信息列表如下：

表 1　晚清来华女传教士编撰的汉语学习著作一览表

传教士	国籍及身份	著作中文名及英文名 / 罗马字母名	出版地点及时间	著作类型	所属方言
斐姑娘（斐尔德、旨先生娘）Adele Marion Fielde（1839—1916）	美国，美北浸信会传教士	《汕头方言初阶》*First lessons in the Swatow Dialect*	汕头：仁昌号（Swatow Printing Office Co.），1878	教材	闽方言
		《卫三畏字典汕头方言索引》*An Index to William Dictionary in the Swatow Dialect*		字典索引	
		《汕头方言音义字典》*A Pronouncing and Defining Dictionary of the Swatow Dialect, arranged according to syllables and tones*	上海：美华书馆（American Presbyterian Mission Press），1883	字典	
绿慕德姑娘 Miss Matilda Laurence	英国，圣公会传教士	《宁英列韵字汇》*Nying Ing Lih Yüing Z We*	上海：美华书馆（Zông-Hae: Me-Wô Shü-Kwun Ing），1884	字典	吴方言
			上海：Wo-Me Shu-Gyuoh Ing，1904		
和夫人 Mrs. Walker（Eliza Adelaide Claghorn）（1843—1896）	美国，公理会传教士	《邵武话罗马字母表》*Alphabet of Romanized Shaowu*	福州：美华书局（Methodist Episcopal Mission Press），188？	罗马拼音书	赣方言

续表

传教士	国籍及身份	著作中文名及英文名 / 罗马字母名	出版地点及时间	著作类型	所属方言
富翟氏（富世德夫人）Mrs. Arnold Foster（Amy）	英国，伦敦会传教士	《英华字典》（官话汉英袖珍词典）*An English and Chinese Pocket Dictionary, in the Mandarin Dialect*	上海：美华书馆，1893	词典	官话
			上海：别发洋行（Kelly & Walsh）1897		
			上海：别发洋行，1903		
			上海：美华书馆，1909		
			上海：Edward Evans & Sons Ltd.，1916		
		《每日中文八课》*Eight Easy Lessons in Every Day Chinese: Printed According to the Standard System of Mandarin Romanization*	北京：东正教驻北京传教团印字房刊行，1908	教材	
		《汉字学习入门》*An Easy Introduction to the Study of Chinese Characters*	上海，1910		
富师姑 Miss Hannah Conklin Woodhull（1844—1922）	美国，公理会传教士	《福州罗马字绘图蒙学》*Hók-ciŭ Lò-mā Cê Huôi Dù Mùng hŏk*	福州，1906	罗马拼音书	闽方言
		《罗马音节字类》*Lò-mā ĭng chiék cê lôi*	福州：罗马字书局（Romanized Press），1906		

上述著作尚有数本笔者目前无缘得见，下面就笔者已收集到的著作进行简单介绍与分析。

（一）斐姑娘及其编撰的潮汕话学习著作

1839 年 3 月 30 日，斐姑娘于纽约出生，1859 年进入奥尔巴尼师范学院（The State Normal College Albany）学习，1860 年毕业，先后在位于沃特敦（Watertown）和马马罗内克（Mamaroneck）的学校担任小学教师。1864 年，斐姑娘与美北浸信会传教士旨先生（Cyrus Chilcott，1835—1865）订婚，同年 8 月，旨先生被派往泰国曼谷向当地华侨传教。1865 年，斐姑娘起程前往香港，准备在香港与未婚夫完婚。当她到达香港后，却得知了未婚夫染病去世的噩耗。但斐姑娘并未就此回国，反而决定前往曼谷，为美北浸信会服务。此后斐姑娘终身未婚，并自称"旨先生娘"（Mrs. Chilcott）[①]。1866年7月22日到达曼谷后，斐姑娘开始学习汉语。当时在曼谷的华人约有三分之二为潮州人，因此为了向潮州华侨传教，斐姑娘在璘为仁（William Dean，1807—1895）以及她的中国助手顾元烺的帮助下，开始学习潮州话。她仅用一年时间便基本掌握了潮州话。在曼谷期间，斐姑娘的工作卓有成效，但因为经常出入当地欧洲人圈子，参加打牌、跳舞等活动，还曾独自在当地人村落过夜，因而被认为行为出格而遭受指责。她还被指控与美国驻曼谷领事的关系过于亲密。1872年，斐姑娘被勒令回国休假，并接受对她不当行为指控的质询。返美途中，船只停靠汕头，斐姑娘在此逗留了一周时间，并拜访了汕头教会。汕头浸信会创始人兼主持牧师耶士谟（William Ashmore, Sr.，1824—1909）见斐姑娘潮州话流利，能向当地妇女传教，就邀请她来汕头传教，并向美北浸信会总部提出了相关申请。回美后，斐姑娘自辩成功，于1873年2月以单身女传教士的身份来到汕头传教。到汕头的第二年，斐姑娘便开始着手培训女传道，在此基础上，她还创办了"明道妇学"。1877年，在上海举办的首次在华传教士大会上，斐姑娘就女传道的培养模式作了报告，引起与会者的热烈讨论。1883年，斐姑娘回国休假。在休假的两年里，她进入位于费城的宾夕法尼亚州妇女医学院（The Women's Medical College of Pennsylvania）和费城自然科学院（The Academy of Natural Sciences of Philadelphia）进修，分别学习产科学和生物学。1885年10月，斐姑娘回到汕头继续女传道培训工作。1889年，斐姑娘以健康状况为由，辞去传教士的职务。1889年11月30日，斐姑娘离开汕头，花了两年时间游历印度、中东和欧洲，然后才返回美国。1892年10月12日回到美国后，斐姑娘主要从事演讲和写作工作，还参加了许多争取女性权利的社会活动。1916年2月23日，斐姑娘在西雅图去世，享年77岁。[②]

　　斐姑娘用英文撰写了多部与中国有关的著作[③]，还编译过潮州方言福音读物，如用于培训女传道的《福音四书合串》（1874/1880）。此外，她还编撰了三本汉语学习著作：《汕头方言初阶》《卫三畏字典汕头方言索引》《汕头方言音义字典》。

---

①　"先生娘"："先生"指老师，"先生娘"就是师娘、师母的意思，是对有文化、有地位的男子的妻子的一种尊称。

②　笔者在撰写斐姑娘的生平经历时，参考了以下论文的研究成果：聂利《晚清潮州女传教士的传教及文化调适——一个案初探》，多学科视野下的中国基督教本土化研究学术研讨会会议论文，福州，2012年，第499—513页；聂利《"永久离职"：女传教士斐姑娘晚清于华南的辞职》，《汉语基督教学术论评》第20期，2015年，第123—160页；张坚《19世纪传教士斐姑娘与〈汕头方言词典〉的编纂》，《辞书研究》2021年第2期，第89—100页。

③　斐姑娘撰写的中国相关著作有：*Pagoda Shadows: Studies From Life in China*. Boston: W. G. Corthell, 1884.（中译本：斐姑娘《真光初临·潮汕实录一八七三》，郭甦译，香港：砚峰文化出版社，2016年。在该译本出版之前，学界一般将 *Pagoda Shadows* 称为《宝塔的阴影》。）*Chinese Nights' Entertainment: Forty Stories Told by Almond-eyed Folk Actors in the Romance of "The Strayed Arrow"*. New York: The Knickerbocker Press, 1893.（中译本：斐姑娘《潮汕夜话·潮汕老古一八七三》，郭甦译，香港：砚峰文化出版社，2016年。）*A Corner of Cathay: Studies from Life among the Chinese.* New York: Macmillan & Co., 1894.（中译本：斐姑娘《天朝一隅·潮汕见闻一八七三》，郭甦译，香港：砚峰文化出版社，2016年。）*Chinese Fairy Tales.* New York: The Knickerbocker Press, 1912. (re-issue of *Chinese Nights' Entertainment*)。

《汕头方言初阶》是斐姑娘为初学者编撰的潮汕话口语教材，可供两年时间学习。为了准确呈现书中的罗马拼音系统，斐姑娘特地在上海铸造厂浇铸了带有声调符号的罗马拼音字模。不过为了方便斐姑娘仔细修改校样，最终印刷是在汕头的一个临时办公室完成的。所有这些前期筹备，不仅辛劳，而且出版费用也较为昂贵，高达 800 美元，最终由一位汕头商人代为支付。因为斐姑娘与该商人议定，他享有印刷 300 本售出后的所有收益，但也要承担可能出现的所有损失。①

《汕头方言初阶》全书包括使用指南、导论②、200 篇课文、罗马注音索引四个部分。使用指南部分给出汕头方言学习和教材使用的 6 条建议。导论部分介绍了潮州话的声调（Tones），声调练习（Exercises in the tones），罗马字母（Roman Letters），字母发音（Sounds of the Letters）——单元音（Vowels）、辅音（Consonants）和复元音（the Vowels Found in Combination），送气音练习（Exercises in the Aspirates），鼻化韵练习（Excercise③ in the Nasals），送气鼻化韵（Nasal and Aspirated），汉字借用说明（Chinese Letters），苏州码子（Figures），汉字数字大小写（Numerals）和时间词（Times）。每课课文一页，每页分上、下两部分，又再分左、右两栏，上左、上右各 6 个字词，每课共 12 个字词（第 1—188 课主要是字，少数课有一两个词出现，第 189—199 课是双音节词，第 200 课是三音节词），每个字词先列汉字，其后是潮州话罗马注音和英文释义，下左是罗马注音拼写的例句，13—27 句不等（不过其中有一课只有 6 句例句），下右是例句的英文翻译。每一课的右页是空白页，供额外练习使用。

斐姑娘编纂《卫三畏字典汕头方言索引》是为了配合《汕头方言初阶》这本教材的学习和使用，④ 她在《汕头方言初阶》的"使用指南"中提到，学习者应"在卫三畏字典

①　Miss Mag., "Helps for Learning Chinese," *The Heathen Woman's Friend*, Vol.10–11, 1878, p.115.

②　*First Lessons in the Swatow* 没有为这一部分内容标注小标题，但内容与 *A Pronouncing and Defining Dictionary of the Swatow Dialect arranged according to syllables and tones* 的导论（Introduction）内容类似，因此笔者在此将其也归为"导论"。

③　此处 *First Lessons in the Swatow* 出现印刷错误，将 Exercises 错印成 Excercise。

④　晚清时期，卫三畏《汉英韵府》（*A Syllabic Dictionary of the Chinese Language: Arranged according to the Wu-Fang Yuen Yin, With the Pronunciation of the Characters as Heard in Peking, Canton, Amoy, and Shanghai*）广受欢迎，1874 年初版后，又分别于 1889 年、1896 年、1903 年、1909 年多次再版。该字典注音以北京官话作为标准，每个字还提供了广州话、厦门话和上海话的发音。但很多学习其他方言的在华西方人也想使用这本字典，因此出现了多本针对《汉英韵府》用其他官话或方言的语音体系编纂的字典索引。除了斐姑娘的《卫三畏字典汕头方言索引》，还有詹姆斯·艾契逊（James Acheson）的《卫三畏〈汉英韵府〉索引》（*An Index to Dr. Williams' "Syllabic Dictionary of the Chinese Language.": Arranged according to Sir Thomas Wade's System of Orthography*，1879）（1909 年版《汉英韵府》的注音系统也改用了威妥玛拼音；汲约翰（John Campbell Gibson，1849—1919）的《卫三畏〈汉英韵府〉和杜嘉德〈厦英大辞典〉汕头话索引》（*A Swatow Index to the Syllable Dictionary of Chinese by S. Wells Williams, of Amoy by Carstairs Douglas*，1886）；纪多纳（Donald MacIver，1852—1910）的《翟理斯〈华英字典〉和卫三畏〈汉英韵府〉客家话索引》（*A Hakka Index to the Chinese-English Dictionary of Herbert A. Giles and to the Syllabic Dictionary of S. Wells Williams*，1904）等。另外，布列地（P. Poletti，1846—1915）还编写了一本《卫三畏〈汉英韵府〉所录汉字一览表，附简明英文释义》（*A List of all the Chinese Characters Contained in Dr. William's Syllabic Dictionary: with the Concise Meaning in English*，1882）。

中查看相同字词的更完整的释义”[①]。游汝杰认为这本字典索引还有一个合作者：娜姑娘（Amelia Sophia A. Norwood，娜胡德，1844—1918）。[②]娜姑娘是加拿大人，1877年来到汕头，成为斐姑娘的重要帮手，斐姑娘不在时，就由娜姑娘负责培训女传道等工作。1885年，娜姑娘与英国长老会的来爱力（Alexander Lyall）医生在潮州结为夫妇，婚后娜姑娘脱离美北浸信会，转入英国长老会。

斐姑娘耗费四年时间才编撰完成的《汕头方言音义字典》是“迄今为止收词最多最全、释义最为详尽的潮州方言词典，具有重要的学术价值”[③]。该词典分为序言、导论、正文三部分。导论部分包括声调（Tones）、声调练习（Exercises in the Tones）、罗马字母（Roman Letters）、汉字借用说明（The Chinese Characters）、字母发音（Sounds of the Letters，包括元音 Vowels 和辅音 Consonants）、送气音练习（Exercise in the Aspirates）、鼻化韵练习（Exercise in Nasal Sounds）、送气鼻化韵（Nasal and Aspirated）、连读变调（Tones in Combination）及部首（The Radicals，1—17 画，共 214 部）等内容。正文部分共 617 页，每页分两栏，共收录 5 442 个字。所录汉字按照罗马拼音从 A—Z 排列；音节相同的，再按 8 个声调的顺序排列。

每个条目先列出汉字，其后是罗马拼音，拼音下的数字是该字在《汉英韵府》中所在的页码，再接着是一上一下两个数字，上面的数字表示该字部首在“214 部”中的序号，下面的数字表示该字除去部首后剩下的笔画数。[④]数字后面是该字的英文释义，如果该字有多个义项，则用分号隔开。释义下面是用罗马音拼写出的包含该字的词、短语或句子，其后是例词、例句的英文解释。与一般字典不同的是，《汕头方言音义字典》所收例词不仅包括该字作为词首的词语，还有该字作为词尾或词嵌的词语。

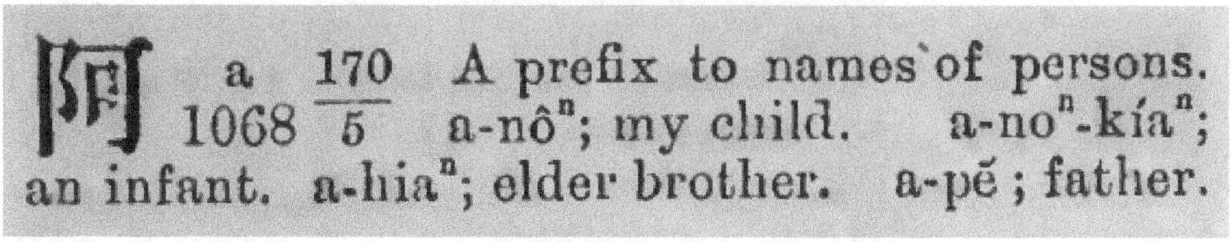
阿 a 170/5 1068 A prefix to names of persons. a-nô^{n}; my child. a-no^{n}-kía^{n}; an infant. a-hia^{n}; elder brother. a-pě; father.

图 1　《汕头方言音义字典》正文第一个字“阿”

---

① Adele Marion Fielde, *First lessons in the Swatow Dialect*, Swatow: Swatow Printing Office Co., 1878, “Directions for Using this Book”.

② 游汝杰《西洋传教士汉语方言学著作书目考述》，上海：上海教育出版社，2021 年，第 194 页。

③ 张坚《19 世纪传教士斐姑娘与〈汕头方言词典〉的编纂》，第 89 页。

④ Adele Marion Fielde, *A Pronouncing and Defining Dictionary of the Swatow Dialect arranged according to syllables and tones*, Shanghai: American Presbyterian Mission Press,1883, p.iii.

以该词典所收第一个字"阿"为例：最开始是汉字"阿"，其后是罗马拼音"a"。"1068"表示"阿"字在《汉英韵府》第 1068 页，"170"表示该字的部首是"214 部"的第 170 部"阜 阝"，"5"表示除了部首外剩下的部分（"可"）为 5 画。后面是英文释义："A prefix to names of persons"（人名的前缀）。最后是例词：a-nô; my child（阿孥）、a-noⁿ-kíaⁿ; an infant（阿孥囝）、a-hiaⁿ; elder brother（阿兄）、a-pě; father（阿爸）。

（二）绿慕德姑娘与《宁英列韵字汇》

1870 年，英国圣公会女教育传教士绿慕德来华布道兴学，驻浙江宁波。她的汉语著述成果主要体现以下几个方面：一是用宁波土白翻译了多部儿童福音小说，如用罗马拼音将英国女作家莫蒂姆（Favell L. Mortimer, 1802—1878）的一部宗教启蒙故事集《蒙童训》（*Line Upon Line*, 1837）翻译为宁波土话版《纪世于乐》（*Jih Tsih yüih le*），还将英国女作家泰罗（Helen Louisa Taylor, 1831—1907）对《天路历程》的改写本翻译成《小天路历程》（*Little Christian's Pilgrimage: The Story of the Pilgrim's Progress*）；此外，绿慕德还用宁波话罗马音将《旧约》中的"民数记"一卷翻译为《民数记略》（*Ming-Su Kyi-Liah*, 1895）；再就是编写了一部《宁英列韵字汇》。

《宁英列韵字汇》分为引言、目录、正文和补遗四个部分，其中引言有英文、罗马拼音和汉语文言三种，目录也分为汉字目录和罗马字目录两种。正文部分首先列出汉字，然后用宁波话罗马拼音列出包含该字的一两个词语，并附有对应的英文翻译。补遗部分相比正文，多了对汉字的单独注音。该书具体内容与安排可参看其引言：

> 是书为便蒙而作，录六千九百余字，次之以韵，以罗马字音之释之，名曰《列韵字汇》。以圣书所有之字为宗，然终不无遗漏，余字乃所兼及。借音无义，偏旁加口，如"嗒""嚛""咏""哒""嚛"等。字不录四声，各以类聚，平声入平声，上声入上声，去声入去声，入声归入声。循平仄之序而列，先平声，次上声，次去声，入声则另为一集。音有数声，有平声者，则收于平声，有上声者，则收于上声。不论本音、转音，以平、上、去之序为准。音释之外，又略译以英文，于中西之学两有所得。一使初求汉文者，借可探骊；一使粗知英字者，略以窥豹。检字之法按二百十四部，编为目录，某字在某面，旁标码子。罗马字音韵照韵编为目录，某音在某面，旁注面数。欲考音义而索其字者，可检之于汉字目录。欲由音得字而求其音者，可检之于罗马字目录。夫以部统字未为不可，然必先有字而后可以求诸部。五尺之童常苦持一言而不知其字，今以罗马字切音，而以音统字，则识罗马字者，并可缘音以索字，此是书辑音列韵之意也。且其为书缩然一本，易于检阅，而又便于囊箧。夫字书多矣，

音释均系汉文。初学者，每有考一字，而仍不知音释之字。兹则考其音，则纸上似有声闻，而音无不得；考其义，则卷中如聆告语，而义无不知。一编之晤对，恍承师傅之训诂，则于勤求字学者不无小助，而冷齿大方知所不免矣，更有善本出，则此书可以覆瓿也已。[①]

（三）富翟氏[②]及其编撰的官话学习著作

英国伦敦会女传教士富翟氏 1878 年随丈夫富世德来华，驻湖北汉口布道。1897 年在湖北汉口开办懿训书院，即后来私立懿训女子中学的前身。

富翟氏汉语著述丰富，[③]所采用的汉语语体包括官话和文言，主要是宗教福音类著作，用作传教或教会学校教材：《福音韵语》（1886）、《识字初阶》（1886/1910）、《十课易学》（1886/1913）、《道字易学》（1890/1913）、《日月星问答》（1894/1910）、《双字合编》（1894/1900/1912）、《为道受难记》（*Persecutions in Madagascar*，1894）、《太平洋岛受道记》（*Christian Missions in the South Sea Island*，1894）、《圣经释义》（*A Course of Christian Medita-tion*，1894）、《旧约问答》（*Chiu Yueh We Ta, Old Testament Catechism*，1902）、《新约问答》（1905）、《马太福音阐义》（*Commentary on St. Matthew's Gospel*，1905）、《湛雅各布李修善传》（1910）、《基督教小历史》（1933）等。19 世纪 90 年代，富翟氏还在《中西教会报》（*Missionary Review*）的"妇孺要说"版块发表了多篇针对妇女儿童的福音文章，如《艾小姐仁爱之法》《朱得胜师母论》《美璧爱白猫论》《忠贞生死论》《天父保佑女孩说》《为斯理师母善教论》《孝子蹈险救父论》《夸诈嫁祸说》《忠仆舍命救主论》《幼女善悔论》等。

富翟氏的优秀汉语水平不仅体现在数量众多的汉语著述上，她还曾担任过汉语教师。在 1913 年 5 月的《教务杂志》（*The Chinese Recorder and Missionary Journal*）上有一篇牯岭语言学校（Language School at Kuling）的广告，上面标明了课程和任教老师，其中富翟氏担任三门课程的老师：《福音入门》（第 1 卷）、《马可福音》，6—8 月，富世德夫人（6 月）、Stewart 小姐（7、8 月）；科学读物、算术术语等，7—8 月，富世德夫人；小说，6 次关于《红楼梦》中典型汉字的演讲，7—8 月，富世德夫人。[④]此外，富翟氏还曾在"武

---

① Miss Matilda Laurence, *Nying Ing Lih Yüing Z We*, Zông-Hae: Me-Wô Shü-Kwun Ing, 1884. 原文无句读，标点为笔者添加。

② 关于 Mrs. Arnold Foster 的中文称呼，学界目前多使用"富士德夫人"，但在其汉语著述中，她一般都自己署名为"富翟氏"，因此本文也以"富翟氏"称之。

③ 富翟氏还有两本英文著作：《扬子江纪行》（*In the Valley of the Yangtse*,1899）和《扬子江流域的中国女学生》（*Chinese Schoolgirls in the Valley of the Yangtse*,1909）。

④ Anonymous, "Language School at Kuling," *The Chinese Recorder and Missionary Journal,* Vol. 44, No. 5, May 1913, p.320.

昌语言课程" 中担任教师，该课程于 1914 年 10 月 12 日开课，为期 6 个月，只针对汉语初学者。富翟氏负责在周二教授汉字的偏旁、书写和 "国文读本"。[1]

《英华字典》（官话汉英袖珍词典）是富翟氏为汉语初学者编写的一部汉口官话字典。第 1—2 版内容包括勘误、序言和正文，第 3—5 版（修订版）的内容则为序言和正文。两版序言都对汉语拼音系统作了简单介绍，内容包括：单元音（Vowels）、复元音（Diphthongs）、辅音（Consonants）和声调（Tones）。不过因两个版本使用的拼音系统不同，介绍也不尽相同。在第 1 版中，汉字的罗马拼音是根据卫三畏的《汉英韵府》拼写的，"尽管这套拼音系统有很多批评，也不完美，但是没有一套拼音系统能够适用所有的官话区，而近乎各方言区的学生都在使用卫三畏的字典，也习惯于他的拼法"[2]。但从第 3 版起，富翟氏就将字典的罗马拼音系统改为翟理斯（Herbert Allen Giles，1845—1935）《华英字典》（A Chinese-English Dictionary）的拼音系统（威妥玛 – 翟理斯式拼音：Wade-Giles Romanization）[3]。如果汉口官话发音与卫三畏字典或翟理斯字典不一致，则附加在括号中。此外，在修订版中还标出了北京官话中不区分的入声。修订版 "序言" 部分还增加了一节新内容：中文书信撰写提示（Hints on Writing Letters in Chinese），介绍中文书信的格式和常用语，并给出两封信件和一个信封的示例。

字典正文先列出英文词目（按 A—Z 排序），然后根据英文词目的义项分别给出相应的中文词语翻译以及中文词的罗马注音。该词典的词目选取自湛约翰（John Chalmers，1825—1899）《英粤字典》（An English and Cantonese Pocket Dictionary）中最常用的词语汇编而成，富翟氏也增加了一些看起来有必要的词语，初版有 3 500 个词，第 5 版增加至 4 000 个词左右。[4]

（四）和夫人、富师姑与闽方言罗马拼音书

1872 年，美国公理会传教士和约瑟（Joseph Elkavah Walker，1844—1922）与爱德莱蒂（Eliza Adelaide Claghorn，1843—1896）来华布道，驻福州。1873 年，两人结婚，爱德莱蒂改称和夫人（和师母，Mrs. Walker）。同年秋天，和约瑟和吴思明（S. F. Woodin）、

---

[1] Anonymous, "Language Classes at Wuchang," *The Chinese Recorder and Missionary Journal*, Vol. 45, No.10, Oct 1914, p.656. 关于清末民初来华传教士创办的汉语培训学校的详细情况可参见邹王番《清末民初新教汉语教学机构研究——以英文期刊〈教务杂志〉为中心》，《东アジア文化交涉研究》第 14 号，2021 年，第 305—315 页。

[2] Mrs. Arnold Foster, *An English and Chinese Pocket Dictionary, in the Mandarin Dialect*, Shanghai: The Presbyterian Mission Press, 1893, Preface.

[3] "Presbyterian Mission Press Bulletin," *The Chinese Recorder and Missionary Journal*, Vol. 37, No. 7, July 1906, Dictionaries.

[4] 同[2]。

柯为梁（Dauphin William Osgood，1845—1880）等一行人首次前往邵武，并开展一些简单传教活动，如售卖传教小册子、宗教书籍和分发医疗药品等。1875 年春，和约瑟携吴思明、力腓力（Josiah B. Blakely）再次前往邵武，试图在邵武购买房屋地基，但由于受到当地士绅阻挠，无功而返。1876 年春，和约瑟和力腓力第三次来到邵武，这次他们终于在邵武订立了一份购置一幢两层楼房的契约文书。自此，美国公理会差会终于在邵武成功建立传教站点。这一年秋天，和夫人也跟随丈夫来到邵武。1896 年，和夫人因病去世，和约瑟将其埋葬在福州的"洋墓亭"（Foochow Mission Cemetery）。

《邵武话罗马字母表》是和夫人在中国人 Mr. Chang 的协助下完成的，共 4 页。此外，在两位中国助手 Messrs. Chang 和 Fan 的协助下，和夫人还与和约瑟一起准备、完成了《邵武腔罗马字》（*Shauu K'iong, Loma t'se, List of Monosyllabic Sounds of the Shaowu Dialect*，1887）。《邵武腔罗马字》是一本邵武话字音表。第 1 页罗列了邵武话的 20 个"字头总目"（声母），以"真、车、恩、回、奚"等汉字为代表（汉字下面标注罗马拼音），第 2 页罗列了邵武话的 44 个"字母总目"（韵母），以"鸦、挨、俺、坳、而"等汉字为代表（同样在汉字下面标注罗马拼音。不过，最后 7 个汉字为毛笔手写，不是印刷体，应是后来补充的）。第 3—29 页为正文，共 1 589 个邵武话字音 / 词音，先列出罗马拼音，其后配以代表汉字。如果某个邵武发音没有对应本字，则用小号汉字写出这个字的意思。字表按照声母排序，先是零声母音节，其后按照英语字母表顺序排列（声母字母相同的，不送气音在前，送气音在后），声母相同再按照韵母和声调排列。

1884 年，美国公理会女教士富师姑来华布道兴学，驻福州。1906 年，她编写出版了两本罗马拼音书。《福州罗马字绘图蒙学》是为促进学习罗马拼音而编撰的，全书包括序言、教学建议和正文（65 课）。富师姑强调循序渐进的学习方法，先学声母和韵母，然后学词语，最后学句子。富师姑还指出，韵母应该作为一个整体来教，而不是将其拆分成韵头、韵腹和韵尾来教。这本书相比其他罗马拼音书的特别之处在于，为了教授有用的课程和阅读，每课富师姑都精心挑选相关主题，并配有插图。老师每节课可以通过讲解插图作为导语，并解释所有生词。这样一来，学生就能更容易、更迅速地掌握学习的内容。而《罗马字音节字类》应该结合《福州罗马字绘图蒙学》每天一起来教。①《罗马字音节字类》只有 12 页，每页 1 课，内容包括声韵调表及单句。

---

① Hannah Conklin Woodhull, *Hók-ciŭ Lò̤-mā Cê Huôi Dù Mùng hŏk*, Foochow, 1906, "Suggestions to Teachers".

余 论

　　虽然完全由女性作者完成的汉语学习著作只有 10 本，但并不意味她们在国际中文教育史中的贡献仅止于此。她们还曾协助很多男性作者完成汉语学习著作，如卫三畏就在《汉英韵府》的"序言"中写道："关于上海方言部分，我要感谢美国圣公会的费理雅小姐（Lydia Mary Fay）；还要感谢她为索引列出的上海语音，以及——这包含了更多的工作——在该书手稿付印之前对它进行了仔细检查。"[1] 但女性在国际中文教育史中的身影更多是被淹没在历史与时间中，很多连致谢都没有，更别说署名了。[2] 她们对国际中文教育的贡献有待我们更深入地挖掘与厘清。晚清来华女传教士编撰的汉语学习著作，整体而言，呈现以下两个方面的特点：

　　第一，女性作者身份单一，汉语学习著作的出版时间晚、数量少。

　　晚清时期，编撰汉语学习著作的西方男性作者的身份十分多元，除了传教士、外交官、海关洋员这三个最主要的群体之外，还包括汉学家、学者、商人等；男性作者的国籍除了数量最多的英、美、法以外，还有德、意、葡、奥、荷、加等多个西方国家。而晚清汉语学习著作的女性作者均为英、美两国的传教士，身份相对单一。

　　晚清西方女性作者编撰出版汉语学习著作的情况与来华女传教士人数增长直接相关。在 19 世纪中上叶，来华女传教士主要是传教士夫人，不仅人数较少，而且大多受教育程度较低，她们还要担负烦琐的家务。因此，虽有少部分传教士夫人通过努力学习掌握了汉语，但她们缺乏专业的语言学知识支撑其编撰汉语学习著作，也没有足够的时间和精力投入这一困难重重的事业中。这一情况在 19 世纪后期发生了改变。随着西方国家妇女运动的发展，越来越多的女性能够接受教育，而在 19 世纪 80 年代后，美国掀起"学生志愿海外传教运动"，并逐渐波及其他国家，这就使得 19 世纪后期至 20 世纪初的来华女传教士，不管是传教士夫人还是单身女传教士，很多都具有良好的教育背景，受过大学或者高级中学的教育。这一情况的改变为女传教士编撰汉语学习著作奠定了人才基础，使得女性编撰汉语学习著作成为一种可能。本文所讨论的五位女性作者均为 19 世纪七八十年代才来华布道的。

---

　　① 　Samuel Wells Williams, *A Syllabic Dictionary of the Chinese Language: Arranged according to the Wu-Fang Yuen Yin, with the Pronunciation of the Characters as Heard in Peking, Canton, Amoy, and Shanghai*, Shanghai: American Presbyterian Mission Press, 1874, p.ix.

　　② 　除了女性作者独立完成的汉语学习著作及和约瑟夫妇的合著之外，有女性作者署名的汉语学习著作还有一本《福州方言入门二十课》（*A Manual of the Foochow Dialect in Twenty Lessons*, 1904），作者署名为"C.M.S & A.E. Champness"（钱普尼斯夫妇：Charles Seymour Champness, 1870—1926; Annie Elizabeth Champness, 1874—1956, 英国卫斯理宗传教士）。

表 2　女性作者来华传教时间与主要驻地

	来华传教时间	主要驻地
斐姑娘	1873	广东汕头
绿慕德姑娘	1870	浙江宁波
富翟氏（富世德夫人）	1878	湖北汉口
和夫人	1872	福建邵武
富师姑	1884	福建福州

　　女传教士人数逐渐增多，在 20 世纪 20 年代更是达到来华传教士总人数的 60% 以上，但女传教士编撰的汉语学习著作数量相比男传教士要少得多，在晚清西人编撰出版的汉语学习著作中（共 421 本），只占 2.4%，即便在 1878—1906 年（晚清女传教士作者出版汉语学习著作的第一年和最后一年）这一时间段内（共 185 本），也仅占 5.4%。出版数量少的原因与女传教士在男性主导的差会中处于从属地位，以及歧视女性、轻视女性能力的社会氛围密切相关。美国浸礼会秘书长就曾在 1888 年的大会上表示，"即便女性也参与了传教，男性在神圣使命中的领导地位依旧是毋庸置疑的……我们不能容许破坏男性在教会中的权威地位，那是天生注定的，在上帝的教会中，'男人是女人的头'"①。在男传教士群体中，出版汉语学习著作是对其汉语能力、社会地位和影响力的一种肯定，而女传教士出版汉语学习著作则会被视为一种越矩、失范的行为。当时西方社会中的"抑止女性写作"的阻力在来华西方人群体中也存在着。

　　斐姑娘编撰《汕头方言音义字典》是"献给将要来到汕头美北浸信会，向潮州人传递基督福音的那些人"的，但同差会的耶士谟等同工却反对斐姑娘编撰字典，他们认为她占用了传教工作时间去编写字典，尤其是在教会因为有人离职或生病而严重缺乏人手时，斐姑娘却为了编撰字典而忽略了传教职责。同差会的耶士谟和巴智玺（Sylverster Baron Partridge）都认为斐姑娘编写词典是一个错误，既浪费钱又浪费时间。② 不过斐姑娘凭借坚强的决心坚持了下来，为此还推掉了明道妇学的工作，前往上海，借住在晏玛太夫妇（Dr. and Mrs. Matthew Tyson Yates）家，全身心地投入字典编撰、修订及印刷等工作中。可见，女传教士想要成功编撰、出版汉语学习著作，不仅要有汉语能力、语言学知识以及宗教热情，还要具备自信、果敢、坚韧的性格，要敢于挑战男权社会对其女性身份的规训。

　　第二，借助罗马拼音学习传教地方言。

① 简·亨特《优雅的福音：20 世纪初的在华美国女传教士》，第 22 页。
② 聂利《"永久离职"：女传教士斐姑娘晚清于华南的辞职》，第 141 页。

　　在来华女传教士编撰的 10 本汉语学习著作中，所针对的汉语大多是传教地的方言，其中又十分倚重罗马拼音作为学习汉语的工具，可见她们更强调方言口语的学习。罗马拼音的创制、出版与推广始自 19 世纪 50 年代，在晚清来华传教士中盛行一时（尤其在福建、浙江宁波等地），这是他们需要学会汉语以对中国民众进行口头宣讲和文字布道，但又想规避汉字难学的一种主动追求。而对于女传教士而言，在"妇女工作为妇女"口号的指导下，她们来华的最重要目标就是向广大的基层妇女群体传教，而这类群体绝大多数是文盲，且只会方言不懂官话。创制罗马拼音拼读本土方言，能够将方言中的所有语汇全部拼写出来，而且简单易学，既便于传教士学习汉语，还可以组织各类识字活动将罗马拼音教授给文盲信徒，使他们能够自主阅读《圣经》教义，进而促进传教工作的开展。可见，传教工作的需求才是女传教士编撰罗马拼音书、方言字典、方言口语教材的最根本的原因，因为罗马拼音可以成为基督教信仰传播的重要媒介。

　　在五位女性作者中，唯有长驻湖北汉口（官话通行区域）的富翟氏选择官话作为学习对象，《英华字典》针对的是汉口官话（西南官话），《每日中文八课》采用的则是一种理论上更具普适性的人为创制官话。

　　《每日中文八课》一书副标题指明作者依据的是"官音罗马字标准体系"（Printed According to the Standard System of Mandarin Romanization），该"标准体系"是由中华教育会（The Education Association of China，益智书会 ①）制定的。1899 年，中华教育会在第三次三年一届的会议上成立了一个委员会，以制定统一拼写方案，目标是确立适用于各种官话的统一拼写规则。1902 年 5 月，在第四次三年一届的会议上，成立"官话罗马字委员会"，方案制定工作正式开始。至 1903 年 7 月，官话罗马字统一标准的方案才初步拟定。1904—1905 年，益智书会在上海出版了《官音罗马字韵府》（The Standard System of Mandarin Romanization）一书，分为两卷，第一卷包括方案的介绍、音节表和一份 6 000 字的字音表（Introduction, Sound table and Syllabary），第二卷包括第一卷字音表部分的索引和汉字——罗马字对照表（Radical Index）。

　　统一标准制定出来后，初期得到了较为热烈的响应，被山东登州大学和南京金陵大学等教育机构采用，也据此出版了一些入门读物和简版福音书，但并未产生持续、广泛

---

　　①　益智书会是近代来华传教士在中国创办的文化传播机构之一。1877 年，在上海举行的来华传教士第一次大会上，为解决教会学校的教科书问题，成立了由林乐知（Young John Allen，1836—1907）、狄考文（Calvin Wilson Mateer，1836—1908）、丁韪良（William Alexander Parsons Martin，1827—1916）、黎力基（Rudolf Christian Friedrich Lechler，1824—1908）、韦廉臣（Alexander Williamson，1829—1890）、傅兰雅（John Fryer，1839—1928）等传教士组成的"学校与教科书委员会"，即益智书会，负责编译出版教科书。1890 年的第二次来华传教士大会上，该委员会改名为"中华教育会"，并开始吸收中国本土的牧师。1905 年改称为"中国教育会"；1916 年又改为"中华基督教教育会"。但该机构对外的称呼始终是"益智书会"。

的影响。"在传教士百年大会上，达沃奇（Rev. John Darroch）就曾指出：与浙江、福建等方言区罗马字所取得的进展不同，在官话区罗马字的状况是令人悲哀的，而造成这种情况的原因是传教士的漠视。"[①] 丁韪良在 1907 年也曾评价该标准方案说："不能令所有人满意，我也不满意，然而妥协是合作的代价。"[②] 传教士漠视是因为这个标准方案，追求适用各种官话，结果却各种官话都不太适用，其单个儿语音或许在某个地区的官话中存在，但就整体而言，并没有具备这种语音体系的真实官话。"官音罗马字标准体系"是一种完全人造的语音规则，是来华西方人想要创制出"中华通语"的一次失败尝试。

---

① 张龙平《中国教育会与清末官话罗马字改革》，《贵州社会科学》2007 年第 5 期，第 155 页。

② W. A. P. Martin, "A Plea for Romanization," *The Chinese Recorder and Missionary Journal*, Vol. 38, Sep 1907, p.502.

试论 19 世纪北京官话语法特征的演变趋势
——以《问答篇》到《语言自迩集》的改编为中心

全文灵

（北京外国语大学中国语言文学学院）

摘　要：威妥玛是 19 世纪英国著名的外交官和汉学家。1859 年在香港出版的《寻津录》是威妥玛到中国后编写的第一部汉语教材，之后 1867 年的《语言自迩集》第一版则是当时影响甚广的北京官话口语教材，至今仍被认为是对 19 世纪中期北京话的真实记录。在《寻津录》和《语言自迩集》之间，威妥玛及其团队还曾于 1860 年编写出版了《问答篇》和《登瀛篇》，二者同样是北京官话教材。其中，《问答篇》更是与《语言自迩集》中的《谈论篇》有直接的承继关系。文章以《问答篇》到《语言自迩集·谈论篇》改编的 957 组例句为研究对象，从满语干扰特征和话语互动成分两个角度观察对比具有互文关系的两个文本之间的异同，并进一步探讨 19 世纪北京官话的语法特征及其演变发展情况。

关键词：《问答篇》；《语言自迩集》；北京官话；满语干扰特征；话语互动

引　言

19 世纪中期，随着威妥玛（Thomas Francis Wade，1818—1895）《语言自迩集》的问世，北京官话的中心地位进一步得到确认。彼时的北京话与现代普通话有着不可分割的密切联系，其语言研究价值也就不言而喻。太田辰夫，刘云和李卉，陈晓分别以清代白话小说、旗人作家京味作品和满（蒙）汉合璧文献中的北京话语料为基础，得出了一些关于清代北京话的特殊语法特征。[①] 但除了上面这些语料，我们认为从西人编写的北京话口语教材出发研究清代北京话的语法特征也是一个很好的切入点，如英国汉学家威妥

---

① 太田辰夫《论清代北京话》，陈晓译注，远藤光晓校，《语言学论丛》（第四十八辑），北京：商务印书馆，2014 年，第 352—368 页；刘云、李卉《清末民初北京话的语法特点》，《现代语文》2015 年第 4 期，第 87—89 页；陈晓《从满（蒙）汉合璧等文献管窥清代北京话的语法特征》，《民族语文》2015 年第 5 期，第 21—34 页。

玛主持编写的北京官话口语系列教材（包括《问答篇》《语言自迩集》系列等）可以作为清代北京话研究的重要语料。

宋桔在考证《语言自迩集》文献语料及编者身份的基础上，立足 19 世纪官话语言的背景和教材性质，描写了书中所体现的编写者的语料观、语法观以及汉语语法阐释体系，还涉及多个个案研究，对之后的相关研究很有借鉴意义。[①] 朱晓琳以《语言自迩集》初版和再版 246 组改编用例为研究对象，探究两个版本在语音、词汇、语法和语用等方面的差别，重在思考《语言自迩集》再版对当代对外汉语教材编写的启示。[②] 张美兰从文本比较的角度对威妥玛所编汉语教材《寻津录》和《语言自迩集》中的北京口语特征进行了研究。[③] 但以上研究均未对与《语言自迩集·谈论篇》密切相关的《问答篇》文本进行细致分析。

本文试图通过对比《问答篇》与《语言自迩集·谈论篇》，在明确两文本关系的基础上分析总结两书改编的具体内容，并从历时和共时角度探究 19 世纪北京官话语法特征的演变发展规律。

一、《问答篇》与《语言自迩集》的关系

《问答篇》是威妥玛到达北京后主持编写的第一部北京官话口语教材，于 1860 年出版。书本分上、下两卷，上卷 53 章，下卷 50 章，共 103 章，内容涉及清话学习、访友探病、升官考试、婚丧嫁娶、劝学孝亲等多个方面，这一文本的源头是清人智信编写的满语教材《一百条》。本研究所使用的《问答篇》语料来自日本学者内田庆市所发现的现藏于哈佛大学燕京图书馆的《问答篇》，其影印本现收录于内田庆市等编著的《〈语言自迩集〉的研究》[④] 一书中。

从威妥玛所编写的北京话系列教材的情况来看，威妥玛的第一部汉语教材《寻津录》成书于 1859 年的香港，其中的汉文篇章取自清朝政府用以教化百姓的《圣谕广训衍》。而到了 1860 年的《问答篇》，汉文篇章的取材则转向了满（蒙）汉合璧文献中的汉文本。其声名远播的《语言自迩集》第一版 1867 年问世于北京，其中的《谈论篇》延续了《问答篇》取材的传统，只是对后者有所改动。而 1859—1867 年间，只有《问答篇》和《登瀛篇》作为互补的北京官话教材于 1860 年同时问世。正如两书"序言"中所写的"但以

① 宋桔《〈语言自迩集〉的文献和语法研究》，复旦大学博士学位论文，2011 年。

② 朱晓琳《从〈语言自迩集〉版本变化看对外汉语教材编写》，四川师范大学硕士学位论文，2017 年。

③ 张美兰《从文本比较看威妥玛所编汉语教材的北京口语特征》，《语言学论丛》（第五十八辑），北京：商务印书馆，2018 年，第 301—323 页。

④ 内田庆市、冰野步、宋桔《〈语言自迩集〉的研究》，日本：好文出版社，2015 年。

京师士大夫所习之语言为官话，直省之方言不得并焉……诚后学之舌人翻译之嚆矢也"。可见，威妥玛等人编写《问答篇》的目的是为翻译人士提供北京官话的学习教材。也就是说，《问答篇》很有可能记录的就是 1860 年前后的北京官话。另外，"序言"中也明确指出了北京官话是当时官场的必备技能，在全国具有优势地位。

《语言自迩集·谈论篇》与《问答篇》之间存在一些变动之处。首先，从篇章数目来说，《问答篇》共 103 章，上卷 53 章，下卷 50 章；而《语言自迩集·谈论篇》则是 100 章，上、下卷各 50 章。其次，从篇章内容来说，《语言自迩集·谈论篇》比《问答篇》少了 3 章，分别是《问答篇》上卷第 41 章、下卷第 35 章和第 50 章。这部分内容明显涉及沉溺女色、买女做妾和凶徒杀人等情节，不符合传统的纲常伦理，更与全书劝人向善、勤学孝亲的整体基调背道而驰。另外，这部分内容与《语言自迩集·谈论篇》本身所具有的北京官话口语的"文雅"风格也不太契合。因此在《语言自迩集·谈论篇》及之后的互文系列文本中都被删去。

从《问答篇》的编写目的和成书背景来看，此书主要反映的是 19 世纪 60 年代左右的北京官话口语。从文本内容来看，此书上承《一百条》系列文本的满（蒙）汉合璧文献汉文本（《初学指南》《清文指要》《新刊清文指要》《三合语录》），下启《语言自迩集·谈论篇》《亚细亚言语集》等西人汉语教科书，特别是与 1867 年的初版《语言自迩集》中的《谈论篇》一脉相承。

二、《问答篇》到《语言自迩集·谈论篇》的语言变化

通过自建语料库，我们对《问答篇》和《语言自迩集·谈论篇》中的 957 组例句进行了全面考察，共整理出修改变化之处 769 组。下面将从词汇和句法两方面对主要的改动内容进行阐述。

（一）词汇方面的变化

1. 称谓词的变化。

称谓词一般是指说话双方交流时的称呼用语。通过对比《问答篇》和《语言自迩集·谈论篇》的词汇，我们发现其中的"哥"类词存在显著变化。例如：

（1）【问】① 哥哥，瞧瞧我的翻译，求你纳略改一改。

---

① 所有例句中【问】表示《问答篇》，【语】表示《语言自迩集·谈论篇》。

　　【语】兄台，瞧瞧我的翻译，求你纳略改一改。（第 7 章）①

（2）【问】阿哥来了，我总没听见说，若听见，我也早来瞧来了。

　　【语】老弟来了，我总没听见说，若是听见，也早来瞧你来了。（第 32 章）

　　经统计，《问答篇》中"哥"类词（主要表现为"阿哥""哥哥""大哥"等）共出现 75 次，但在《语言自迩集·谈论篇》中"哥"字出现次数为 0。从以上例句可知，取而代之的是"兄台""老弟"等称呼用词。此外，无论是"哥"类词还是"兄台"等词，它们所表示的意义都不是亲属之称，而是其泛化用法。另外，各词之间替换的详细情况可参表 1。

表 1　"哥"类词改编情况统计表②

改编情况	改编频次
阿哥—兄台	1
阿哥—弟台	1
阿哥—老弟	5
阿哥—令郎	2
哥哥—兄台	11
哥哥—你纳	1
大哥—兄台	32
大哥—老兄	5
大哥—老弟	6
大哥—你纳	5
其他（众位 / 主人 / 人哪 / 孩子）	6

　　从上表可以看出，《问答篇》中的"哥"类词一半以上被"兄台"代替，"老弟"则位居其后。至于《问答篇》中的"哥"类词为何在《语言自迩集·谈论篇》中销声匿迹，目前我们还不甚清楚。我们都知道，虽然"阿哥"是满族人常用的称谓语，但"哥"类词早已出现，并非由于满语词"阿哥"才兴起。吴琼指出，"哥"在唐代便已经出现代替"兄"的用法，宋代起其指称对象已经社会化，而与《语言自迩集》同时期的《儿女英雄传》也并未排斥"哥"类词的出现。③ 可见，《语言自迩集·谈论篇》对"哥"类词的剔

　　①　因为《语言自迩集·谈论篇》有 100 章，《问答篇》是 103 章，除上文已经提到变化前后删去的 3 章内容之外，两书篇章顺序大致相同，故例句中仅标注《语言自迩集·谈论篇》中的章数。

　　②　表 1 是对《问答篇》和《语言自迩集·谈论篇》中"哥"类词改编情况的统计分析，资料源自自建语料库。

　　③　吴琼《"兄 / 哥"称谓语研究》，华侨大学硕士学位论文，2017 年，第 12 页。

除应该是受到编写目的或原则的影响。而这个编写目的和理念原则中就包括减少或消除满语词在北京话中的数量。

　　除了"哥"类词，《语言自迩集·谈论篇》中还增加了"老家儿"一词。《谈论篇》中共出现 4 例，其中 2 例是改编后有意增加。例如：

　　（3）【问】养儿原为防备老，为人子的应该记着父母的劳苦养活的恩，该当趁着父母没有老之前，拿好衣裳好吃的孝敬他们，和颜悦色的叫<u>他们</u>喜欢。

　　　　【语】养儿原为防备老，为人子的应该想着父母的劳苦养活的恩，就趁着父母在着，拿好穿的好吃的孝敬他，和颜悦色的叫<u>老家儿</u>喜欢。（第 16 章）

　　（4）【问】因其那样儿，合家子乱烘烘的不得主意，<u>老人家</u>们心里愁得都瘦了，竟成了乱分儿了。

　　　　【语】阖家子乱乱烘烘的没主意，<u>老家儿</u>们愁得都瘦了。（第 50 章）

　　上面两例中将指代老人的第三人称代词"他们"和一般称谓词"老人家"替换为"老家儿"。"老家儿"一词在现代汉语普通话中并不常用。《国语辞典》中指出"老家儿"是"北平方言。称父母"。《现代汉语词典》中解释为"方言。长辈，多指父母"。同时期的北京话文献《儿女英雄传》中共出现 3 例，如第十二回："可算你父亲没白养你，只是你叫我们作老家儿的，心里怎么受啊？"由此可见，"老家儿"应该是当时北京话重要的口语词汇。威妥玛等人的改编明显顾及了这一点。

　　2. 副词的变化。
　　首先是"也""就""都""才"。

　　（5）【问】若除了我，不拘是谁，肯让你么？
　　　　【语】若除了我，不拘是谁，<u>也</u>肯让你么？（第 78 章）
　　（6）【问】大哥你怎么咯？脸上傻白的，冷孤丁的瘦成这个样儿了。
　　　　【语】兄台你怎么咯？脸上刷白的，冷孤丁的<u>就</u>瘦成这个样儿了。（第 45 章）
　　（7）【问】真是个好孩子，到如今题起来，我替你伤心。
　　　　【语】<u>那才</u>真是个好孩子，到如今题起他来，我<u>都</u>替你伤心。（第 87 章）

　　以上例子中，例（5）增加"也"表示对范围的强调，意思是"除了我，其他人都不会让你"。例（6）中增加语气副词"就"表示加强肯定，后面直接接动词短语。例（7）中的"都"相当于"也",表示类同。除此之外,例(7)句首还增加了指示代词"那"和副词"才",表示强调下文所说的"他是个好孩子",与后一小句中的"都"连用,加强语气。

其次是时间副词的变化。经统计,我们发现《谈论篇》中出现了一系列以"整×家"形式表达时间概念的结构。它们分别是"整天家"(4例)、"整月家"(1例)、"整年家"(1例)。"整天家"都是改编之后增加的,"整月家""整年家"的使用则与《问答篇》一致。这一系列时间副词分别表示"一整天""一整月""一整年"的意思。下面是一些例子:

(8)【问】若是尸位素餐的,<u>整年家</u>不行走,还该当革退呢,若指望升能够么?

　　【语】若是素餐尸位的,<u>整年家</u>不行走,还该当革退呢,再指望升官能够么?(第 13 章)

(9)【问】要照他那么说,我不脱空儿的<u>整月家</u>替他当差使,反倒不是了么?

　　【语】若照他那么说,我不脱空儿的整月家替他当差使,反倒不是了么?(第 62 章)

(10)【问】咱们的人们去的很多,接连不断的,挤满了。

　　【语】咱们的人们去的很多,<u>整天家</u>接连不断的,命棚里都挤满了。(第 39 章)

以上例子中,"整天家""整月家""整年家"都表示某种状态持续时间长,多出现在动词短语之前,带有不满、抱怨的情绪。《谈论篇》中有意增加 2 例"整天家",与其他两词形成系列,这可能是当时北京官话的口头用语之一。

3. 指示代词的变化。

(11)【问】方才我上衙门回来,从老远的嗓的一群人,骑着马往<u>这们</u>来了。

　　【语】方才我上衙门回来,从老远的嗓得一群人,骑着马往<u>这边</u>来了。(第 65 章)

(12)【问】看见我,问也不问,把脸往<u>那们</u>扭,望着天过去了。

　　【语】他看见我,连理也没理,把脸往<u>那们</u>一扭,望着天就过去了。(第 65 章)

《问答篇》中"这们"出现了 3 例,《谈论篇》中仅保留了 1 例。例(11)中"这们"与介词"往"构成介词短语修饰动词,表示方向,相当于"这边"。例(12)中"那们"与介词"往"构成介宾短语,表示方位,相当于"那边"。

学界对"这们""那们"的研究不多。目前仅见柳应九在对《老乞大》的材料进行梳理时，探讨提及了"这们"和"那们"。^①柳文中提到《老乞大》中的"这们""那们"主要指代情况，大致相当于普通话中的"这样""那样"。《老乞大》大致反映的是元末明初的汉语口语，而清中后期的《问答篇》和《语言自迩集·谈论篇》中"这们""那们"则更偏向普通话中的"这边""那边"。可见，两词在不同历史时期的语义发生了转变。

4. 助词的变化。

太田辰夫提出北京话的一个重要特征就是有助词"来着"。^②山田忠司进一步认为助词"来着"是最有代表性的北京话特征，并且提到北京话的语料中都有"来着"，而非北京话的语料中则没有。^③我们在比较过程中发现"来着"在《问答篇》《语言自迩集·谈论篇》中都出现了 44 例，但两书对比，后者删去了 2 例，又增加了 2 例。下面是增删的例子。

（13）【问】索性你头会拿了去倒好<u>来着</u>。

　　　【语】索性你头里拿了去倒好了。（第 38 章）

（14）【问】哎呀，这个样儿的大雨，你往那儿去？来快进来罢。

　　　【语】哎呀，这个样儿的大雨，你往那儿去<u>来着</u>？快进来罢。（第 94 章）

祖生利在研究《清文启蒙》《清文指要》等满汉合璧文献时指出"来着"一般用于句末，主要表示相对于说话的时刻，动作行为或事件是过去发生的。^④我们在《语言自迩集·谈论篇》中发现的"来着"则主要出现在动词或动词短语之后，多位于疑问句句末，可以表示过去发生的动作，也可以用来表示动作即将发生。这与上述满汉合璧文献中提及的用法不同。陈前瑞指出北京话中的"来着"很有可能来源于满语过去时的一些用法。^⑤因此，上述不同很有可能是满汉语言接触导致"来着"的语义发生了扩展。

5. 语气词的变化。

语气词通常用来表示语气。《问答篇》到《语言自迩集·谈论篇》的改编过程中存在大量句尾语气词的变动。例如：

---

① 柳应九《〈老乞大〉中的"这们""那们"与"这般""那般"》，《语言研究》1993 年第 2 期，第 142—145 页。

② 太田辰夫《近代汉语》，《中国语学新辞典》，1969 年，第 285—288 页。

③ 山田忠司《对北京话特点的再思考》，《语言学论丛》（第 58 辑），北京：商务印书馆，2018 年，第 357 页。

④ 祖生利《清代旗人汉语的满语干扰特征初探——以〈清文启蒙〉等三种兼汉满语会话教材为研究的中心》，《历史语言学研究》（第六辑），北京：商务印书馆，2013 年，第 200 页。

⑤ 陈前瑞《"来着"补论》，《汉语学习》2006 年第 1 期，第 22—27 页。

（15）【问】你是外人<u>么</u>？只是怕你不肯学，既然你要学，巴不得的叫你成人呢！说报恩的是什么话呢？咱们自己人里头说的么？

【语】你是外人<u>吗</u>？只怕你不肯学，既然要学，巴不得教你成人呢！说报恩是什么话呢？咱们自己人说得<u>吗</u>？（第1章）

（16）【问】这不是<u>么</u>？

【语】这不是<u>咯</u>？（第54章）

（17）【问】若有话，从从容容的说，急绷绷的，就完了<u>么</u>？

【语】若有话，从从容容儿的说，你这么急绷绷的，难道就算完了事<u>咯么</u>？（第53章）

从上面例子中，我们可以发现"么"和"吗""咯"以及"咯么"之间都存在相互替换的现象。孙锡信指出，晚唐五代时期"么"就已经出现，而"吗"代替"么"的用例直到明代才有用例。[①] 清中期以前，"么"的使用占绝对优势，"吗"只是零星几例。《问答篇》和《语言自迩集·谈论篇》大致处于清中后期，其语言变化也反映了这一点。《问答篇》中没有语气词"吗"的用例，但《语言自迩集·谈论篇》在改编过程中增加2例，如上述例（15）。

除此之外，语气词的改编用例中还包括"罢咧""罢了"等的替换，这与满语语气词 dabala 有关。

（二）句法方面的变化

1. 关联成分的增加。

关联词是连句成章时一种重要的语法手段，在篇章中起衔接和连贯的作用。在《问答篇》和《语言自迩集·谈论篇》的比较过程中，我们发现后者的关联词相较前者有一些变化。例如：

（18）【问】<u>若</u>考可以拿得稳，必得。

【语】<u>若是</u>考可以操必胜之权。（第7章）

（19）【问】<u>就是</u>高亲贵友们里头，送来的好东西还少么？想来是吃不了的。

【语】<u>若论</u>你纳高亲贵友，送来的礼物还少么？想来是吃不了的。（第69章）

---

① 孙锡信《近代汉语语气词》，北京：语文出版社，1999年，第158页。

据统计，《语言自迩集·谈论篇》中增加或修改为表假设的关联词"若是""若论"的例子共 9 例。其中增加"若论"的仅有 1 例，即例（19）。此例中的"若论"相当于现代汉语中的"如果说……"，后面通常会有一个范围，此处与《问答篇》中的"里头"对应，表示在某一范围内进行评说评论。"若是"多由"若"变化而来，虽然两者都表示假设，但"若是"的语气更强，且更符合近代汉语双音节化的趋势发展，如例（18）。

2. 插入语成分的增加。

插入语是独立语的一种，一般独立于句内其他成分。插入语通常在句中起补充句意内容，使句子严密完整的作用。在《问答篇》和《语言自迩集·谈论篇》的比较过程中，我们发现了许多新增的插入语成分。例如：

（20）【问】到了跟前儿细认了一认，是咱们旧街坊某人。

　　　【语】到了跟前儿细认了一认，原是咱们旧街坊某人。（第 65 章）

（21）【问】你若说我说的话信不的，你瞧不但没有一个人儿和他相好的，若不指着他的脊梁骂他的，那就是他的造化了。

　　　【语】你看我说的话信不得，你瞧不但没有一个人儿和他相好的，若不指着他的脊梁骂他，那就是他的便宜了。（第 64 章）

以上例子中，例（20）"是"改为"原是"，用来表明说话者对谈论对象身份认知的变化，表示强调的语气，加深听话者的印象，并为下文的描写进行铺垫，从而形成对比。后例中出现的"你看"本来是用于提醒说话人注意的插入语，但在这还表示说话者对行为对象或动作的怀疑、否定，并且希望得到听话者的相同评价，带有主观感情色彩。此外，例（21）中用"你看"代替了"你若说"，语义并不完全对等，改编后的句子"你看我说的话信不得"仍然缺少假设性成分。因此，此处改编虽然提醒说话者注意的目的已经达到，但语境成分仍不完整。可见，威妥玛及其团队的改编并非完美无缺，也有瑕疵。

3. 感叹语、评价性成分的增加。

相比于《问答篇》，《语言自迩集·谈论篇》增加了很多表示说话人或叙述者情感态度的语气评价成分。例如：

（22）【问】先说潦了，又说旱了？

　　　【语】这奇怪咯，他们不是先说潦了，又说旱了么？（第 32 章）

（23）【问】这个样儿的燥热天，别人儿都是赤身露体的坐着还怕中暑呢。

　　　　【语】嗐，这样儿的燥热天，别人儿都是光着脊梁坐着还怕中暑呢。（第 93 章）

　　以上两例都是在改编过程中增加了感叹语或评价性成分。例（22）增加"这奇怪咯"，表示说话人对所谈论事件的疑惑。例（23）中增加感叹语"嗐"，表示感叹。

　　方梅指出传统话本小说的叙事方式中，为了构建与听众的互动，语言中会以插入提醒语句和穿插评论性表述的方式来呈现。[①] 如果把上面描述的《语言自迩集·谈论篇》中所增加的插入语成分、感叹语和评价性成分结合起来，我们似乎可以从中看到"说书"叙事传统的影子。

4. 使役句的变化。

　　使役句通常表达使受事成分发生某种行为或出现某种变化的语义。"叫"字使役句亦是如此，其主要句式是"叫 + 受使成分 +VP"。"叫"字使役句是《语言自迩集·谈论篇》中的常用句式。张美兰在比较《清文指要》和《语言自迩集·谈论篇》时也关注到了"叫"字使役句，并认为后者增加修改"叫"字使役句的做法就是"去满语化"的一种表现。[②] 据统计，《问答篇》中本身存在的"叫"字使役句有 80 例，《语言自迩集·谈论篇》中经由前者修改而来的"叫"字使役句有 11 例。

（24）【问】人家脸上过不去，也给过你好些次了，心里还不知足么？<u>必定尽其所有的都给了你么？</u>

　　　　【语】人家脸上过不去，也给过你好些次了，你心里还不知足么？<u>必定叫人家尽其所有的都给了你，能够么？</u>（第 78 章）

　　以上例子中，《语言自迩集·谈论篇》在改编时直接增加"叫 +VP"的结构，表示主语或主语的行动使受使者发生某种行为或变化，突出强调受使成分。

（25）【问】<u>我心里很失望。</u>实在不知道要怎么样儿才好。

　　　　【语】<u>叫我心里很过意不去。</u>实在我是不知道，你纳千万别计较。（第 21 章）

---

① 方梅《话本小说的叙述传统对现代汉语语法的影响》，《当代修辞学》2019 年第 1 期，第 1—13 页。
② 张美兰《从文本比较看威妥玛所编汉语教材的北京口语特征》，第 314 页。

（26）【问】一点空儿不给，<u>常叫在跟前儿服侍还好些儿</u>；若不然，就淘气得不堪咯。真是个通天鬼。

　　　　【语】一点儿空儿不给，<u>常叫他在跟前儿服侍还好些儿</u>；若不然，就陶气的了不得。真是个闹事精。（第 42 章）

上面两例中，例（25）是增加了使役动词"叫"，突出主语和受使者之间的使受关系。例（26）补充了使役词后面的受使者，强调了受使成分。

从上面的分析中，我们可以发现威妥玛等人在由《问答篇》到《语言自迩集·谈论篇》的改编过程中有意识地使用并修改增加了大量"叫"字使役句，在修改的 11 例中有 8 例都是直接添加"叫 + 受使成分"，其余 3 例则是增加使役动词"叫"或补充受使成分，最终构成"叫 + 受使成分 +VP"的使役结构。由于满语中不强调使役句的受使成分，因此经常忽略。但在《谈论篇》中却大量出现甚至强行添加受使成分，可见在威妥玛等人的认知中较常使用"叫 + 受使成分 +VP"句式结构应该是当时北京官话的一个语法特征。

5. 比较句的变化。

比较句[①]是汉语中常用的语句类型。在两书的比较过程中，我们发现了一些特殊的比较句用法。例如：

（27）【问】满洲话是咱们<u>头等头儿</u>的要紧的事情，就像汉人们各处儿各处儿的乡谈是一个样儿，不会使的么？

　　　　【语】满洲话是咱们<u>头一宗儿</u>要紧的事情，就像汉人们各处儿各处儿的乡谈一个样儿，不会使得么？（第 1 章）

（28）【问】人生在世，<u>头等头儿</u>要紧是学。

　　　　【语】人生在世，<u>头一件</u>要紧的是学。（第 9 章）

（29）【问】今儿好利害呀！自从立夏之后，可以说得起是<u>头等头儿</u>的热咯。

　　　　【语】今儿好利害呀！自从立夏之后，可以说得起是<u>头一天儿</u>的热咯。（第 93 章）

从以上例子中可以发现，《问答篇》中的"头等头儿"表示比较的最高级，意为"第

---

①　此处所说的"比较句"指广义的涉及比较内容的语句，不区分狭义的平比句或差比句，更不涉及具体比较句研究范畴内的形式标记等内容，仅就两部语料的具体改编内容而言。

一个"，共出现 3 例。在《谈论篇》中，"头等头儿"都被替换成了"头一"类短语，分别是"头一宗儿""头一件""头一天儿"，相当于"最""第一"。"头等头儿"对应满语的"ujui jui"，意为"第一个"。我们在历时文献中并没有发现"头等头儿"的用例，但"头等头儿"的用法在满（蒙）汉合璧系列文献《初学指南》《清文指要》《新刊清文指要》《三合语录》中一直延续，在《问答篇》仍有保留，直到《语言自迩集·谈论篇》中彻底进行了修改。因此，我们认为威妥玛等人之所以替换"头等头儿"，应该也是旨在去除文本语言中的满语干扰特征。

（三）小结

通过对《问答篇》和《语言自迩集·谈论篇》957 组例句的全面考察，我们共整理出修改变化之处 769 组。除了《谈论篇》删去的 3 章之外，具体语言的变化主要集中在部分称谓词、副词、指示代词、助词、语气词、关联成分、插入语成分、感叹语及评价性成分、使役句和比较句上。表 2 是具体变化统计情况，其中出现频次主要是就上文中的具体语法特征而言，如"称谓词的变化"主要指"哥"类词、"老家儿"等的出现频次变化。

表 2　语法特征变化情况统计表[①]

语法特征出现频次	《问答篇》	《语言自迩集·谈论篇》	修改次数	修改率
称谓词的变化	77	79	77	100%
副词的变化	462	524	62	13%
指示代词的变化	8	7	3	38%
助词的变化	44	44	4	9%
语气词的变化	571	516	55	1%
关联成分的增加	58	65	7	12%
插入语成分的增加	14	22	8	57%
感叹语、评价性成分的增加	10	32	22	>100%
使役句的变化	80	91	11	14%
比较句的变化	6	6	3	50%

从上表可以发现，称谓词的替换、插入语成分以及感叹语、评价性成分的增加在《问答篇》到《语言自迩集·谈论篇》的改编用例中非常显著，特别是《语言自迩集·谈论篇》对"哥"类词的全部替换以及感叹语、评价性成分大量添加。这说明两书的改编其实存

①　表 2 是对《问答篇》到《语言自迩集·谈论篇》改编的 957 组中语法特征变化情况的统计分析，资料数据源自对自建语料库的分析研究。

在一定的规律性。这个规律既是编写者所依据的编写原则，也是为达编写目的而表现出来的清代中后期北京官话口语的语法特征。整体来看，除错字病句外，删除替换的部分主要集中在与满语特征相关的内容上，如"哥"类词、"来着"等；增补添加的词句则主要集中在表态度、语气的话语互动成分方面，如"你看""真是""若是"等。

三、文本比较视角下的清代北京话语法特征的演变趋势

通过比较《问答篇》和《语言自迩集·谈论篇》，我们发现其中所体现的清代北京话语法特征的变化主要集中在两方面。一是对满语干扰特征进行筛选，或保留或舍弃，二是增加话语互动成分。下面分别讨论。

（一）满语干扰特征的减少

"满语干扰特征"在一些学者论著中都被提及，即满语与汉语接触过程中残留在汉语中的一些满语语法特征。[①] 在威妥玛等人改编《问答篇》到《谈论篇》的过程中，一些满语干扰特征被保留，另一些则被舍弃。下面以"哥"类词和"来着"为例进行说明。

"阿哥"是一个典型的满语借词，清中期的《清文指要》中仍存在大量"阿哥"，而"哥哥"仅 1 例，保留了满语的称谓表达。下面两例中，"阿哥"即满语 age 的音译，"哥哥"对应的满语词则是 ahūn。例如：

> （30）我求的是阿哥疼爱我。（清文指要，1）
>
> mini bairengge,　　　　　age　　　gosi-ci.
> 我的　　求的　　　　　阿哥　　若疼爱—假定副动形式
>
> （31）我说我哥哥不在家，让老爷们进去坐坐。（清文指要，23）
>
> bi mini　ahūn　boode　akū, looyesa dosifi　teki se-me.
> 我的　　哥哥　在家里　不　老爷们　进去后　让……坐坐—并列副动词附加成分

"阿哥"一词在《问答篇》中还留有 20 例，但《语言自迩集·谈论篇》在改编过程中则将所有带"哥"的词全部清除。不只是"阿哥"，"哥哥""大哥"也都被彻底替换。

---

① 祖生利《清代旗人汉语的满语干扰特征初探——以〈清文启蒙〉等三种兼汉满语会话教材为研究的中心》，第 193 页；张美兰、綦晋《从〈清文指要〉满汉文本用词的变化看满文特征的消失》，《中国语文》2016 年第 5 期，第 566—575 页。

这一点在上文已经提到。可见，威妥玛等人在探寻当时北京话口语的过程中完全排除了满语可能对其的影响。或者说，他们在编写过程中有意避免满文特征的残留。

在清初旗人汉语中，句末时体助词"来着"使用频繁。"来着"主要接在句中主要动词之后，可以表示主要动词所描述的动作或事件正在发生、即将发生或在说话之前已经发生。但 bihe 作为"来着"对应的满语陈述式过去时形式，是其基本形式。例如：

（32）往那里去<u>来着</u>？我往这里一个亲戚家去<u>来着</u>。（清文指要，5）

absi	yoha bihe,	emu	niyamangga	niyalmai	boode	gene<u>he bihe</u>.
往那里	去 来着	一个	亲戚的		家	去来着 曾经

《清文启蒙》卷三"清文助语虚字"："bihe，'有……来着'字，'在……来着'字，'原曾'字，乃追述语。"上例中，"来着"都对应满语 -ha/-he/-ho bihe 形式，其中 bi 是助动词，整个结构表示过去完成的动作。上文提到《问答篇》和《语言自迩集·谈论篇》中各有"来着"44 例，基本没有改动。

张美兰、綦晋将《语言自迩集·谈论篇》看作《清文指要》的第四个版本。[①] 由此开始，《清文指要》系列文本中的满语特征逐渐消失。但通过本文的研究，《问答篇》作为《语言自迩集·谈论篇》的前身，是更早显露出满语干扰特征减少趋势的文本。《问答篇》与《清文指要》相关的系列互文性文本之间关系复杂，具体承继关系还有待进一步研究。

总之，《问答篇》到《语言自迩集·谈论篇》的改编是在不断减小满语干扰特征的数量，但也保留了一些特殊满语形式。也就是说，当时的北京话口语中已经舍弃了大部分受满语影响而在汉语中形成的语言形式，但仍存在一些满语干扰特征。这些留下来的形式则转化为当时北京官话的元素，成为明显的北京话特征，如"来着"。

（二）话语互动成分的增加

《问答篇》作为一部北京话口语教材，采用一问一答的会话形式，含有较多的话语互动成分。[②] 威妥玛团队在对《问答篇》的改编过程中又进一步增加了各种类型的话语互动成分，使文本带有更强的话本小说叙事的现场性特征。除了上文提到的关联词、插入语、感叹性及评价性成分之外，还有话语标记、人称代词和反问句等话语互动成分的增加。

---

① 张美兰、綦晋《从〈清文指要〉满汉文本用词的变化看满文特征的消失》。
② 曹秀玲、杜可风《言谈互动视角下的汉语言说类元话语标记》，《世界汉语教学》2018 年第 2 期，第 206—216 页。

下面以话语标记为例进行说明。

（33）【问】喝了茶，再称给你。你这不是初次出门么？是。

　　　【语】等喝了茶，我再称给你。我问你，你这不是初次出门么？是。（第 31 章）

（34）【问】急急忙忙来到你家里说是诊脉，使指头混摩一回，胡哩吗哩的开个
药方子，拿上马钱去了。

　　　【语】慌慌张张的来到家里，说是诊脉，其实不过使指头混摩一回，胡哩
吗哩的开个药方儿，拿上马钱去了。（第 52 章）

例（33）增加"我问你"，主要突出问答的形式。两者除了引出后面的会话内容，更暗含说话人的较高认识立场。例（34）增加跨层结构"其实不过"，与前文中的"说是"相照应构成前后转折关系。此例句中叙事与评价交错，而"说是"正是隔断二者、开启评价的标记。

经过统计分析，我们发现与《问答篇》相比，《语言自迩集·谈论篇》增加的关联性成分和话语标记成分数量最多，占总数的一半左右。这说明威妥玛不仅重视北京官话口语的真实记录，而且对当时北京官话口语中的话语标记和关联成分非常敏感。另外，为了更加全面地展现《语言自迩集》前后改编内容中的互动交际成分，我们在上述统计的基础上，又加入了《语言自迩集》（第二版）[①]的相关内容。经过分析发现，由《问答篇》到《语言自迩集·谈论篇》（第一版）再到《语言自迩集》（第二版），文本中的话语互动成分总量呈上升趋势，影响交际互动的关联性成分始终在改编过程中占主导地位。一、二版的变动中仍然存在《问答篇》到《语言自迩集·谈论篇》改编的互动成分，可以说是对前者改编不足的补充。

此外，方梅认为传统"说书"是现场讲述，通过叙述视角的变换和穿插评论性表述的方式来实现与听众的互动，并最终提出话本小说的叙事传统对现代汉语语法产生了重要影响。[②]通过上述对《问答篇》和《语言自迩集·谈论篇》改编用例的话语互动类型和话语互动功能的分析，我们同样发现了大量增加关联性成分和话语标记来构建现场效应、变换叙述视角和表明言者立场的改编用例。《语言自迩集·谈论篇》对《问答篇》改写时所增加的"有 + 量 + 名"结构、"瞧"类话语标记以及叙事与评价交错的模式，基本承袭了传统话本小说的叙事方式，可见话本小说叙事传统对清代后期北京话口语的影响。

---

① 《语言自迩集》（第二版）1886 年由上海海关总署免费出版，伦敦 W.H. 阿伦出版公司和上海、横滨、香港的别发洋行联合发行。《语言自迩集》（第三版）于 1903 年出版发行，由于第三版只是将第二版内容的部分章节直接删去，内容变化不大，所以我们没有将其纳入对比范围。

② 方梅《话本小说的叙述传统对现代汉语语法的影响》。

（三）19 世纪北京官话语法特征的演变趋势

从《问答篇》到《语言自迩集·谈论篇》的改编用例中，我们发现 19 世纪北京官话的语法特征存在两种明显的变化趋势。

一是对满语干扰特征的选择性删除。从《一百条》系列文本的满（蒙）汉合璧文献汉文本（《初学指南》《清文指要》《新刊清文指要》《三合语录》）到清代西人汉语教科书《问答篇》《语言自迩集·谈论篇》（第一版、第二版）、《亚细亚言语集》《参订汉语问答篇国字解》这一系列致力于反映清代北京话的语料中，满语借词"阿哥"等逐渐减少直至消失；而句末时体助词"来着"仍保留使用。

二是话语互动成分的增加。在所调查的清代北京话语料中，"瞧／看"类、"×是"类、"说"类话语标记，"况且""若是"等关联性成分，表明说话人身份的人称代词，构成叙述与评价交错的叙事模式的祈使句、感叹句、反问句和设问句等话语互动成分大量增加，以用来构建现场效应、促进话语互动、凸显言者身份或变换叙述视角。

此外，还有一些清代北京话的常用词汇，如人称代词"您""你纳"，指代父母的"老家儿"，语气词"么""吗""呢"，指代情况的"这么着""那么着"，"叫 + 受使成分 +VP"结构等，都是《问答篇》到《语言自迩集·谈论篇》改编过程中出现的用例，在公认的清代北京话文献《红楼梦》和同时期的《儿女英雄传》中也都有用例。因此，如果从具体语法现象的角度来说，这些内容也应该补充进清代北京话的语法特征之中。

结　语

文章以《问答篇》到《语言自迩集·谈论篇》改编的 957 组例句为研究对象，进一步探讨了 19 世纪北京官话语法特征的发展变化情况。经过研究，我们发现：

第一，除了《语言自迩集·谈论篇》删去的 3 章之外，具体语言的变化主要集中在部分称谓词、副词、指示代词、助词、语气词、关联成分、插入语成分、感叹语及评价性成分、使役句和比较句上。整体来看，除错字病句外，删除替换的部分主要集中在与满语特征相关的内容上，如"哥"类词、"来着"等；增补添加的词句则主要集中在表态度、语气的话语互动成分方面，如"你看""真是""若是"等。

第二，就两文本的比较而言，19 世纪北京官话的语法特征呈现出了"去满语化"和"增加话语互动成分"两种演变趋势。满语的底层遗留、旗人汉语的发展以及传统话本小说的叙事方式等多种因素共同构成了清代北京话的语法面貌。清代北京官话口语教材《语言自迩集》在编著过程中删减替换的满语干扰特征，正是以一种底层遗留的方式存在于旗人汉语和清代北京话的血肉中，甚至成为当时北京官话的组成成分。而其增加的大量话语互动标记，既是对传统话本小说互动现场性的叙事特点的继承，同时也构成了清代北京话特征的一部分。

《土家语汉语词典》出版

李启群等编著的《土家语汉语词典》近日由商务印书馆出版。

该书是一部详细记录土家语北部方言口语词汇的土家语汉语双语词典，主要收录湖南省龙山县靛房镇土家语口语常用词和固定结构，兼收少量口语中不说而出现在歌谣、故事中的古语词，包括成语、传统节日名称、地名、历史上重要人名、反映民族文化的常用术语等。另外，酌收土家语原本没有的，而社会经济文化生活所必需的现代借词。全书共收 9 000 余个条目，语音标注科学，释义简明准确，词的功能形态说明合理，例句丰富多样，体例设计合理，便于中国语言文化研究者和爱好者查阅使用。

1961—1964 年教育部出国汉语储备师资访谈（五）[*]

——与林建明先生的时空对话

施正宇　刘佳蕾

（北京大学对外汉语教育学院）

　　本文是教育部出国汉语储备师资系列访谈之一。作为 1961—1964 年教育部出国汉语储备师资中第一位派出的老师，林建明先生是我们系列访谈的重点人物之一。谈及林老师，当年的同学、同事都说他回三明了，细问起来则都语焉不详。三明地处福建省中部偏西北，是个"八山一水一分田"的山区，难道林老师"解甲归田"了不成？因此，当茫茫人海中传来林老师驾鹤西去的音讯时，我们的惋惜无以言表。感谢林家后人，给我们寄来了林老师生前整理的各种报刊书信资料。展卷读来，仿佛林老师就在眼前，向我们诉说着他的家世、他的耕耘与收获，也因此就有了下面这场跨越时空的对话。

林建明简介：林建明，男，原名林永仁，生于 1937 年 5 月 9 日，殁于 2020 年 1 月 9 日，福建省武平县十方镇察塘村人。1956 年夏毕业于武平第一中学，1961 年 7 月毕业于复旦大学中文系，同年入选教育部第一届出国汉语储备师资，赴北京外国语学院进修法语。1963 年成为第一位出国任教的汉语师资。1965—1984 年任职于教育部。1984 年开始任教于三明职业大学，副教授，先后任副校长、

图 1 复旦大学毕业时期的林建明（林劲彬提供）

---

　　* 本文为教育部中外语言文化合作中心、世界汉语教学学会 2021 年国际中文教育研究课题重点项目"建国初期汉语教育史研究（1950—1965）"（项目批准号：21YH01B）的阶段性成果。本文撰写主要参考林建明汇编《"语言大使"——共和国首位出国汉语师资林建明（报刊资料辑录）》（未刊稿）及林建明先生的家人、同学、同事、故旧的回忆。

学术委员会主任、学报主编，中国对外汉语教学学会会员，全国市属高校学报研究会副会长，全国客家方言研究中心会员。1999 年获教育部颁发"语出华夏 桥架五洲"纪念铜牌。

外派经历

时间（年月）	国别院校	工作内容
1963 年 10 月—1965 年 7 月	柬埔寨皇家大学文学院[①]	汉语教学
1982 年 10 月—1984 年 10 月	法国巴黎第八大学中文系	汉语教学
1990 年 10 月—1992 年 9 月	突尼斯大学布尔吉巴语言学院	汉语教学

施正宇（以下简称"施"）：林老师，您好！我们来晚了！

林建明（以下简称"林"）：你们好！不晚，有了时空隧道，相聚永远都不会晚。

施：所言极是，谢谢您！

林：想不到我们会以这样一种方式进行交流。

施：现代化信息技术提供了无限可能。那我们就从您的家世开始说起吧。

林：好的。我出生在福建武平县十方镇察塘村，祖上世代务农，父亲识字。武平地处福建省西南部的武夷山南，位于闽、粤、赣三省交界处，是闽西、粤东、赣南的重要交通枢纽和物资中转、集散地，素有闽西"金三角"之称。武平乡俗古老而淳朴，自幼家里给我定了一门亲事，同乡的吴养连（原名吴养莲）七岁就随一纸婚书到了我家，成了我的童养媳。1954 年秋天，我还在读高中的时候，家里给我们完婚。按照老人的意思，我从武平第一中学高中毕业就可以了。但我还是想读书，就不顾家里的反对，考取了复旦大学中文系。这样，我第一次走出了福建大山。

图 2　林建明与吴养连的结婚照（林劲彬提供）

---

① 全称应为"柬埔寨高棉皇家大学文学与人文科学学院"。该校创办于 1960 年 1 月 13 日，教学语言为法语。高棉共和国时期更名为"金边大学"，1975—1979 年红色高棉民主柬埔寨时期停办。1980 年，高等师范学院重新开课。1981 年，外国语学院创立。1988 年，高等师范学院与外国语学院合并成立"金边大学"。1996 年，金边大学重新更名为"金边皇家大学"，并沿用至今。参见 http://www.rupp.edu.kh/，最后访问日期：2021 年 12 月 6 日。

（复旦大学中文系 1956 级学生、1961 届出国汉语储备英语师资、北京语言大学教授李振杰：林建明 1956 年从福建考入复旦大学中文系，专攻语言专业，学习很刻苦。他选修英语，英语老师是陈望道的夫人蔡葵先生。我当时没选修外语，常听他们说蔡老师教学如何负责，对学生非常关心，选修英语的同学成绩都很好。在复旦读书时，我和他曾一起做共青团的工作，我是年级团支部书记，他是副书记，我们有过很深的交往。他是一个非常好的人，心非常细，学习做事都是如此。大概是 1960 年下半年他入了党。1961 年毕业后，我们一起到北外进修外语。他的英语水平已相当不错，所以选修了法语，在同班中他的法语水平是最好的，也因此学习尚未结束他就提前结业，被派到柬埔寨去教汉语了。）

施：那您是怎样进入"出国汉语储备师资"行列的呢？

林：1961 年 7 月，我从复旦大学中文系汉语言文学专业语言专门化毕业后，被选入教育部首届出国汉语师资，到北京外国语学院进修法语。

施：您知道您是怎么被选上的吗？

林：之前不清楚。1961 年 9 月 11 日我到教育部机关大楼报到时，教育部师资处的房宏宇一见面就说："您是林建明！"原来就是她负责出国师资的选拔工作，并亲自到全国各地高等学校遴选出国汉语师资，说不定当时她还对我进行过目测，而我自己却蒙在鼓里。国家机关工作人员，对一个刚大学毕业的人如此热情、诚恳、谦逊、周到，这是我没有想到的。不只是我，她给其他出国汉语师资也留下了深刻的印象。

（李振杰：是的，她很年轻，穿着旗袍，那时穿旗袍的人已经不多了。

教育部 1961 届出国汉语储备阿拉伯语师资、北京语言大学教授王绍新：大概 10 月初，我跟施光亨刚刚从南方老家回来，到教育部报到的时候，接待我们的是一位女同志。跟那个时代大多数人的打扮不同，她穿着一件米黄色的毛衣，应该就是现在所说的羊绒衫，烫着头，很高雅，也很有派头。一进门，我们说明来意，她问：你们是哪个学校的？我们说是北大的，她说那你们就回去吧，省得搬家，就这样我们学了阿拉伯语。

教育部 1964 届出国汉语储备法语师资、国家对外汉语教学领导小组办公室原副主任姜明宝：记得来北京报到是直接到外国留学生高等预备学校，也即北语的前身，在火车站接我们的是唐传寅老师，上课后知道他是出国师资系党总支书记。）

施：看来教育部是十分重视这项工作的。

林：是的。我后来到教育部工作，才搞清楚了出国汉语储备师资的大致来历。从 1952 年起，高教部、教育部就陆续派出汉语教师到国外教书，主要是社会主义国家，如苏联、朝鲜、越南和东欧的一些国家。据不完全统计，1952—1960 年先后共派出了 62 位汉语教师赴外国任教。

施：您这里提到了高教部和教育部，这是怎么回事儿呢？

林：是这样：1949 年 10 月中央人民政府委员会任命马叙伦为教育部部长，1950 年 1 月 1 日中央人民政府教育部举行成立典礼。1952 年 11 月 15 日中央人民政府委员会第十九次会议通过决议，成立高等教育部，这时开始有了教育部和高教部两个部门。1958 年 2 月 11 日第一届全国人大五次会议通过《关于调整国务院所属组织机构的决定》，高等教育部和教育部合并成为教育部。1964 年 3 月教育部再次分为高等教育部和教育部。1966 年 7 月 23 日中共中央同意中央宣传部的建议：高等教育部、教育部合并为教育部。此后就没有再设高等教育部。这就是高等教育部两次从教育部分设出来的历史，即第一次自 1952 年 11 月 15 日至 1958 年 2 月 11 日止；第二次自 1964 年 3 月至 1966 年 7 月 23 日止。我国培养出国汉语师资是 1961 年到 1964 年，那时只有教育部，没有高等教育部。

施：明白了！谢谢您！那教育部为什么会培养出国汉语储备师资呢？

林：一方面，当时要求我国派出汉语教师的国家越来越多。1963 年我因派往柬埔寨而参加出国集训，一同集训的老师就有大概 40 人；第二年 9 月我从金边回国休假再次参加集训，人数又有所增加，不仅有去社会主义国家的，还有两位去法国巴黎三大和蒙自洪中学的教师[1]。另一方面，这种选派方式对于各高校的正常教学工作有一定影响，有的专业不对口，有的大材小用。年纪较大的教师第一、二次出国教学还可勉为其难，再往后派就难了。多数老教师的外语阅读能力还好，口语能力较弱，要用外语为媒介语进行教学和对外交往就遇到了困难，有的甚至连生活自理都成问题。因此，房宏宇结合工作中的实际问题提出培养专职汉语教师，即从高校中文系里选拔优秀毕业生，集中培训外语。建议一经提出，立即得到负责派出工作的吴塘同志的响应，时任教育部副部长刘子载和办公厅主任刘子余也十分赞同。于是，教育部从 1960 年开始筹划培养出国汉语师资的事宜，并得到了周恩来总理的亲自批准。这项工作从上到下，可谓一路绿灯，进展非常顺利。

施：可见出国师资的培养在当时是一项国策。

（教育部 1962 届出国汉语储备英语师资、国家教委国际合作与交流司原第一副司长李顺兴：60 年代初吴塘是教育部师资处的处长，大概是在 1965 年或者 1966 年任外事司副司长。

王绍新：北语复校后，吴塘调到北语，担任副院长和党委副书记。）

---

[1] 这两位教师应为 1962 届出国汉语储备法语师资、北京语言学院教师杨增学和他的妻子、河北省高邑县中学教师贾玉芳，他们于 1966 年年底被派往法国任教。

施：能谈谈您在北外学习的情况吗？

林：我们四批出国汉语师资在北京外国语学院、北京大学及北京语言学院进修为期三年的外语是主要任务，但不是唯一的任务。英语专业人数相对较多，单独编班上课。进修法语的第一年人数较少，只有六位，插入各本科班学习，有的还任团支部书记，有的虽未任职，院方和系里也把他们作为骨干使用，让他们在学生中多做思想工作。

（教育部 1961 届出国汉语储备英语师资、北京语言大学教授刘珣：印象最深的是系里除了让我们学英语外，不太管我们。我们好像主要任务就是学好英语。

教育部 1961 届出国汉语储备法语师资、北京语言大学原副校长、国家对外汉语教学领导小组办公室原常务副主任程棠：学法语的人少，不能单独组班。我担任过法语系团总支委员。）

施：除了外语课以外，还需要学习其他课程吗？

林：我们专修外语，其他公共课就不需要再修了。不过学生大会还是要参加的。我们当时还有一门课，叫形势与政策课[①]，经常请政府部门的人来作形势报告。比如陈毅副总理兼外长 1961 年 9 月 20 日给北京外国语学院师生作报告，出国汉语师资全部出席聆听，受到很大教益。

（教育部 1961 届出国汉语储备西班牙语师资、北京语言大学教授阎德早：陈毅副总理是在北外大操场作的报告。我坐的地方离他不太远，他神采奕奕，既有大将风度，又有外交家的风采；既生动有趣，又富有说服力和引导性，对于我们出国工作很有帮助！

刘珣：陈毅给北外作报告之事是有的，我们华东师大的 6 个同学是 10 月初才到的北京，没赶上。

姜明宝：我们那时只有外语课，没有老师专门上政治课，但有政治学习，每班同学在一起讨论，每周一到两次，每次也就是一个下午，内容主要是讨论国内外形势，记得每次讨论前我都"发愁"，情况和道理都懂，但不会"口若悬河"地说，因为在南京大学时学校对学生没有这种发言的训练。）

出国汉语师资中还推出两位代表，经常向教育部有关司局反映意见和要求。教育部有重要传达或报告，也会通知出国汉语师资参加。我们当年还到教育部的逸仙堂听过杨秀峰部长传达全国人民代表大会精神，我对此记忆犹新。

（阎德早：不记得推出代表的事了，但我们的确去教育部听过杨部长的报告，时

---

① 笔者咨询了程棠、程裕祯、邓恩明、刘珣、潘文煌、王绍新、许光华、阎纯德、阎德早、朱庆祥、祝秉耀等多位当年的师资，均说不记得有这门课。

间久了，报告的内容不记得了。

教育部1961届出国汉语储备英语师资、北京语言大学副教授朱庆祥：我是第一次听说推选代表的事。我们英语班未选过代表。

刘珣：不记得有推选代表的事了。)

施：看来北外负责师资的语言培训，教育部直接负责思想政治教育。

林：是的。此外，几乎每学期都会举行一次全体出国汉语师资会议，由分管外事工作的教育部办公厅主任和对外联络处处长、师资处处长到北京外国语学院作关于当前形势和外事工作，特别是中外教育交流的报告，重在向我们进行涉外工作和外事纪律的教育，同时也解答我们提出的各种问题。

(教育部1961届出国汉语储备阿拉伯语师资、北京语言大学副教授张月池：教育部召集我们去北外开过一次会，去的是吴塘和李景蕙的丈夫老唐[即唐翰斌，笔者注]，地点在北外西教学楼。我们读阿语的那几年国家相对太平，没发生什么大事儿，领导主要是讲讲国内国外形势，鼓励和鞭策大家克服困难，努力完成学业。记得当时我们阿语师资戴的北大校徽是教师的红牌，他们北外的师资戴的是学生的白牌，他们都很惊奇，我们很高兴。"文革"前，部领导还到北语来召集我们开过会，因为我们是部管干部，是被储备在北语的，我们结束学业的时候是先到教育部报到，填写了两份干部登记表，一份留在部里，一份交给所去大学。)

施：北外学习还没结束，您就被外派到柬埔寨高棉皇家大学教汉语，您当年的同学都说您是学习成绩最好的，用现在的话说是"学霸"。

林：呵呵，他们谬赞了。在复旦上学期间，政治运动一个接着一个，使我无法专心学习，现在回想不免有所遗憾。但是我在各种运动中得到了锻炼，树立了正确的人生观和世界观，1960年我还光荣地加入了党组织。因柬埔寨有教学任务，而且我学习刻苦努力、成绩优良，就被抽调提前一年结业了。

(程棠：林建明是大学时入党的。我们那年选学法语的人很少，有林建明、李忆民、何子铨、龙德成和我，还有一位来自东北师大的同学，学了一段时间就不学了，回东北去了。林建明学习很好，几个同学中，他是学得最好的。这可能跟他有英语基础有关。他学了两年，就被派到柬埔寨工作了，是出国师资中最早出国工作的。)

施：您是什么时候起程的呢?

林：1963年10月20日。由此，我成为新中国自己培养的首批出国汉语师资中第一个派往国外任教的。行前我曾受到邀请，参加天安门国庆观礼。

施：太荣幸了! 这不仅是对您的邀请，也是对全体出国汉语师资的礼遇。

林：从天安门国庆观礼下来，我便带着光荣感、使命感甚至牺牲的准备迅速登程了。

施：为什么是牺牲的准备呢？

林：当时组织上谈话，告诉我国外特务活动频繁，特别是在东南亚一带，要注意安全。我们这一代人普遍有一种支援世界革命在所不惜的豪情，我当时就是抱着"青山处处埋忠骨，何须马革裹尸还"的信念赴任的。

施：能谈谈您在柬埔寨的教学情况吗？

林：柬埔寨学汉语的学生来自各行各业，有政府官员，也有有钱人家的太太，还有寺院僧人，年龄从十几岁到四十多岁不等。这些学生一方面热爱中国和汉语，另一方面对汉语缺乏基本的了解。为此，我从汉语拼音、笔画笔顺等最基础的知识入手，并以法语作为媒介语，深入浅出地传播汉语知识。在柬埔寨期间，我写的教案详细工整，三十多年后，我留在金边的教案还受到后任中国教师的称赞。

施：您写得一手好书法，您的教案也一定非常漂亮。三十多年后还为人所称道，那可真是经得起时间的考验了。

林：在金边期间，除了从事汉语教学外，我还为我国留学生、进修生和使馆工作人员辅导语文，同时兼任总务工作，为体育教练、留学生和文化处官员管理伙食账目。陈毅副总理访问柬埔寨期间，我负责陈毅副总理访柬专机机组人员的食宿安排，还和使馆的工作人员一起受到了陈毅副总理的接见。

施：从柬埔寨回国后，您曾在高教部任职，这期间您都做了哪些工作？

林：1965 年 7 月，从金边回国后，我听从组织安排，留在高等教育部外事司和教育部办公厅，从事对外联络和文案工作。1969 年年底至 1977 年年初，我被派往四川自贡的黄坡岭上和绵阳的山沟里，在教育部档案后库工作，把高教、教育两部的档案整理得井井有条。粉碎"四人帮"后又负责把档案从绵阳押运回首都机关。回到北京后，我在教育部办公厅秘书处从事文案工作，后来负责部党组会和部长办公会的记录和整理纪要。

施：那您是怎么回到汉语教师行列中来的呢？

林：我一直在做行政工作，离开汉语教师队伍太久了。到了北京以后，我就有了回到教学岗位上的想法。

（李顺兴：80 年代初，林建明要求恢复汉语师资资格。经教育部外事司批准，不仅恢复了他汉语教师的资格，还派他赴法国任教两年。）

施：能否请您介绍一下在法国任教的情况呢？

林：1982 年 10 月到 1984 年 10 月，我被派往巴黎第八大学中文系，主讲基础汉语和中国文学，先后担任四个年级三十多名学生的中文教师。与第一次外派的授课对象不同，这些学生除了法国人外，还有来自德国、韩国、越南、伊朗等不同国家的。我从汉语拼音的发音教到中国文学作品的阅读，先后撰写了七八本约 20 万字的教案。我所教的学生日后虽分布在不同的岗位，但大多从事对华工作，我与他们结下了深厚的感情。1986 年调到三明大学后，我当年教过的法国学生来中国留学，还不远千里，从北京赶到三明看望我。此外，我还与八大中文系前系主任、教授、鲁迅研究专家鲁阿夫人建立了深厚的友谊，回国后仍书信不断。1984 年 7 月 14 日，我还受到法国时任总统弗朗索瓦·密特朗的邀请，在观礼台上观看了法国国庆阅兵式，这成为我今生难忘的一幕。

在巴黎期间，我还游历了法国的东西南北中，也游览了英国、荷兰、比利时、卢森堡、联邦德国、瑞士、意大利、梵蒂冈和摩纳哥。所到之处，我十分注意参观博物馆、艺术展厅、教堂等文化设施，写了不少游记，在巴黎的中文报纸《欧洲时报》上连载《法国南方游记》13 篇和其他游记散文多篇。

施：怪不得 1999 年教育部召开出国汉语储备师资纪念座谈会时，韦钰副部长说您是"游历十二国，讲学柬法突[①]"呢。

林：呵呵！我还拍摄制作了数千张旅行幻灯片，精选了 300 片，以"讲学柬法突，游历十二国——亚非欧风情概览"为题，应邀赴厦门、广州、福州等地高校开设讲座。观众反映强烈，找到了许多知音。厦门大学林兴宅教授说：这些资料太珍贵了，你放慢一点儿，讲解详细些。鹭江职业大学科研中心叶振团主任反复看了三遍，还把老伴儿拉上。福建师大中文系副主任，我忘了他的名字了，说我的讲座"内容丰富，生动形象，讲解风趣幽默"，并表示以后再请我多讲几场。

施：那时中国人的知识盲区太多了，您对异域文明的介绍，带有启蒙的意味。从巴黎回国后，您调到了三明职业大学，这是为什么呢？在这期间您担任过哪些职务，从事过哪些工作？

林：我参加工作二十多年，家属一直在武平老家，农转非的问题一直没有得到解决，我们一家为此吃尽了苦头。当时新办的三明职业大学有不少引进人才的优惠政策，1984 年 7 月，我人还在巴黎，三明职业大学就已经把我爱人和三个孩子的户口从武平农村迁入三明市，还分配了一套三室一厅的住房，从而解决了我的后顾之忧。

图 3　林建明全家福，1982 年摄于武平老家。从左至右：妻子吴养连、长子林劲松、女儿林荟（原名林爱武）、次子林劲彬、林建明（林劲彬提供）

---

① "突"指突尼斯，林建明老师曾被派往突尼斯任教。

我想，单凭这一点也应该把后半生献给这所学校。

施：他们真是求贤若渴啊！

林：从法国回国后，我便主动要求从国家教委调到福建省三明职业大学工作。当时我有三个愿望，一是阖家团聚，二是专心从事教学和科研，三是不再搞行政。

施：好像您的第三个愿望没有实现吧？

林：可不是嘛！我刚到三明职业大学时是教务处负责人，在严格管理、教学改革、提高教育教学质量等方面取得了一定的成绩。1986 年 9 月，我被任命为副校长，分管教学工作。同时我还坚持一线教学，为本校学生和其他高校开设了现代汉语、法语、文书档案学和教师职业能力训练等课程。

施：那您怎么又成了学报主编呢？

林：《三明职业大学学报》创刊于 1992 年，当时我正在突尼斯大学讲学，年末回国后任学术委员会主任。学术委员会和学报编委会是一个班子两块牌子，我是 1996 年接任学报主编的。前任主编三年创业，筚路蓝缕，为学报打下了较好的基础，但是仍然跟不上形势发展。为了进一步提高学术品位，我在组织校内学者撰写较高质量论文的同时，也积极邀请校外名家赐稿，先后发表、转载了著名语言学家胡裕树先生的《汉语语法研究的回顾与展望》、复旦大学中文系范晓教授的《关于动词配价研究的几个问题》、北京广播学院吴为章教授的《汉语动词研究配价述评》和复旦大学博士研究生张豫峰的《光杆动词句考察》等论文，同时还对语法研究三个平面的新理论和新方法给予了足够的关注。

施：一个市属高校的学报，发表了这么多语言学大家的论文，可见用心良苦。您退休后还为三明市的高等教育献计献策，提出了将三明市几所高校合并的建议，这是为什么呢？

林：我在担任三明职业大学副校长期间，对三明市的高等教育有一定的了解。三明是个小城市，当时有三明高等专科学校、三明职业大学、三明师范学校等几个学校，这种分散办学不利于三明及周边地区的人才培养、提升教育质量和知名度，于是我给当时的福建省代省长习近平写信，提出了整合三明教育资源、加快三明高等教育发展的建议。1999 年 12 月 3 日，我收到了习近平同志的复信。信中写道："对你数十年来兢兢业业地为社会主义现代化建设培养人才，其间数度出国不辞辛劳地推广汉语，增进中外文化交流，特别是在退休之后仍关心教育事业的改革和发展，深表敬意。你在信中对三明市高校并校提出的有关建议，我已批转有关部门研究。"现在，整合后的三明学院较之前已经有了长足的发展，我对此感到十分欣慰。

施：教化三明，您功不可没！

（林建明次子林劲彬：我父亲总是很忙，工作很认真，很守规矩，是个标准的知识分子，现在看来也有不够灵活的地方。）

施：您刚才提到曾赴突尼斯讲学，能否请您介绍一下这次外派的情况呢？

林：1990 年 10 月 1 日至 1992 年 9 月 30 日，我到突尼斯大学布尔吉巴语言学院任教，职称是副教授。突尼斯的官方语言是阿拉伯语；但由于突尼斯曾是法国殖民地，所以其实他们的通用语言是法语。突尼斯的第一外语是英语，日、俄、西、德、意等语言是第二外语。那些年，中国在突尼斯铺路架桥、开渠引水，还援建了一座青年文化体育中心，影响日益扩大，汉语也跻身于第二外语的行列。之前在布尔吉巴语言学院学习汉语的学生都是由院方指定的，有人数限制，少则几人，至多十几人。后来改为选修课，人数一下子涨到 27 人，第二年更是增加到 40 人之多。两年中，除了课堂教学之外，只要有中国的书展、画展、图片展和杂技、音乐歌舞演出，我都组织学生观看，为他们讲解，增加他们汉语实践的机会。我还组织学生看中国电影 6 部 10 场，观众人数将近 100 人。

施：活动可真不少！那突尼斯学生最感兴趣的是什么活动呢？

林：他们最感兴趣的是中国使馆的招待会，既可享用丰盛美味的中国菜，又能多说汉语。1990 年北京亚运会后，为了播放亚运会开幕式录像，使馆举办了一次招待会，与会者竟然达到了 80 多人，而当年学汉语的学生才 44 人。而且凡是这种宴请都不能用筷子，用了就收不回来，突尼斯人对筷子很好奇，都把筷子留作"纪念品"了。

施：好像当时很多驻外机构都有类似的"筷子问题"。

（教育部 1963 届出国汉语储备法语师资、杭州大学副教授潘文焴：1983 年到 1985 年我也曾到这所学校任教，这个学院学习汉语的学生的确不太多，一般不会超过 20 个。突尼斯学生学习时蛮热情欢快的，学了以后会主动说。当时的总统是布尔吉巴，对中国还是蛮友好的，所以我们去的领导人也蛮多的。）

施：据说突尼斯的考试制度非常严格？

林：是的。突尼斯实行 20 分制，10 分及格。院长说得很风趣：20 分只给安拉，19 分送给先知穆罕默德，18 分留给教师，17 分才给优秀学生。学生成绩多数在及格线上下，12 分算不错，13—14 分就很好了，但不多。考试时，15 人的考场一般配备 2 名监考，有时少的 1 名，多的 3—4 名。考生进出考场须签名，出示学生证，监考逐个核对，防止冒名顶替。阅卷时教务处会把卷面上学生信息部分撕下后才交给阅卷人，从而避免了评分时掺杂感情因素。批改完由另一教师复核后送教务处录入，教师想要知道学生成绩得去教务处查阅，全部实行电脑管理。

施：这跟中国的高考或者各种国家级考试差不多了。

林：学院很少开会，但学年末的两次全体教师大会必开，不得缺席。第一次在 6 月中评定考试成绩，确定补考名单；第二次 6 月底审定补考结果，裁定留级学生。两次都由院长主持，逐个宣读学生成绩并签字。总评满 10 分的通过，9.2 分以下的补考或留级，9.3

分以上不满 10 分的，能拉则拉，但以任课教师的意见为准，他说补考就得补考。任课教师一言九鼎，院长唯有尊重而已。我在该院任教两年中，参加过两次全院师生大会。第一次由院长宣布突尼斯教育部关于教学改革的文件，先用阿拉伯语宣读，后用法语复述。第二次是学年末优秀学生奖颁奖大会，奖品是院长向各个外国使馆募集来的外文图书，还邀请各国使馆文化参赞发奖。我教的一位学生也得了奖，新华社记者还当场采访了她。会后还有糕点饮料，最后以舞会结束。大会开得隆重热烈，洋溢着节日气氛，师生们都兴高采烈。

施：这个奖得来真不容易！前后两任中国驻突尼斯兼巴勒斯坦国大使朱应鹿和安惠侯都称赞您是"民间大使"，这是为什么呢？

林：呵呵！这一方面可能是因为我们汉语教师的身份，另一方面我在突尼斯期间和学生、同事建立了良好的关系。我和养连还曾应邀到学生纳希尔家做客。返回三明后，纳希尔还特意寄来婚后与孩子的合照。突尼斯同事也十分热情友好，院长本·汉姆扎是留美博士，曾特地在迦太基总统府附近的海滨酒家设宴迎送中国教员：听着大海的涛声，品着突尼斯风味的海鲜，院长娓娓诉说春天访华的美好印象，气氛友好亲切。我们回国前，他还送给我一部装帧精美的阿拉伯语法语对照的《古兰经》。亲密无间的师生感情也促进了教学质量的提高，我教的学生中先后有三名男学生和一名女学生来华留学。可能就是因为这些事吧，朱大使和安大使称我为传播汉语和中国文化的"民间大使"。

施：您这一生，从农家子弟到大学生，从出国师资到政府官员，从副教授到副校长，身份一直在变，您的妻子却始终是大山里的农村妇女，但您和妻子不离不弃，厮守一生，这份情感在很多人看来不可思议，能跟我们谈谈您的爱情吗？

林：养连和我同岁，七岁就到我家，我们一起玩耍，一起长大，有着许多共同的、美好的记忆。她没上过学，目不识丁，也不会说普通话，但为了照顾我，她吃尽了千般苦头。高中毕业后我越走越远，由县城而上海，由上海而北京，由北京而走出国门。这期间养连一个人坚守故园，孝敬老人，善待兄弟，扶养儿女，家里家外，全部的活计她都包了：种地、打柴、挑水、做饭、洗衣、缝补、养鸡喂猪、照看孩子……工作以后，我一年仅半个月的探亲假，多请假几天也不过 20 天，路上来回的时间就将近 10 天。聚少离多的日子里，探亲的记忆总是那么亲切又清晰。

施：您这一辈子，从南到北，从东到西，看过无数风景，却对童养媳妻子情深义重，让人感佩。

林：记得我在四川任职时，有一次养连背着五岁的女儿来探望我。她肩上挑着担子，手上攥着我给她的路线图，龙岩—漳平—鹰潭—贵阳—重庆—内江—自贡，一站一站地问过去，一站一站地换过去，一站一站地走过去。我去自贡站接了三趟，第三次从站台一头直走到另一头，还是未见着人影，以为又接不着了，便垂头丧气地往回走，却远远地见她颤悠悠地在月台上向前走。我赶紧追上去，惊喜地叫了声"养连"，就再也说不出话来了。这一幕成了我脑海中挥之不去的风景。

施：这真是一道相濡以沫的人生风景！

林：我们一年到头积攒下来的一点儿钱，都铺铁轨了。养连也说这样的生活对两个人都苦，家乡的亲友都曾劝我们不如早点离了好，免得互相拖累。但养连真心实意地待我，我走得再远也一直惦记着她，怎么忍心抛弃她？就这样，我们谁也没离开谁，就算天各一方，远隔万水千山，也没有隔断我们的儿女情长。

（林劲彬：爸爸在家一直称呼妈妈的乳名养养，妈妈也称呼爸爸的乳名，是客家话，用普通话不知道怎么说。我爸爸很不容易，一个人养一家人，爷爷、奶奶、三个叔叔，还有我们几个孩子，记得小时候爸爸回来还会去外面授课补贴家用。）

施：现代社会里，这种青梅竹马、不掺杂质的爱情听起来更像是一个古老的传说。

林：说实话，我第二次去巴黎时拍的那些幻灯片，最初是打算回国后放给养连看的，作为她不能同行的补偿，让她分享我的快乐。我第三次出国讲学，终于可以带她共赴突尼斯，我们都感到无比幸福。临行前，养连有许多担心，怕话不通，怕没事干。我说："不要紧，有我陪着你呢！"此后，我们出则同行，入则同息，两年待在一起的时间比前面几十年的总和还多。回国时，我特意带她取道巴黎，去看望昔日的同事、朋友、学生，去参观我曾经工作、生活的地方，去重游卢浮宫、凯旋门、埃菲尔铁塔，还有远处的新城拉德方斯，等等。

施：您和师母用自己的一言一行诠释了传统的美德，更有利于学生们直观地理解中国的传统文化。

（《厦门晚报》记者刘蓉：吴养连晚年患肝硬化住院，后转成肝癌，前后住院140天。73岁的林建明就守了她110多天，喂饭、喂水、喂药，用调羹刮苹果给她吃。医生护士都交口称赞。一位龙岩病友说："没见过对童养媳这么好的。"一位来自台湾的病友说："我看了很妒忌！"还有一个刚刚生了孩子的产妇，拉着丈夫来看林建明是怎么照顾妻子的。

三明学院副教授张鋆福：养连有说不完的好品格。我在悼诗中以"妇德千秋"概括之，应该是恰当的。他们两人，一位是农家女子，一位是高级知识分子，从两小无猜到耳鬓厮磨，历经六十六载，从无间隙，相处和谐，令乡亲、朋友乃至同事钦羡不已。养连从小到大，为人妻，为人母，埋头干活，拉扯儿女，孝敬家娘家官，逐渐养成了好品德，而且使之化为习惯。一个人要是修炼到了她这个境界，那就很了得了。因为，这状态，无论别人是褒是贬，是倍加敬重还是嗤之以鼻，她都"我行我素"，按习惯行事，举手投足皆规范。）

施：1999 年 7 月教育部向出国汉语储备师资颁发纪念奖牌，韦钰副部长也发表讲话，对出国师资给予了高度评价。我们曾将韦钰副部长的讲话重新刊发在《国际汉语教育史研究》等 4 辑上，文后附有您获得的教育部颁发的"语出华夏　桥架五洲"纪念铜牌的照片，以及我们整理的 86 位获得纪念铜牌的出国汉语储备师资的名单。[①]复旦大学中文系范晓教授曾经说过："60 年代初国家培养的这一批出国汉语储备师资，在我国对外汉语教学的发展史上具有里程碑的意义。"作为亲历者，您如何定位 60 年代初这四届出国汉语储备师资在对外汉语教学史上的贡献和地位？

林：1961—1964 年国家培养的出国汉语储备师资这个群体，在中国对外汉语教学史上是值得大书特书的。他们是对外汉语教学的国家队，是开拓部队，又是中坚力量。我也属于这个群体，并且是首批中唯一一个提前一年结业出国任教的。三次出国讲学，亚、欧、非三大洲都留下了我的足迹，我为此感到骄傲。到 1992 年 10 月讲学归来，跨度正好是 30 年，我曾为此作诗一首："长江长城誉五洲，汉语汉文播全球。对外教学三十载，跋山涉水亚非欧。""汉语汉文播全球"，这不仅是我个人的理想，恐怕也是所有出国汉语师资的美好愿望。我尽了自己的绵薄之力，但成绩寥寥，不免遗憾。

施：您无论为人子，为人夫，为人父，为师为官，都可圈可点，值得晚辈学习。这场时空对话令我们受益匪浅，谢谢您！

图 4　1999 年 7 月 29 日，参加教育部出国汉语储备师资座谈会的 1961 届师资合影，前排从左至右为刘珣、阎德早、林建明、李振杰、熊文华、李珠、王绍新、李滩籍，后排从左至右为杨石泉、朱庆祥、程棠、李忆民、施光亨、李孝才、谭敬训（王绍新提供）

知所先后，循本求道
——评《西方早期汉语研究文献目录》

张天皓

（日本关西大学东亚文化研究科）

摘　要：《西方早期汉语研究文献目录》为研究国际汉语教育史的学者提供了寻找材料的方向，有重要的文献意义。文章从该书与西方汉学文献学的关系、该书的内容及特点两个方面对该书进行了评价，认为从学科建设的角度而言，《西方早期汉语研究文献目录》的出版对完善"西方汉学文献学"这一研究方向具有重要意义；从本书的内容而言，《西方早期汉语研究文献目录》为研究者们提供了丰富的信息，对专题研究、共时研究和历时研究都有帮助，且该书在提供书目信息的同时还提供内容相关的提要，是国际汉语教育史研究的宝贵资料。

关键词：考狄；国际汉语教育史；西方汉学文献学

　　《西方早期汉语研究文献目录》是"国际汉语教育史研究丛书"之一。该丛书还包括研究专著 4 部：董海樱《16 世纪至 19 世纪初西人汉语研究》（2011）、杨慧玲《19 世纪汉英词典传统》（2012）、李真《马若瑟〈汉语札记〉研究》（2014）、岳岚《晚清时期西方人所编汉语教材研究》（2020），学术论文集 3 部：张西平和杨慧玲编《近代西方汉语研究论集》（2013）、张西平和柳若梅主编《国际汉语教育史研究》（2014）、张西平主编《国际汉语教育史研究（二）》（2019）。《西方早期汉语研究文献目录》的出版从历史和文献的角度解答了一个重要问题——西方汉语教育史 [①] 的研究对象有哪些？或者说，要从事西方汉语教育史研究，应该关注哪些著作？

---

　　① 　本文多数地方使用的是"国际汉语教育史"这一术语，此处使用"西方汉语教育史"是因为该目录中收的主要是西方的汉语研究文献，不包括日韩等亚洲国家。

一、《西方早期汉语研究文献目录》与西方汉学文献学

关于文献学的内涵，现代文献学家王欣夫认为包括三个方面：目录、版本、校雠。"从学习的程序来说，应该先知道有什么书，就要翻查目录。得到了书，要知道有什么刻本和什么刻本比较可靠，就要检查版本。有了可靠的版本，然后再做研究工作，于是需要懂得怎样来校雠。"[①] 治中国学问应遵循此法，治西方汉学也可遵循此法。

张西平先生对西方汉学文献目录的重视由来已久。早在 2003 年，张西平就带领团队推出了《西方早期汉语学习史调查》(两卷本)，该书的第四编中就包含了三部目录，即"伦敦大学亚非学院馆藏西文汉学书目有关汉语部分选编""法国考狄编《西人论中国书目》之语言学部分"和"在华耶稣会士所撰关于中国语言的语言学著作目录"，其中有关《西人论中国书目》的部分无疑是主体。400 余页的篇幅，包含了本体、增补、再增三个部分中收录的有关中国"语言文学"的书目。[②]

另一部关于西方汉学文献的重要目录是 2017 年中华书局影印出版的《西人论中国书目》(六卷本)。该版本以 1938—1939 年北京文殿阁书庄本为底本，加入了由德国汉学家、目录学家魏汉茂（Hartmut Walravens）编制的人名索引。这是全世界首个带有索引的《西人论中国书目》。该影印本开本大，内容全面，涉及的语种包括英语、法语、德语、葡萄牙语、俄语等，但由于全套目录部头偏大且罕有中文，因此学者在进行海外汉学专门史的查阅时也存在不便。

《西人论中国书目》影印出版之后，张西平先生发表了《海外汉学文献学亟待建立：写在〈西人论中国书目〉出版之际》一文，提到了西方文献在中国问题研究中的地位：

> 来华的传教士，做生意的西方各国东印度公司，驻华的外交官和汉学家留下了大批关于研究中国的历史文献，翻译了大批关于中国古代的历史典籍。由此，中国文化开始以西方语言的形态进入西方文化之中，关于中国近代历史的记载也再不仅仅是由中文文献组成。这样，西方中国研究中的文献问题就成为治西方汉学之基础，同样也构成了研究中国近代历史的重要文献。[③]

同时，他也提出了对全球建立多语种的中国文化研究文献目录的未来期待。可以说，

---

① 王欣夫《文献学讲义》，上海：上海古籍出版社，2007 年，第 4 页。
② 张西平、李真、王艳、陈怡等《西方早期汉语学习史调查》，北京：中国大百科全书出版社，2003 年，第 557 页。
③ 张西平《海外汉学文献学亟待建立：写在〈西人论中国书目〉出版之际》，《国际汉学》2017 年第 2 期，第 200—201 页。

作为一部近代以来有关西方人汉语研究著作的专门指南目录,《西方早期汉语研究文献目录》就是在这样的背景下问世的。

二、《西方早期汉语研究文献目录》的内容及特点

此次出版的《西方早期汉语研究文献目录》加入了张西平、李真撰写的《导言》,法国汉学家伯希和(Paul Pelliot,1878—1945)著、全慧翻译的《亨利·考狄(1846—1925)生平》,当代挪威汉语言学家何莫邪(Christoph Harbsmeier,1946—)著、陈怡译、李真审校的《19 世纪及此前的西方汉字及汉语研究》三篇文章。所谓"知人论世",了解原作者亨利·考狄(Henri Cordier,1849—1925)的生平能够帮助读者更好地了解目录的编写过程,并且为目录内容的可靠性提供支撑。亨利·考狄,又译高第,法国著名汉学家。1849 年 8 月 8 日生于美国新奥尔良,三岁时迁居法国。1869 年来到中国,曾在英国皇家亚洲学会华北分会图书馆(North China Branch of Royal Asiatic Society,习称亚洲文会)任馆长一职。1876 年返法,1881 年开始担任巴黎现代东方语言学院教授,后历任亚洲学会副主席、巴黎地理学会主席等职。创办著名的欧洲汉学杂志《通报》(T'oung pao)以及编写《西人论中国书目》是考狄最为人熟知的两大成就。①

何莫邪的《19 世纪及此前的西方汉字及汉语研究》一文对西方从 13 世纪到 19 世纪五百多年间对中国语言文字的认知过程进行了细致的梳理,其中重点介绍了西方出版的第一本关于汉语的大型出版物——英国建筑学家约翰·韦伯(John Webb,1611—1672)的《历史论文:论中华帝国的语言是原始语言的可能性》(1669),这本书是 17 世纪中期欧洲对汉语了解的代表性作品,是第一个试图为汉语在世界语言中确立位置的论著。从韦伯开始,后世的传教士、专业汉学家、语言学家从不同角度认识和分析汉语,逐渐形成了西方人的汉语观。可以说,该书收入这篇文章从整体上对正文的目录部分是一个非常好的学术史的铺垫和介绍。

《西方早期汉语研究文献目录》正文部分是对《西人论中国书目》中涉及汉语研究相关部分的 1 000 多条目录的整理和翻译,表现出以下几个特点:

(一)书目种类繁多,材料来源广泛

姚名达说:

> 著者对于目录之分类则认为应从多方面着眼。一、自条目体积之大小分之,则

---

① 张西平、李真编《西方早期汉语研究文献目录》,北京:商务印书馆,2021 年,第 24—39 页。

有篇目与书目之异。二、自书籍典藏之有无分之，则有藏书目录与非藏书目录之异。……六、自目录排列之方法分之，则有词典式（依检字法排列）、类书式（依分类法排列）、年表式（依年月排列）、百科全书式（依事物排列）、序跋式（漫无定序）之异。七、自目录标题之性质分之，则有著者目录（以著者姓名为纲）、书名目录（以书名为纲）、分类目录（以类名为纲）、主题目录（以事物名为纲）之异。八、自目录内容之体制分之，则有纯书目（有仅记书名、著名、卷数者，有兼记版本参考事项者）、纯解题（有于书目后作解题者，有于书籍中作题跋者）、兼书目及解题之异。①

我们可以尝试用这样的方法对考狄书目的编写体例进行界定。

从考狄书目中摘选出来的这部《西方早期汉语研究文献目录》包括了主体、增补、再增补中所有语言研究的内容，每编均包含六个部分："语言起源：比较研究""词典编纂""语法及其他""文选集和教科书""各类论著"和"文字"。六类之下又分出小类："词典编纂"分为"词典和词汇表""词典手稿""词典评注""会话手册"；"各类论著"分为"不同作者论著""专题：汉语的转写及拉丁化""专题：儒莲先生与波蒂耶先生的争论""专题：各类传记"四小类；"文字"又分为："各类作品"和"介绍中国文字的随笔论文"两小类。② 从大类的角度来说，《西方早期汉语研究文献目录》当属"类书式"目录，它首先是《西人论中国书目》中的语言研究部分，其次对语言研究的不同角度也进行了细致分类。这六类涵盖了语言研究中的词汇、语法以及文字的相关内容，至于语音，则可见于各类汉语研究著作中。西方人在编写汉语教材或词典时，通常会先对汉语的辅音（或称声母）、元音（或称韵母）、声调以及拼写方法（或称正字法）进行介绍，这些内容也成了汉语音韵研究的重要材料。学者可依自己研究的领域在目录中寻找可利用的材料，其中有的是文章，有的是图书。因此，考狄的目录兼有"篇目"与"书目"之功能。

考狄在《西人论中国书目》首版"前言"列举了编目时用到的原始资料，共七大类，五十余种，其中既包括正式出版的相关目录，也包括各学会、出版社、私人图书馆和公共图书馆的目录。③ 从目录"词典编纂"的"词典手稿"部分中可以明显看出其材料来源的复杂性。该部分收录了藏于北京、香港、巴黎、伦敦、格拉斯哥、柏林、斯德哥尔摩、纽约的词典手稿。因为手稿的特殊性，考狄以馆藏地为分类进行编写合乎情理，由此也可见，这份目录应属"非藏书目录"之列，因其中所收书目并非全系考狄的私人藏书。

---

① 姚名达《中国目录学史》，湖南：岳麓出版社，2013年，第10页。
② 张西平、李真编《西方早期汉语研究文献目录》，第21—22页。
③ 详见张西平、李真编《西方早期汉语研究文献目录》，第6—12页。

（二）编年与人物专题相结合的编写方式

从总体上说，考狄是按照编年的顺序来安排目录的。读者可以在"语言起源：比较研究"的第一条，同时也是整个目录的第一条看到西方汉语研究史上的重要著作，约翰·韦伯的《历史论文：论中华帝国的语言是原始语言的可能性》；"词典和词汇表"部分最早出现的是金尼阁（Nicolas Trigault，1577—1628）的《西儒耳目资》；"语法"部分的第一条则是一部用拉丁语完成的无标题的汉语语法（第 364 条）。这些信息让读者能迅速知道西方汉语研究各个领域的发端在哪里，之后便可以沿着时间线索考察西方人汉语研究不同领域的历时变化。

当出现重要的汉学家时，考狄也会集中罗列这位汉学家的重要著作以及相关作品。在"词典和词汇表"部分，金尼阁、叶尊孝（又译叶尊贤，Basile de Glemona，1648—1704）、马礼逊（Robert Morrison，1782—1834）、麦都思（Walter Henry Medhurst，1796—1857）、加略利（Joseph Marie. Callery，1810—1862）、卫三畏（Samuel Wells Williams，1812—1884）等人是重要的专题；"语法"部分，傅尔蒙（Étienne Fourmont，1683—1745）、马士曼（Joshua Marshman，1768—1837）、马礼逊、雷慕沙（Abel Rémusat，1788—1832）、艾约瑟（Joseph Edkins，1823—1905）、甲柏连孜（Georg von der Gabelentz，1840—1893）等人是重要的专题。在这些专题中，不仅会出现汉学家本人的著作，也会有其他人对他们作品的研究和书评等信息，如第 367 条提及万济国（又译瓦罗，Francisco Varo，1627—1687）的《华语官话语法》后紧接着出现了几条相关研究，包括考狄本人所写的《万济国神父小传》《万济国神父的汉语语法》以及《华语官话语法》拉丁语译本的出版信息；第 387 条为雷慕沙的语法研究代表作《汉文启蒙》，之后的几条出现了由罗西尼（Léon de Rosny，1837—1914）增补汉语语音表的《汉文启蒙》（小字号注释中甚至给出了语音表的页码）、洪堡特（Wilhelm von Humboldt，1767—1835）为《汉文启蒙》作的序，以及洪堡特与雷慕沙关于《汉文启蒙》的往来书信。可以说，考狄目录给出了汉学家重要作品的相关文献，相当于为个案研究提供了广泛的"必读书目"。

从这个层面看，《西方早期汉语研究文献目录》也是一部兼顾"年表"与"著者"的实用性目录。

（三）纲目结合，兼顾提要

前文中已经提到，考狄在书名条目后常会附上小字号的补充注释或解题性说明，而这些注释和说明中往往包含一些重要信息，如当条目是文章时，说明中会注上文章的发表刊物、时间、页码等；当条目是图书时，说明中则可能包括图书的馆藏情况、图书本身目录或再版情况。《华语官话语法》的补充注释给出了该书不同版本在当时的馆藏情况；

马士曼《中国言法》（*Clavis Sinica*）的注释中给出了该书的目录、图书节选的发表信息以及书评的发表信息；从顾赛芬（Séraphin Couvreur，1835—1919）《官话》的条目信息中可知，该书最早于 1886 年出版，注释中则标出了第五版出版于 1901 年（Cinquième édition，1901）。在马礼逊《通用汉言之法》后面的注释中考狄则提到，《中国丛报》错把出版时间写成了 1816 年，并给出了 1815 年出版的证据。诸如此类的例子还有很多。如此看来，考狄书目当属兼及"书目及解题"类，不仅提供了作为"纲"的书名，更提供了作为"目"的内容提要和相关信息，可谓"纲目结合"。

《西方早期汉语研究文献目录》较为完整地给出了目录中的图书条目信息以及补充注释，为学者的研究提供了宝贵的一手文献和搜集其他相关资料的线索。但由于涉及的语种较多，注释部分翻译难度较大，《西方早期汉语研究文献目录》仅将一千多条书目的书名进行了汉译，读者若想得知说明解题中的内容还需具备一定的外语阅读能力。考虑到该目录内容庞大，关涉广泛，编者如此处理也属情有可原。

结　语

近年来西方汉学研究如火如荼，西方汉语研究著作吸引了越来越多的汉学史和汉语史研究学者的注意。越来越多基于西方文献的汉语言研究成果不断涌现，越来越多的学者意识到，西方汉语研究文献是汉语研究的另一座重要宝库，国际汉语教育史研究的"跨学科性"正变得越来越显著。这些文献呈现了西方人视角下的汉语语音、语法、词汇和汉字，通过翻译和解释构建出了汉语研究的另一个维度。此外，文献中的汉语语料及其西文翻译也是研究中国文化海外传播的重要材料。《西方早期汉语研究文献目录》从宏观上呈现了这些重要的研究著作，为学者的研究提供了一份必要的"寻宝图"。

《西方早期汉语研究文献目录》不仅在内容上较为完整地展现了 16 世纪至 1921 年前西方人汉语研究的重要成果，而且在编写方式上也为学者的进一步研究提供了便利，是一部兼书目与篇目、兼编年与著者、兼书目与解题的类书式目录，是研究国际汉语教育史的一份非常实用的基础性材料，可以作为西方汉学研究和汉语史研究的案头书。

《大学》中说："物有本末，事有终始，知所先后，则近道矣。"学术研究即是如此。《西方早期汉语研究文献目录》的整理出版实为学界幸事，为学者研究近代以来的西方汉学史、国际汉语教育史以及中西语言接触史提供了一个坚实可靠的基础，从学术史的角度帮助我们"知所先后"。然而，学术的探讨是无止境的，恐怕鲜有人敢称"近道"甚至"得道"，更贴切的说法大概还是努力沿着历史的线索上溯"循本"，无止境地追问"求道"。这正是《西方早期汉语研究文献目录》出版的意义所在。

第十二届世界汉语教育史学术研讨会综述

李无未

（厦门大学中文系）

由河北大学文学院与世界汉语教育史学会共同主办的第十二届世界汉语教育史学术研讨会于 2021 年 11 月 6 日—7 日举办。可以说，这一次会议，虽然因为疫情影响不得不临时改为线上举行，但从大会所取得的学术成效来看，对世界范围内汉语教育研究将产生重要影响，在世界汉语教育史上具有重要历史意义。

此次会议包括 10 人次大会主旨演讲，还有 10 个小组的学者们分组发言，成效显著。对会议内容感兴趣而进入腾讯会议室与会的人员也很多，他们争相观看各个小组学者发言，积极感受现场气氛，平均每个小组听讲人员在 30 人次到 50 人次不等。会议交流方式是，学者们先宣读论文，宣读结束后，又由讲评人讲评，再由在场学者自由讨论。伴随着学术争议，学术讨论气氛更为热烈。在小组讨论及休会间隙，许多老师相互之间还分享了各自所藏珍稀资料文献，让大家获益无穷。

本次会议上的论文呈现了非常明显的特点，有九个方面是可圈可点的：

一、"国别"汉语教育史文献发掘与研究仍然占了相当大的部分，"国别"之"别"竟然达到十余个国家之多，这也突出显现了世界汉语教育史学会的整体性"国别"优势之所在，覆盖国家的范围相当广泛。比如：

1. 英国：鲍晓婉《译印俱佳，踵事增华——不该被〈圣经〉汉译史遗忘的台约尔》、方环海和钟烨《19 世纪英国汉学中商贸汉语教材的话题特征》、吴吉宝《傅多玛〈汉英北京官话短语〉的词汇研究》、陈淑梅《梅辉立〈中国辞汇〉人物类典故类词条释义研究》、杨少芳《耶稣会汉语学习大纲的教学实践——〈拜客问答〉》、刘园《近代英国汉学家翟理斯〈语学举隅〉中的句式教学》等。

2. 法国：白乐桑《试论汉学和汉语教育的奠基人和开拓者雷慕沙的中文学习动机》、李真《法国国家图书馆所藏明清西人汉语学习文献述略——以儒莲的〈皇家图书馆汉满蒙日文新藏书目录（1853）〉为基础》、贺梦莹《论沙畹与法国汉学教育的现代化——以法兰西学院和高等实践学院的汉语课程为例》、范鑫《从〈西汉同文法〉看法国实用汉学的发展》等。

3. 美国：曹红《明恩溥〈汉语谚语俗语集〉对俗语教学的启示》、白宏钟《美国汉学先驱"解读中国"的努力》、诸葛梦迪《试析清末民初西人汉语语言学校的存在与发展——以〈教务杂志〉为例》等。

4. 日本：朱凤《明治初期经济用语翻译考——〈致富新书〉与〈经济小学〉之比较》、岳辉和张杰《伪满时期日本汉语教科书词汇特征》、张品格《日本汉文典与清季文法教学》、李逊《日本中国语期刊〈初级中国语〉：殖民语言意识及价值》、孟广洁《汉语交际中的性别语言差异分析——以〈燕京妇语〉与〈中国话〉为例》、大槻美幸《日本明治汉语教科书〈增订亚细亚言语集〉的"话规"和两个〈文典〉的关系》、杨杏红《何盛三汉语语法系列著作的增补情况及独特价值》、李无未《后藤朝太郎〈汉语入声地理分布图〉（1910）及相关问题研究》等。

5. 越南：咸曼雪《从汉喃辞书看 18—19 世纪越南汉语教育》等。

6. 葡萄牙：内田庆市《江沙维〈汉字文法〉的语言特点及相关问题》等。

7. 波兰：张西平《17 世纪汉字在欧洲的传播》等。

8. 荷兰：牛艺璇《副文本与儿歌翻译研究——以何德兰〈北京儿歌〉和〈孺子歌图〉为例》等。有人认为何德兰是荷兰国籍，但属于美国传教士，这里姑且将他算作荷兰人。

9. 意大利：蒋硕《耶稣会古典教育与汉语习得：晁德莅〈中国文化教程〉的编撰思想研究》等。

10. 俄罗斯：罗薇《以声调为例谈俄罗斯施密特〈汉语官话语法试编〉的国际视野》等。

二、在"洲际"，甚至在更大范围内研究汉语教育史，打破"国别界限"，甚至"洲际界限"，作整体性观察与思考，从宏观的角度研究汉语教育史意义深远。张西平《17 世纪汉字在欧洲的传播》集中对来华传教士卜弥格及耶稣会学者基歇尔的文献挖掘，引起许多人对西方学者重视汉字资料及汉语语音资料的深思。施正宇等《19 世纪欧陆国家汉语教学的兴起与发展》、李海英《明清时期〈三字经〉在西方的译介和流传》、裴梦苏《〈康熙字典〉域外传播：东西方"差异"之比较研究》，都属于这类宏观性研究成果，视野十分开阔。

三、来华传教士及其他来华学者的汉语教学文献成为研究的焦点。如盐山正纯《从倪维思夫人的著作看 19 世纪中叶在华欧美女学者的官话观》、谢兆国《晚清来华女传教士所撰汉语学习著作》等，以男性视角观察女学者汉语学习文献，很有创新性，价值不小。而对英国人威妥玛《语言自迩集》的研究成果比较集中，如钟雪珂、张慧芬、韩苏日古嘎、宋桔、全文灵等都有专论，非常深入，显示了《语言自迩集》的"热度"依然不减当年。对日本《亚细亚言语集》文献的关注也异乎寻常，冯雷、董淑慧、大槻美幸等学者的研究成果，也引起了与会学者的广泛兴趣。

四、以域外汉语课本与工具书等文献研究汉语史与汉语学史，仍然是本次会议的一大看点。

1. 语法词汇研究：内田庆市《江沙维〈汉字文法〉的语言特点及相关问题》研究葡萄牙人江沙维的北京官话文献，从另一个角度为汉语史学界关于明清官话基础方言争议提供了一个新视角，值得深思。王继红《太田辰夫的旗人文献与语言研究》是从汉语语言学史、汉语官话史、汉满等语言接触史角度认识太田辰夫的卓越学术贡献，包括文献整理、满蒙文献挖掘的未来课题等。我们认为，这篇文章会引发许多学人对旗人语与北京官话、东北官话之间错综复杂关系问题的思考。王继红收集的资料文献非常丰富，分析到位，值得特别推崇。伊伏启子《词类名称形容词来源与早期西方人汉语形容词研究》溯源工作做得出色；岳辉和张杰《伪满时期日本汉语教科书词汇特征》角度很新，后续研究空间很大。咸曼雪《从汉喃辞书看 18—19 世纪越南汉语教育》与厦门大学越南留学生阮氏黎蓉博士学位论文研究内容相得益彰，是近代越南汉语文字词汇教育以及汉语史研究的重要论文。

2. 官话语音研究：张西平大会报告所提供的文献线索十分珍贵，它启发学者们在中国文字传播史、汉语语音史等方面持续发力。李焱《瓦罗〈华语官话语法〉（1703）中的语音问题》与大多数人关注语法学史角度不同，从内部证据关注江淮官话语音性质，很少有人去做，对学术界讨论最多的明清官话语音基础问题研究很有意义。陶原珂《〈西儒耳目资〉用字母描写汉语音位的创始与传承》很有意义，过去许多学者只是就其音系性质进行探讨，但对其创始与传承问题很少关注，陶原珂的研究则冲破了这个樊篱。刘紫珺和刘春陶《基于晚清南京官话音系的罗马字拼写系统对比研究——以〈南京官话〉〈官音罗马字韵府〉和〈官话类编〉为例》描写音系细致，很有价值。罗薇《以声调为例谈俄罗斯施密特〈汉语官话语法试编〉的国际视野》域外视野十分开阔，提供了大量学界所不了解的新资料，让人感叹不已。她认为，其中呈现了三种视角标调方法，施密特则更倾向于后来使用的数字标调方法。傅林和孔亚萌《论顾赛芬和戴遂良所教"官话"的性质》以法国人顾赛芬与戴遂良文献为依据，研究河间方言，非常细致，是典型的汉语方言史研究的做法，具有范式价值。张天皓《浅议戴遂良〈汉语入门〉中的语音问题》也属于同类课题，他在傅林等研究基础上，提出自己的看法。李无未《后藤朝太郎〈汉语入声地理分布图〉（1910）及相关问题研究》突出后藤朝太郎、小川尚义绘制汉语方言地图的创新性成就，并将东亚汉语方言地理学研究的时限提到了一个更早的阶段，纠正了现有教科书的成说,为东亚汉语方言地理学形成史研究提供了重要的文献依据。

3.方言语法研究:张美兰《早期粤语句法特征初探——以〈初学阶〉粤英双语平行句式对比为视角》提出了"多语种跨语言"研究汉语史与汉语学史的观点,可以看到,张美兰正在建构一种适合文本资料研究现实的理论模式,值得特别重视。魏兆惠《早期域外汉学家对汉语方言分区及方言语法的认识》认为,16—20世纪以来,由于宗教等因素,域外汉学家开始对汉学、汉语展开深入的研究,其中对于汉语的官话和方言的特点也有了较多的论述,在汉语方言的分区、不同方言的语法特征等方面也有了一定的认识。虽然存在着零散、科学性不够强等不足,但是这些研究对于国内外研究明清中国汉语方言分区及其特征具有一定的借鉴意义,也是汉语方言学史不可忽视的一段。魏兆惠的发掘弥补了我国学者研究汉语方言分区不重视域外资料的诸多缺憾,值得推崇。

五、"跨学科""跨文化"研究汉语教育史文献,也是一个突出的亮点。奥村佳代子《清代档案资料里审问和口供的语言初探》属于法律语言学文献研究范畴。她选择口供语言档案文献研究汉语,从汉语学史的角度看,这类文献过去很少有人注意,是一个亟待开发的文献资源,奥村佳代子的研究则会引起学术界对这方面文献的关注。方环海和钟烨《19世纪英国汉学中商贸汉语教材的话题特征——以麦都思的〈汉语对话——提问与句型〉(1863)为中心》研究麦都思商贸汉语教材话题特征,涉及商贸制度,如商贸官员条款话题的交代,极其实用,可以为今天学者编写商贸教材提供有价值的借鉴,很有学术意义。朱凤《明治初期经济用语翻译考——〈致富新书〉与〈经济小学〉之比较》的"经济术语"范畴研究也很有特色。曲畅《方言对译拉丁拼音:晚清早期英美传教士汉语教学与教材编写的跨文化研究》也有这个考虑,也是过去学者不曾注意方言对译研究的问题;李几昊《中越医学文献接触视域下的医学病名研究——以汉喃医学典籍〈南药神效〉为中心考察》也很特别,过去很少有人注意这类越南医学文献。

六、各国汉语史、汉语教育史关系研究值得注意。高永安和徐婷婷《林语堂与孔好古二三事》给学术界提供了十分珍贵的汉语音韵学史史料。最近,高永安也出版了相关研究专著,我阅读此书后,感到高永安亲自调查,多角度分析,解决了许多学界长期以来颇为关注而又十分疑惑的问题。黎敏《初创时期的新中国对外汉语教学与美国汉语教学的关系》、李谦品《从卫三畏〈中国总论〉看早期中美文化交流中的中国形象》、彭乐梅《从苏联〈华语课本〉看二十世纪五十年代中苏语言文化交流》也很有特色。不同国家汉语教学"关系"研究,牵动着相互之间"文化形象再造"问题,需要重新认识。

七、世界汉语教育现状研究的问题值得深思。比如耿虎《国际中文教育背景下的东南亚孔子学院发展探析》、马跃和曾妍《步履蹒跚的南非国际中文教育:路在何方?》直面当前国际中文教育存在的现实新问题,问题意识十分浓郁,让人感到此类问题不可忽视,必须关注，其中所蕴含的学术议题很多，大有文章可做。

八、注意宏观把握"国别"汉语教育史。法国学者白乐桑研究法国汉学及汉语教育的开拓者雷慕沙，是从其汉语学习动机开始的。论文不仅涉及了雷慕沙，还涉及了更多的法国早期汉学学者的汉语学习动机，角度十分独特。寇振锋《日本汉语教育史上的三次畸形汉语热探究》线索清楚，尤其是对军用汉语教科书的研究颇具特色。在这方面的研究，寇振锋没有提及的是，东北师范大学王宇宏博士学位论文对此议题也进行了全面系统的关注，可以互为参照，互为补充。

九、海外汉学文献目录研究。李真《法国国家图书馆所藏明清西人汉语学习文献述略——以儒莲的〈皇家图书馆汉满蒙日文新藏书目录（1853）〉为基础》视野极其开阔，让人大开眼界，为今后学者研究法国汉语教育史提供了第一手资料线索。李真提到了张西平主编的《欧藏汉籍目录丛编》可以与此相参照，"目录入门"，以便史学者们少走弯路，进而获得更多的欧洲汉学文献信息。

此次会议论文最大特点是：涉及议题面十分宽广，既有本体汉语史研究，又有文献发掘研究，还有应用性研究，以及"跨学科"研究，最大限度地展示了近些年来国际国内学术界有关世界汉语教育史研究的新成果、新信息。由此，我们认为，这次会议必将成为世界汉语教育史研究必须关注的重要力量之所在，因为会议汇聚的论文，基本上能够代表近两年来世界汉语教育史研究的总体学术水平、学术走向，具有十分重要的学术象征意义。

从学者主体来看，我们把 66 岁到 79 岁视为中年，17 岁到 65 岁视为青年。由此，我们可以说，在世界汉语教育史学界，中年学者继续领航前行，比如张西平、内田庆市、白乐桑等，年富力强。还有"大青年"学者持续发力，比如张美兰、施正宇、李无未、张慧芬、高永安、魏兆惠、岳辉、方环海、奥村佳代子、耿虎、李焱、李真等，都是世界汉语教育史学术中坚力量，世界汉语教育史学术之正午阳光，灼热逼人。剩下的大多数人，都是世界汉语教育史"小青年"，他们蓄势待发，接续研究，持续发力，崭露头角，也咄咄逼人。此次会议新面孔很多，而且思维极其活跃，这是一个好的学术兆头，预示着世界汉语教育史学会今后大有希望，而且富于生机与活力，说明学会的影响力越来越大，已经吸引了更多的各领域"小青年"学者参与。而且，从许多青年学者的论文研究实际情况来看，他们学术视野非常开阔，基础扎实，真的是大有超越前人之气势，确实很让人期待！从这两天会议所发表的论文情况来看，无论是大会发言，还是小组会议讨论，气氛都十分热烈，甚至争议之声不断，迸发出了令人眼花缭乱的新的学术火花。

我个人感觉美中不足的是：大格局宏观性世界汉语教育史理论与方法研究，以及"国别"与"类别"世界汉语教育史研究文献汇集整理，虽然取得了很大的成绩，但标志性的成果还是很少，还需要继续加强。另外，在研究的深度与广度上，尤其是文献发掘基本功底培植上，需要向张西平、内田庆市、白乐桑等学者学习。这些学者十分注意到世界各国图书馆去发掘、收集各类书籍的版本文献，由此，他们掌握了第一手新资料。在此基础上，他们进一步辨明各类版本之间的关系，进而确定其文本汉语史及汉语教育史研究的价值，从而引发了新的创新成果涌现。我们世界汉语教育史学会秘书处，在汇集各方面信息上做了大量的工作，并且在张西平会长的倡导下，与商务印书馆展开战略合作，编辑出版《国际汉语教育史研究》辑刊，已经开始在学术界发力。我们希望，进一步加强会员之间的协作与合作，比如在互通信息有无、联合申报国家或部委大项目、构成特色鲜明的世界汉语教育史团队等方面采取步调一致的新行动，就能在激烈的学术竞争中突显出集团优势，就可以在国内外汉语学界争取更大的学术话语权，从而扩大我们的学术影响力，并赢得较高层次学术地位，有效引领汉语史与汉语学史、国际中文教育学术发展的前进方向。

图书在版编目(CIP)数据

国际汉语教育史研究. 第 5 辑/张西平主编.—北京：
商务印书馆,2022
ISBN 978 - 7 - 100 - 21607 - 4

Ⅰ.①国… Ⅱ.①张… Ⅲ.①汉语—语言教学—
教育史—文集 Ⅳ.①H19 - 53

中国版本图书馆 CIP 数据核字(2022)第 153957 号

权利保留,侵权必究。

国际汉语教育史研究

第 5 辑

张西平 主编

商 务 印 书 馆 出 版
(北京王府井大街36号 邮政编码100710)
商 务 印 书 馆 发 行
北京虎彩文化传播有限公司印刷
ISBN 978 - 7 - 100 - 21607 - 4

2022 年 11 月第 1 版 开本 787×1092 1/16
2022 年 11 月北京第 1 次印刷 印张 12¾
定价:78.00 元